소로의 유명 에세이 읽기

Let's Read Thoreau's Famous Essays

소로의 유명 에세이 읽기

1판 1쇄 발행 2025년 5월 12일

지 은 이 | 신재실
펴 낸 이 | 김진수
펴 낸 곳 | 한국문화사
등   록 | 제1994-9호
주   소 | 서울시 성동구 아차산로49, 404호(성수동1가, 서울숲코오롱디지털타워3차)
전   화 | 02-464-7708
팩   스 | 02-499-0846
이 메 일 | hkm7708@daum.net
홈페이지 | http://hph.co.kr

ISBN 979-11-6919-314-6 03840

• 이 책의 내용은 저작권법에 따라 보호받고 있습니다.
• 잘못된 책은 구매처에서 바꾸어 드립니다.
• 책값은 뒤표지에 있습니다.

오류를 발견하셨다면 이메일이나 홈페이지를 통해 제보해주세요.
소중한 의견을 모아 더 좋은 책을 만들겠습니다.

소로의 유명 에세이 읽기

Let's Read Thoreau's Famous Essays

신재실 역·편저

소로가 자연에서 발견한 '원칙'은 무엇인가? 그는 개인의 혁신이건 사회의 혁신이건, 혁신의 진정한 힘은 사회법보다는 자연법과의 조화에서 온다고 생각했다. 사회법은 인위적이고 일반적이며, 자연법은 자연적이고 보편적이기 때문이다.

HENRY DAVID THOREAU

한국문화사

머리말

　헨리 데이비드 소로Henry David Thoreau는 미국의 수필가, 시인, 사상가로서, 에머슨Emerson과 더불어 19세기 뉴잉글랜드 초월주의운동의 거장이었다. 초월주의운동은 본질적으로 유럽의 낭만주의에 개인과 사회의 혁신을 접목하려는 실용주의 운동이었다고 이해할 수 있다. 초월주의는 대중보다는 개인, 이성보다는 상상력, 사회보다는 자연을 더 높이 샀다. 그리고 진리에 이르는 방법에는 두 가지 방법, 즉 '학습'tuition과 '직관'intuition이 있지만, '직관'이 '학습'보다 우위에 있다고 믿었다. 이와 비슷하게 초월주의는 인간의 삶은 '물질'matter과 '정신'spirit이 공존하는 모양새이지만, 정신이 물질에 단연 우선한다고 생각했다.

　소로는 개인과 사회의 혁신을 위해 지속적으로 노력했지만, 사회의 제도적 혁신에 앞서서 개인의 정신적 혁신이 선행되어야 한다고 믿었다. 그는 "수신제가치국평천하"修身齊家治國平天下, 즉 "천하를 평정하려는 자는 우선 자신부터 갈고 닦아야 한다."는 동양적 사고와 유사한 사상을 가진 것으로 보인다. 그는 "치국"治國의 야심은 없었지만, 사회의 일원으로 존재하기 위해서는, 누구나 '개인의 혁신,' 즉 '수신'修身이 선행되어야 한다고 믿었다.

소로가 생각하는 수신의 요체는 한마디로 물질의 노예로 허덕이는 '물질의 경제'를 마침내 지양하고, 정신의 주인으로 홀로 서는 '정신의 경제'를 묵묵히 실행하는 것이다. 다시 말해, 소로가 추구하는 '개인의 혁신'은 물질의 삶을 최대한 간소화함으로써 누릴 수 있는 자유로운 시간에 정신을 한껏 살찌우는 것이다. 이런 의미에서, 소로의 『월든』은 수신修身의 실천적 기록이라 할 터이다.

인간 또한 어쩔 수 없는 본능적인 동물이지만, 다른 동물들과는 달리 인간에게는 야성野性의 본능뿐만 아니라 영성靈性의 본능도 있다. 소로는 『월든』에서 그 자신에게도 두 본능이 공존하는 사실을 발견하고, "나는 두 본능을 모두 존중한다. 나는 '선성'the good 못지않게 '야성'the wild을 사랑한다,"[1]고 선언한다. 소로가 '선성 못지않게 야성을 사랑한다,'면서 인간의 야성을 강조한 이유는 무엇일까? 그는 말한다, "우리는 내부에 동물성이 도사리고 있음을 의식한다. 그 동물성은 우리의 도덕적 본성이 잠자는 정도에 비례해서 깨어난다. 그것은 비굴하고 관능적이며, 우리가 살아서 건강할 때도 육체를 점령하는 기생충처럼 완전히 축출할 수 없을 것이다. 우리는 그 동물성으로부터 물러설 수는 있겠지만, 결코 그것의 본성을 바꿀 수는 없을 것이다. 동물성은 나름의 활력을 가지고 있으므로, 우리의 육체는 건강하면서도 순수하지 못할 수 있다."[2] 소로는 '야성'을 '동물성'으로, 그리고 '영성'을 '선성,' '신성', 또는 '도덕적 본성'으로 인식하면서, 이 모두를 '정신'이란 단어로 통합한다. 그는 『월든』에서 유한한 인간이 궁리할 수 있는 것은 기껏 "그의 정신을 육체 안으로 내려보내서 육체를 구원하며, 점점

---

1   소로, 『월든』, 신재실 옮김, 서울: 아르테, 2023, 297쪽.
2   같은 책, 307~308.

커지는 존경심으로 자신을 대하는 것이다,"[3]라고 말한다. 소로는 자신의 '신성'을 '육체' 안으로 내려보냄으로써 정신과 육체가 모두 순수하고 건강한 '자존의 사원'을 건축하고자 한 것으로 보인다. 그의 월든 생활 2년 2개월(28~30세)은 바로 이런 '자존의 사원'을 건축하는 수신의 기간이었다.

소로는 1837년(20세)부터 일기를 쓰기 시작하여 1862(45세)년 죽기 전까지 계속하였다. 소로는 거의 매일 그의 본향 콩코드의 산야를 두루 돌아다니면서 지역의 동식물을 관찰했다. 특히 월든 시절의 소로는 콩밭의 김을 매고, 명상하고, 책을 읽고, 글을 쓰는 한편, 산책에 더 긴 시간을 보냈다. 사시사철 시간을 가리지 않고 걸으면서, 짧은 영감의 순간들을 포착하고, 그런 순간들이 함의하는 자연의 원리들을 읽어내고, 일기에 빠짐없이 기록했다. 그의 산책은 단순한 걷기가 아니라, 순례자의 자세로 자연을 관찰하고, 자연의 메시지를 기록하는 '순례'pilgrimage의 여정이었다. 그의 자연은 언제나 '신화적'mythical이고 '상징적'symbolical이었다. 이런 의미에서 그의 일기는 그의 일상뿐만 아니라 그의 정신 또한 고스란히 담겨 있는 성찰의 보고寶庫라고 할 터이다. 바로 이 보고에 저장한 그의 활동과 생각에서 『월든』을 비롯해서, 『월든』의 가지들이라 할 수 있는 주옥같은 에세이들이 나왔다. 『월든』(1854) 이전에 쓴 「와추세트 산행」A Walk to Wachusett(1842), 「겨울 산책」A Winter Walk(1843), 그리고 「걷기」Walking(1851) 등이 소로의 대표적인 '자연 에세이'nature essay들이다.

순례자 소로의 목적은 자연에서 관찰된 사실들에서 어떤 '원칙'을 식별함으로써 자연의 사실을 신화로 격상시키는 것, 바꿔 말해서, 사실

---

3 같은 책, 312.

들에 내포된 핵심적인 진리를 탐색하는 것이었다. 소로가 자연에서 발견한 '원칙'은 무엇인가? 그는 개인의 혁신이건 사회의 혁신이건, 혁신의 진정한 힘은 사회법보다는 자연법과의 조화에서 온다고 생각했다. 사회법은 인위적이고 일반적이며, 자연법은 자연적이고 보편적이기 때문이다. 소로는 『월든』에서 말한다, "자연적인 수단으로 인류를 회복시키고자 한다면 우선 우리 자신이 자연처럼 단순하고 건강하도록 노력하자."[4] 이를 달리 말하면, 인류의 회복이 이른바 사회적 법치法治보다 자연의 법을 따르는 자치自治에 달려있다는 것이다.

그러나 "자연처럼 순수하고 건강한" 사람이 되기란 말처럼 쉽지 않다. 월든 시절 소로는 콩과 옥수수 경작 이외에 "성실, 진리, 소박, 믿음, 순수 등의 씨앗이 죽지 않았다면, 그런 씨앗을 심고, 좀 더 적은 노력과 거름으로도 그것들이 이 흙에서 자라 내 양식이 될 수 있는지 볼 것"이라고 했지만, "내가 심었던 것들은 설사 그것이 미덕의 씨앗이라 하더라도 벌레를 먹었거나 생명력을 상실해서 싹이 트지 않았다,"[5]고 고백했다. 메마르지 않은 흙에서는 콩 심은 데 콩 나고, 옥수수 심은 데 옥수수 나지만, 물질에 찌든 사회에서는 미덕의 씨앗을 심어도 좀처럼 싹트지 않는다. 소로는 자신의 실패에도 불구하고, 인간의 '도덕적 본성'에 충실한 '내면적 삶의 의무'를 강조한다. 소로는 그의 에세이 「되찾은 낙원」Paradise (To Be) Regained에서 말한다, "이런 외형적인 삶을 진실로 그리고 철저히 개혁하려면, 내면적 삶의 의무를 생략하면 안 된다는 것은 의심의 여지가 없다. 그것은 우리의 타고난 능력을 온전히 기울이는 일이 될 터이다. 그리고 그 이후에 무엇을 해야 할지 질문하

---

4 같은 책, 121.
5 같은 책, 237.

는 것은 새가 둥지를 짓고 새끼를 기르고 나서 무엇을 할지 묻는 것과 마찬가지로 무익할 것이다. 그러나 도덕적 개혁이 먼저 일어나야 한다, 그러면 다른 개혁의 필요성은 사라질 것이다."6

소로는 그 자신은 물론 그의 이웃들을 도덕적으로 개혁하고자 하는 투쟁에서 이길 가망이 별로 없다는 것을 알았지만, 완전히 패배할 때까지 계속 싸우고자 했다. 소로는 그의 에세이 「원칙 없는 삶」 Life without Principle에서 이렇게 말한다, "'내가' 어떤 주제에 대해 어떻게 '생각하는지' 듣고자 하는 요구가 있으며, 그저 듣기 좋은 말 또는 청중이 동의할 말만 하면 안 되고, 따라서 나는 그들에게 쓴 약을 제공하는 것을 당연하다고 생각한다. 그들은 나를 연사로 초대했고, 강연료를 지급하기로 약속했기에, 그들을 전례 없이 지루하게 하더라도, 나는 내 모든 생각을 바치기로 결심한다."7 「원칙 없는 삶」의 주요 주제는 경제생활에서의 '물질'과 '정신'의 가치 전도에 대한 신랄한 비판이다. 소로의 이웃들은 삶이 곧 돈 버는 일이라고 생각한다. 그러나 소로는 말한다, "돈을 벌 수 있는 방법들은 거의 예외 없이 타락으로 인도한다. '단순히' 돈만 버는 어떤 일을 했다면, 당신은 진짜 게으름뱅이거나 더 나쁜 사람이었다. 노동자가 고용주가 지급하는 품삯 이상으로 얻는 것이 없다면, 그는 속은 것이며, 자신을 속이는 것이다."8 그렇다! 그러나 21세기 우리의 이웃들도 대부분 물질 위주의 '원칙 없는 삶'을 살고 있기는 19세기 소로 시대나 다름이 없지 않은가!

미국은 1776년 7월 4일 영국으로부터의 독립선언문을 공표하고,

---

6   Thoreau, *Collected Essays and Poems*, New York: The Library of America. 2001. p. 136.
7   소로, 『소로의 유명 에세이 읽기』 신재실 역·편저, 서울: 한국문화사, 2025, 154쪽.
8   같은 책, 157쪽.

독립 혁명(1775~1783)을 거쳐서, 1787년 자유민주주의를 표방하는 '미합중국 헌법'의 반포에 이어서, 1789년 초대 대통령 조지 워싱턴의 지도하에 오늘의 합중국으로 출발하였다. 이로부터 반세기 후의 미국은 농경사회에서 산업사회로 급속히 바뀌고 있었고, 당대의 사회적 화두는 단연 노예제도에 대한 찬반이었다. 청년 소로는 "모든 사람은 평등하게 창조되었고, … 그 권리 중에는 생명과 자유와 행복의 추구가 있다."는 독립선언문이 천명한 자유민주주의 이념이 약화 되면서, 미국의 민주주의가 아직 설익고, 실험적이며, 불확실하다고 느꼈다. 불평등이 만연하고, 물질주의가 날뛰고, 미국 경제는 전적으로 노예제에 의존하고 있었기 때문이다. 남부는 물론 북부의 정부와 의회 지도자들까지 노예제를 지속시키는데 만족하는 듯했으니, 바로 그들이 노예제의 온갖 혜택을 보았기 때문이었다.

소로는 '인두세'poll tax 납세를 몇 년 동안 거절했다. 세금이 당대의 노예제 유지라던가 영토 확장을 꾀하는 멕시코 전쟁 따위에 쓰이기 때문이었다. 월든 시절인 1846년 7월 어느 날, 그는 수선을 맡겼던 구두를 찾으러 콩코드 시내에 나왔다가, 체포되어 하룻밤을 감옥에서 보낸 사건이 발생했다. 누군가가 대납해서 곧 석방되었지만, 그의 납세 거부는 정부의 반민주적 폭력에 대항하는 양심적인 개인의 '비폭력 저항운동'의 씨앗이 되었으니, 그의 에세이 「시민 불복종」Civil Disobedience(1849)이 바로 그것이다. 이 에세이는 처음에는 별 관심을 받지 못했지만, 20세기에 인도의 독립운동가 간디, 미국의 흑인 인권 운동가 마틴 루터 킹 목사 등에게 '비폭력 저항운동'의 바이블로 읽히기에 이르렀고, 21세기의 우리에게도 그의 메시지는 여전히 시의적절하다 할 것이다. '실정법'civil law 위에 '도덕률'higher law이 있다. 도덕률은 처벌이 뒤따르더라도 따라야 할 법이다. 소로는 이 에세이에서 말한다, "누구든 부당하게 감옥에 가두는 정부 밑에서는, 의로운 사람을 위한 진정한 장소 역시 감옥이다."[9]

1847년 9월, 소로는 월든을 떠나서 문명사회의 일원으로 돌아왔다. 측량사로 호구지책을 마련하는 실생활을 영위하면서, 그의 초월주의적 이상은 서서히 쇠진하였다. 1850년 9월 미국 연방의회를 통과한 '도망노예법'Fugitive Slave Act은 도망 노예를 발견한 자는 남부의 본래 주인에게 돌려줄 의무를 부과했다. 이런 폭력적 입법에 직면하면서, 소로의 소극적 '비폭력저항운동' 또한 설 자리가 없게 되었다. 그러기에 소로는 능동적인 노예제 폐지론자로 변신했다. 그는 이른바 '지하철도'Underground Railroad에 탑승하여, 도망친 노예들이 캐나다로 도망치도록 도와주었다. 이에 그치지 않고 그의 에세이 「매사추세츠주에서의 노예제」Slavery in Massachusetts(1854)에서는 노예제에 반대해서 "지금은 편안히 쉴 시대가 아니다. 우리는 상속받은 자유를 모두 소진했다. 우리 자신의 생명을 구하려면, 목숨을 걸고 싸워야 한다,"[10]면서 보다 적극적인 저항의 필요성을 개진하기도 했다.

1859년 10월, 캡틴 존 브라운Captain John Brown과 그의 지지자들은 노예들의 봉기를 선동할 목적으로 하퍼스 페리Harpers Ferry에 있는 연방 병기창을 습격했으나, 실패하는 사건이 발생했다. 마침내, 소로는 존 브라운을 지지하고 나섰다. 그는 콩코드에서 집회를 열고 「캡틴 존 브라운을 위한 탄원서」A Plea for Captain John Brown라는 불같은 연설로 사회적·정치적 불의에 맞서는 수단으로서의 폭력을 지지할 수 있다는 것을 분명히 하였다.

---

9   같은 책, 134쪽.
10   같은 책, 193쪽.

그러나 1859년 12월 2일, 존 브라운은 반역죄로 처형당했고, 소로의 건강 또한 악화하였다. 아마도 정신적 충격이 그의 건강을 악화시켰을 것이다. 1862년 5월, 소로는 지병인 결핵으로 사망했다. 1863년 1월 1일 에이브러햄 링컨 대통령의 '노예 해방 선언'이 발표되기 8개월 전이었다. 소로가 꿨던 노예제 폐지의 꿈은 이렇게 현실이 되었다.

신재실
2025년 3월

차례

머리말 / 신재실 ·· 04

I
인간과 자연

1. 겨울 산책 / A Winter Walk ·· 17
2. 와추세트 산행 / A Walk to Wachusett ····························· 42
3. 걷기 / Walking ·· 68

II
인간과 사회

1. 시민 불복종 / Civil Disobedience ······································ 117
2. 원칙 없는 삶 / Life Without Principle ····························· 152
3. 매사추세츠주에서의 노예제(抄) / Slavery in Massachusetts
   (Excerpts) ·· 183
4. 캡틴 존 브라운을 위한 탄원서(抄) / A Plea for Captain
   John Brown(Excerpts) ··· 196

소로 연보 ·· 214

I

인간과 자연

1. 겨울 산책
A Winter Walk

옮긴이의 말

「겨울 산책」은 1843년 『다이얼』*The Dial* 지에 첫선을 보였다. 소로 사망 이듬해인 1863년, 그의 누이 소피아Sophia와 친구 채닝Ellery Channing이 편집한 『유람』*Excursions*, 그리고 1906년 '표준판' 『유람』 *Excursions*에 재수록되었다. 초기 에세이에 속하는 이 에세이는 주로 1841년의 소로 일기에 기록한 경험을 바탕으로 쓴 것이다. 이 에세이의 주제는 어느 겨울날 새벽부터 저녁까지 월든 숲과 호수를 포함한 콩코드 일대를 걸으면서, 그리고 때로는 스케이트를 이용하면서 보고, 듣고, 느끼고, 명상한 것들을 중심으로 엮은 것이다.

「겨울 산책」은 뉴잉글랜드의 매서운 겨울에 보내는 환상적이고, 감각적인 사랑의 편지이다. 마을 사람들의 겨울은 흔히 차디찬 죽음의 계절이지만, 콩코드의 겨울은 "극지방의 여름,"이고, 콩코드의 겨울 낮은 "스칸디나비아의 밤"이며, 숲의 찬 공기는 "폐에 특효약"이다. 지구는 하나이며, 여름과 겨울, 낮과 밤, 자연과 인간이 따로 존재하는 게 아니다. 그의 겨울은 "언제나 꺼지지 않고, 어떤 추위도 식힐 수 없는, 지하에서 잠자는 불"이다. 소로는 이 불에서 각 개인의 내부에서 조용히 불타는 정신의 불을 유추한다. 겨울의 눈은 겨울의 냉기에서 새싹을 보호하는 담요, 즉 모성애 같은 것이다. "눈은 모든 것을 잠재우고, 그것들을 자연의 가슴에 더 깊이 포옹한다." 그리고 산책하는 이로 하여금 "더욱 내적인 삶을 영위하도록" 돕는다. 겨울에 땅 위의 고요한 세계에서 땅 밑에서 잠자는 생명의 불을 인지하는 것은 누구에게나 가장 큰 보람이 될 터이다.

그러기에 소로는 1856년 12월 25일 일기에서 이렇게 말했다, "당신의 정신을 맑게 유지하고 싶으면, 험악한 날씨에 또는 깊이 쌓인 눈을 헤치고, 들판과 숲에서 오랫동안 산책을 하여라. 야성적인 자연을 상대하여라. 춥고 배고프고 지쳐봐라."[1] 온통 흰 눈에 덮인 초원을 지나, 눈꽃 핀 예쁜 나뭇가지들로 꾸민 언덕들을 올라, 감미로운 고요에 봉해지고 "탄력적인 맑은 하늘"에 덮인 세계를 편력하노라면, 누구나 겨울만이 초대하는 조용한 내면세계의 정복자가 될 터이다.

소로는 겨울 산책의 모티프로 세상을 새롭게 볼 것을 권유한다. 「와추세트 산행」과 「겨울 산책」은 모두 '걷기'walking를 인생의 중심적인 상징으로 사용한다. 상징구조의 중심에 아침과 저녁, 일출과 일몰, 올라감과 내려옴, 산과 들판, 숲과 마을, 여름과 겨울의 '대조'와 '합일'이 있다.

---

[1] Take long walks in stormy weather or through deep snows in the fields and woods, if you would keep your spirits up. Deal with brute nature. Be cold and hungry and weary.

바람은 블라인드를 통해 부드럽게 속삭이기도 하고, 창문에 대고 깃털처럼 가벼이 푸푸 숨을 내쉬기도 했으며, 가끔은 나뭇잎을 안아 올리는 여름철 산들바람처럼, 하룻밤 내내 한숨을 쉬었다. 초원의 생쥐는 뗏장 속의 아늑한 지하도에서 잠잤고, 올빼미는 늪지 깊은 곳의 속 빈 나무에 앉았다. 토끼와 다람쥐와 여우도 모두 안전한 곳에 들어갔다. 집 지키는 개는 난롯가에 조용히 누웠고, 소는 외양간에 조용히 서 있다. 도로표지판 또는 목재 창고의 돌쩌귀가 살며시 삐걱거리며 한밤중에 일하는 쓸쓸한 자연을 성원할 때 이외에는, 지구 자체가 마지막 잠을 자는 게 아니라, 말하자면, 첫잠을 자고 있었다. 금성과 화성 사이에서 깨어있는 소리라고는 이 소리뿐이니, 아득히 먼 우주 내부의 온기, 즉 신의 격려와 우정을 알리는 소리이다. 그곳에서 신들이 회동하지만, 인간들이 서 있기에는 너무 황량한 곳이다. 그러나 지구가 잠자는 동안, 대기는 깃털처럼 쏟아지는 눈송이로 활기찬 것이, 온 들판에 은빛 알곡 같은 눈을 퍼붓는다. 마치 북천北天의 세레스Ceres[2]가 통치하는 소리인 듯하다.

우리는 잠잔다. 그리고 마침내 겨울 아침의 고요한 모습에 눈을 뜬다. 목화나 오리털 같은 눈이 창턱에 편안히 누워있다. 넓어진 새시sash와 성에 낀 창틀이 흐릿하고 여린 빛을 들이면, 이윽고 방안에 아늑한 활기가 오른다. 아침의 고요는 인상적이다. 저 너머 들판의 어느 맑은 공간을 통해 밖을 내다보려고 창문 쪽으로 이동할 때면, 발밑의 마룻바닥이 삐걱거린다. 눈을 짊어지고 서 있는 지붕의 모습이 눈에 들어온다. 처마와 울타리에는 눈의 종유석鐘乳石들이 주렁주렁하고, 마당에 서 있는 석순石筍들은 어느 고갱이를 숨긴다. 사방의 나무와 관목은

---

2   로마 신화에 등장하는 농업과 곡물의 여신.

하얀 팔을 하늘로 쳐든다. 담과 울타리가 있던 곳에는, 신나게 뛰노는 형태의 환상적 형상들이 어스레한 풍경을 가로질러 쭉 뻗어있다. 마치 야음을 틈타서 자연이 인간 예술의 본보기로 신선한 도안을 뿌려놓은 것 같다.

우리가 문의 걸쇠를 조용히 벗기자, 문턱에 쌓인 눈이 푹 주저앉는다. 그리고 밖으로 나가니, 칼바람이 우리를 맞이한다. 별들은 이미 다소간 활기를 잃었고, 지평선은 흐리고 무거운 안개가 자락을 둘렀다. 동쪽의 이글거리는 노란 햇빛이 동트는 것을 알리는가 하면, 서쪽의 풍경은 여전히 유령처럼 어스레하고, 침침한 지옥의 빛에 싸여있어서 어둠의 영역 같다. 귀에 들리는 소리는 지옥의 소리뿐이니, 수탉이 우는 소리, 개가 짖는 소리, 장작 뻐개는 소리, 소가 우는 소리 등, 모두가 저승 앞마당과 지옥의 강 너머에서 들려오는 것 같다. 뭔가 우울한 것을 암시하는 소리이기 때문은 아니다. 어스름 새벽에, 그들이 부산떠는 소리가 이승의 소리치고는 너무나 엄숙하고 불가사의하기 때문이다. 최근 마당에 찍힌 여우나 수달의 발자국은 밤에도 시시각각 사건들로 꽉 차고, 여전히 태고의 자연이 움직이면서, 눈에 발자국을 내고 있다는 사실을 상기시킨다. 우리는 대문을 열고, 한적한 시골길을 따라서 활기차게 걸으면서, 발밑의 메마르고 파삭한 눈을 저벅저벅 밟는다. 또는 여름 내내 헛간에서 지저깨비 그리고 그루터기에 섞여 꿈을 꾸면서 누워있던 장작을 실은 썰매가 이른 아침에 먼 시장을 향하여 농가의 문을 방금 출발하면서, 또렷하고 날카롭게 삐걱거리는 소리에, 우리는 퍼뜩 정신이 들기도 한다. 농부가 켜놓은 이른 촛불이 멀리 쌓인 눈과 분 바른 창문을 통해서 창백한 별처럼 외로운 빛을 발하는 것이, 마치 어떤 모진 미덕美德이 그곳에서 아침기도를 드리는 듯하다. 나무와 눈에 파묻힌 굴뚝에서 연기가 하나씩 하나씩 오르기 시작한다.

느릿한 연기가 깊은 골짜기에서 소용돌이로 오른다.
뻣뻣해진 대기가 새벽 탐험에 나선다.
낮과의 안면을 서서히 익히면서,
지금은 하늘을 향한 행로를 멈추고,
소용돌이에서 핀둥거리며 혼자 희롱한다.
난롯가의 반쯤 잠 깬 그의 주인처럼,
목적도 불확실하고 행동도 느리다.
아직 잠자는 주인의 느릿한 생각들은
새날의 바깥 기류를 아직 타지 않았다.
이윽고 대기는 멀리 흐른다.
벌목꾼은 발걸음을 똑바로 내디디며,
이른 도끼를 휘두를 생각에 불탄다.
　농부는 어스레한 새벽에 맨 먼저
그의 이른 척후병이자 메신저인 연기를 파견한다.
지붕을 떠난 최초이자 최후의 순례자,
쌀쌀한 공기를 느끼고, 낮을 알린다.
주인은 아직 난롯가에 웅크리고,
문의 빗장을 풀 용기도 모으지 못한다.
연기는 가벼운 바람과 함께 계곡을 내려갔다.
평원 위에는 동글동글한 모험의 화환을 펼치고,
나무 꼭대기를 주름 커튼으로 장식하고, 언덕에서 핀둥거리며,
이른 새의 날개를 따뜻하게 했다.
이제는, 아마, 상쾌한 높은 대기에서,
지구 가장자리 위로 솟은 낮의 모습을 포착하고는,
주인의 낮은 문에서 그의 눈을 맞이한다.
연기는 높은 하늘에서 빛나는 구름 같다.

얼어붙은 대지 저편 농부들의 문간에서 장작을 쪼개는 소리, 집 지

키는 개가 짖는 소리, 수탉이 낭랑하게 우는 소리가 아련히 들린다. 희박하고 쌀쌀한 공기는, 짧고 고운 진동으로, 미세한 조각의 소리만 우리 귀에 전달하니, 파도는 거친 물질들이 바닥에 가라앉는 아주 맑고 밝은 수면에서 가장 빨리 가라앉는 듯하다. 소리의 조각들이 아주 먼 지평선에서, 산뜻하고 낭랑하게, 들려오니, 겨울에는 소리를 약하고 누더기로 만드는 장애물이 여름보다 적은 것 같다. 잘 마른 목재처럼, 땅이 소리를 잘 전달하니, 시골의 평범한 소리까지도 멜로디가 아름답고, 나뭇가지에 얼어붙은 얼음이 짤랑거리는 소리 또한 감미롭고 투명하다. 대기에는 최소의 물기밖에 없다. 모든 것이 바싹 마르거나 얼어붙었다. 대기가 지극히 엷고 탄력적이다. 그것이 기쁨의 원천이 된다. 움츠리고 긴장한 하늘은 대성당의 측랑側廊처럼 궁륭穹窿을 이루는 것 같다. 윤기 나는 대기가 번쩍이니, 크리스털 얼음 조각들이 그 속에서 떠다니는 듯하다. 그린란드에 거주하는 사람들은 우리에게 말한다, 그린란드가 얼어붙으면 "바다가 불타는 잔디밭처럼 연기를 내고, '서리 연기'라고 불리는 안개나 연무가 피어오른다." 그리고 이 연무는 "살을 에는 연기여서 얼굴과 손에 물집을 자주 일으키기에, 건강에 아주 해롭다." 그러나 이런 살을 에는 순수한 추위는 폐에 특효약이고, 얼어붙은 안개라기보다는, 추위로 정제되고 정화된, 한여름의 '아지랑이 수정'水晶이다.

태양이 마침내 먼 숲을 꿰뚫고 떠오르니, 심벌즈가 서로 부딪혀 흔들리는 희미한 소리가 나는 듯하다. 대기가 태양 빛에 녹고, 아침이 아주 빠른 발걸음으로 나아가니, 먼 서쪽 산들이 이미 금빛 햇빛에 물들고 있다. 그사이에 우리는 서둘러 가루 모양의 눈을 헤치고 발걸음을 옮긴다. '내적인 열기'가 따뜻하여 생각과 느낌이 타오르는 가운데, 우리는 인디언서머[3]를 한껏 즐긴다. 아마도 우리의 삶이 자연에 더욱 순응하면, 자연의 더위와 추위에 대항하여 우리 자신을 지킬 필요가 없을 것이다. 식물과 네발짐승들이 그러하듯이, 우리는 자연이 우리의 변치 않는 간호사이자 친구인 것을 발견할 것이다. 우리의 육체가 순수하고 담백한 성분을 섭취하고, 열량이 많은 자극적인 식품을 피하면, 육체는 앙상한 잔가지보다도 추위를 타지 않고, 나무들처럼 잘 자랄 것이니, 겨울도 나무의 성장에는 쾌적하다.

자연이 이 계절에 놀랍게 청정하다는 것은 아주 유쾌한 사실이다. 썩은 그루터기, 이끼 낀 돌과 울타리, 그리고 죽은 가을의 잎이 모두 깨끗한 눈 냅킨에 싸여서 보이지 않는다. 벌거숭이 들판과 쌀랑거리는 숲에서, 어느 덕德이 살아남는지 보라. 가장 따뜻한 자애는 가장 춥고 황량한 곳에서도 여전히 발판을 유지할 것이다. 스며드는 찬바람은 모든 감염을 물리친다. 내적으로 덕을 소유하는 것 이외에는 아무것도 찬바람에 저항할 수 없다. 따라서, 산꼭대기처럼 춥고 황량한 곳에서는, 무엇과 마주치건 간에, 우리는 일종의 '굳센 순진,' 즉 청교도적 강인함을 존경한다. '굳센 순진' 이외의 것은 모두 보호받기 위해 안으로 불러들여지는 듯 보이고, 여전히 밖에 머무는 것은 우주의 원초적 뼈대의 일부인 게 틀림없으니, 그 뼈대는 신 자신만큼이나 용맹스럽다. 깨끗해진 공기를 호흡하는 것은 기운을 돋운다. 공기가 훨씬 더 순수하고 정결하다는 것이 눈에 보이니, 우리는 기꺼이 오래 그리고 늦게까지 밖에서 머문다. 그러면 강풍이 앙상한 나무에 살랑거리며 지나듯이, 우리에게도 그리하면서, 우리를 겨울에 적응시킬 것이다. 우리가 그렇게 청결하고 확고한 바람의 덕德을 빌리기를 바라는 것처럼 말이다.

---

3   늦가을에서 겨울로 넘어가기 직전 일주일 정도 계속되는 따뜻한 날씨를 말한다. 절망에서 뜻밖의 희망을 보는 것을 비유하기도 한다.

바람의 덕은 사시사철 우리에게 도움이 될 터이다.

　마침내 우리는 숲 가장자리에 다다랐고, 곧 나들이 다니는 마을을 등졌다. 오두막 지붕 밑으로 들어가듯이, 우리는 숲의 은신처 안으로 들어선다. 그리고 숲의 문지방을 넘는다. 눈이 쌓여 모든 것이 파묻혔다. 숲은 여름과 마찬가지로 여전히 반갑고 따뜻하며, 겨울에도 여름처럼 온화하고 유쾌하다. 명멸하는 바둑판무늬 햇빛이 잠시 뿔뿔이 흩어지다가 미궁으로 사라지는 가운데, 소나무 숲 한가운데 서 있노라면, 마을 사람들이 일찍이 숲의 소박한 이야기를 들은 적이 있는지 의아하다. 어떤 여행자도 숲을 탐험한 적이 없는 듯 보이고, 과학이 다른 곳에서 매일 들추어내는 신기한 것들에도 불구하고, 그 누가 숲들의 이야기를 듣고 싶지 않겠는가? 들판에 자리 잡은 우리의 하찮은 마을도 숲의 공헌이 아니던가. 우리는 우리를 보호하는 판자, 그리고 우리를 따뜻하게 하는 막대기들을 숲에서 빌린다. 시들지 않는 여름, 즉 영원한 세월의 일부인 숲의 상록식물, 시들지 않은 풀이 겨울에 얼마나 중요한가! 이처럼 단순하게, 그리고 표고標高의 차이가 별로 없어도, 지구의 표면은 다양하다. 자연의 도시인 숲이 없다면, 인간의 삶이 어찌 될 것인가? 산꼭대기에서 보면 숲은 매끄럽게 깎은 잔디밭처럼 보인다. 그러나 이렇게 키가 더 큰 잔디밭이 아니라면, 우리는 어디로 산책할 것인가?

　자연에는 항상 꺼지지 않고, 어떤 추위도 식힐 수 없는, 지하에서 잠자는 불이 있다. 그것이 마침내 큰 눈을 녹인다. 지하의 불은 1월에는 더 두꺼운 덮개, 7월에는 더 얇은 덮개 밑에 묻혀있을 뿐이다. 그것은 가장 추운 날에도 어디론가 흐르고, 모든 나무 주변에서 눈을 녹인다. 가을 늦게 싹터서, 지금은 눈을 신속하게 녹이는 이런 겨울 보리밭은, 불이 아주 엷게 덮인 곳이다. 우리는 그 불에 따뜻해지는 것을 느낀다.

겨울에는 온기가 모든 덕을 대표하니, 우리는 조약돌이 햇빛에 반짝이며, 졸졸 흐르는 실개천, 그리고 숲속의 따뜻한 샘물을, 토끼와 울새만큼이나, 간절하게 그리워한다. 늪지와 물웅덩이에서 피어오르는 수증기는 우리 집에 있는 솥의 수증기만큼이나 소중하고 가정적이다. 어떤 불이 겨울의 햇빛에 필적할 수 있겠는가? 겨울 햇빛이 비칠 때면, 담 옆에서 들쥐가 나오고, 골짜기에서 박새가 혀짤배기소리를 내지 않는가? 겨울의 온기는 태양에서 직접 온다. 그리고 여름과 달리 지구에서 발산되지 않는다. 우리가 어떤 눈 덮인 협곡을 걸으며 등에 햇빛을 느낄 때면, 모종의 특별한 친절만큼이나 고맙기에, 우리는 그런 구석진 곳까지 우리를 따라오신 태양을 찬미한다.

이 지하의 불은 개개인의 가슴에 그 제단이 있다. 여행자는 가장 추운 날, 가장 황량한 언덕에서, 어떤 난롯불에 불을 쪼이는 것보다 자기의 외투 주름 안에 있는 더 따뜻한 불을 소중히 여긴다. 건강한 사람은 실로 계절을 보완하느니, 겨울에는 그의 가슴에 여름이 있다. 그의 가슴에 남쪽이 있다. 그곳으로 모든 새와 곤충이 이동하고, 그의 가슴 속의 따뜻한 샘 주변에 울새와 종다리가 모여든다.

한 해 동안 자란 관목이 뒤덮인 이 습지에 호화로운 형상의 은빛 먼지가 모든 시든 잎과 잔가지에 쌓이니, 그 다양성만으로도 색깔의 부재를 벌충하고도 남는다. 생쥐들이 관목 줄기 주변에 남긴 작은 발자국을 보라. 탄력적인 맑은 하늘이 만물에 드리우니, 하늘에서 키질하여 땅으로 보낸, 여름의 불순물들은 순결한 겨울의 추위에 정화되어 줄지 않았는가.

이 계절에 자연은 자신의 여름 특징을 어지럽힌다. 하늘이 땅에 더 가까워진 듯하다. 자연을 구성하는 분자들이 그대로 있지 않고 약간 변모한다. 물은 변하여 어름이 되고, 비는 변하여 눈이 된다. 낮은 스칸디나비아의 밤일 뿐이다. 겨울은 극지방의 여름이다.

자연에 존재하는 삶, 즉 살을 에는 밤을 조용히 살아남아서, 서리와 눈에 뒤덮인 들과 숲의 복판에서, 태양이 떠오르는 것을 보는 모피동물의 삶이야말로 얼마나 대단한 삶인가.

"먹을 것 없는 광야가
갈색 서식 동물을 쏟아내는구나."[4]

회색의 큰 다람쥐와 토끼는, 추운 금요일 아침에도, 먼 협곡에서 팔팔하고 쾌활하다. 우리의 라플란드[5]와 래브라도[6]가 바로 여기에 있다. 그리고 에스키모[7], 크니스테노[8], 도그리브 인디언[9], 노바젬블레이트[10], 스피츠베르그너[11] 대신에, 우리의 얼음 절단기, 벌목용 도끼, 여우, 사향뒤쥐, 그리고 밍크가 있지 않은가?

한창 강추위인 날에도, 우리는 여전히 여름의 발자취를 그 은신처까지 추적하여, 여름철의 어떤 삶을 동정할 수 있을 것이다. 얼어붙은 초원 한가운데, 개울 전역에 걸쳐서, 우리는 지하에 날도래의 애벌레,

---

4 영국 시인 James Thomson(1700~1748)의 시 "Winter"의 한 구절.
5 Lapland. 유럽 최북단 북극권의 황무지였으나 깨끗한 자연환경으로 근래에 새로운 관광지로 각광을 받고 있다.
6 Labrador. 캐나다 동부 래브라도반도의 미개발 고원 지대로 9월부터 이듬해 6월까지 눈으로 덮인다.
7 Esquimaux. 북아메리카 북극 지역에 사는 원주민을 통틀어 일컫는다.
8 Knistenaux. 앨곤퀸Algonquin 혈통의 한 종족으로 주로 캐나다 북부에서 산다.
9 Dog-ribbed Indians. 캐나다 북부에 사는 원주민의 한 종족으로 사냥과 어업으로 생계를 유지했다.
10 Novazemblaites. 캐나다 북부의 노바젬브라Nova Zembla 섬 원주민.
11 Spitzbergeners. 노르웨이 북부, 스피츠베르겐 섬Spitsbergen Island 주민.

즉 물여우의 작은 집들이 늘어선 것을 볼 수 있을 것이다. 그것들을 칭칭 감은 원통형의 작은 집은 새털, 막대기, 풀, 시든 잎, 조가비, 자갈 등으로 조립된다. 모양과 색깔은 바닥에 깔린 잔해들과 비슷하다. 이런 집들이 자갈 깔린 바닥을 이리저리 표류하면서, 작은 소용돌이에서는 빙빙 회전하다가, 가파른 폭포에 부딪혀 떨어지거나, 물살에 급히 쓸리거나, 아니면 어떤 풀의 풀잎이나 뿌리 끝에서 이리저리 흔들린다. 애벌레들은 곧 가라앉는 집을 떠나서, 각다귀처럼 식물의 줄기나 수면으로 기어오른다. 이후 그들은 완전한 곤충으로서 물의 표면을 훨훨 날거나, 저녁에 우리의 촛불 불꽃에서 그들의 짧은 생명을 희생한다. 저 아래 작은 협곡에서는 관목들이 애벌레 집의 무게에 머리를 숙이고, 붉은 딱총나무는 흰 눈 덮인 땅과 대조를 이룬다. 이미 해외에 갔다 온 수많은 발자국이 이곳에 있다. 태양은 센강[12]이나 테베레강[13] 계곡의 상공에서와 같이 당당하게 이 골짜기 상공에도 떠오르니, 이제껏 목격한 적이 없는 순수하고 자립적인 용기의 소재지인 듯하다. 패배를 모르고 또한 두려움을 모르는 용기 말이다. 이곳에서는 원시 시대의 단순과 순수가 지배하고, 마을과 도시와는 아득히 먼 건강과 희망이 지배한다. 먼 숲속에서, 바람이 나무를 뒤덮은 눈을 흔들어 떨어뜨리는 가운데, 사람의 발자국만 뒤에 남기고 완전히 홀로 서 있으면, 도시의 삶보다 더 풍요로운 다양성에 대한 여러 감회에 젖곤 한다. 박새와 동고비가 정치가와 철학자보다 더 감동적인 집단이다. 그러기에 우리는 더 야비한 친구들에게 돌아가지 않듯이, 정치가와 철학자 집단에 돌아가지는 않을 터이다. 이 외로운 협곡의 개울이 비탈의 물기를 빼고 나면, 갖가

---

12 프랑스 중북부에서 파리를 관통하여 영불해협으로 흐르는 길이 776km의 강이다.
13 이탈리아 중부에서 로마시를 관통하여 티레니아해로 흐르는 길이 406km의 강이다.

지 색채의 수정 같은 얼음이 불어난다. 협곡 양쪽에는 가문비나무와 솔송나무가 기립하고, 개울 자체에서는 골풀과 말라빠진 야생 귀리가 기립하면, 우리 삶은 정관(靜觀)하기에 더욱 평온하고 더 잘 어울린다.

낮이 전진하면서, 언덕의 중턱이 태양열을 반사하고, 희미하나 감미로운 음악이 들리니, 실개천이 족쇄에서 풀려나고, 나무에 매달린 고드름이 녹는 소리이다. 그리고 동고비와 자고새가 나타나서 노래한다. 정오에는 남풍이 눈을 녹이고, 시든 풀 및 잎들과 함께 맨땅이 나타난다. 우리는 맨땅이 내뿜는 향기에 원기를 돋우니, 짙은 고깃국 냄새에 기운이 솟는 듯하다.

벌목꾼이 떠난 오두막에 들어가 보자. 그가 긴 겨울밤과 짧고 험한 날씨의 낮을 어떻게 보냈는지 보자. 이곳에서 인간은 이렇게 남쪽 언덕배기 밑에 집을 짓고 살았다. 마치 문명화된 공공장소처럼 보인다. 우리는 팔미라[14]나 헤카톰필로스[15]의 옛터 옆에 서 있는 여행자와 비슷하게 여러 감회에 젖는다. 노래하는 새와 꽃이 여기에 나타나기 시작했다. 사람이 가는 곳에 잡초는 물론 꽃이 뒤따르지 않는가. 이런 솔송나무들이 그의 머리 위에서 속삭이고, 이런 히커리 통나무들이 그의 연료가 되고, 이런 송진 소나무 뿌리들이 그의 난롯불을 지피지 않았는가. 저쪽 분지에서 김이 무럭무럭 나는 실개천은 그의 샘이었다. 아직도 얇고 가벼운 수증기가 변함없이 피어오른다. 그러나 그는 지금 떠나고 없다. 그의 침대는 이들 솔송나무 가지에 이처럼 단을 올리고 짚을 깐 것이었고, 그의 식수 그릇은 바로 깨진 이 접시였다. 그러나 지난여

---

14 Palmyra. 기원후 1~2세기에 건설된 고대 도시로, 현재의 시리아 타드무르Tadmur에 건설되었다.
15 Hecatompolis. 기원전 200년까지 페르시아 아르사케스Arsacid 왕조(bc. 247~ad. 224)의 수도였다. 그리스어 'Hekatompylos'는 '100개의 대문'을 의미한다.

름에 딱새들이 바로 이 바위 턱에 둥지를 틀었기 때문인지, 그는 이 계절에 이곳에 다녀가지 않았다. 그가 방금 외출한 듯이 깜부기숯이 약간 남아 있다. 그가 콩을 단지에 담아서 익히던 곳이다. 그는 저녁이면 꼭지 없는 파이프 대통을 잿불에 묻고 담배를 피우면서, 혹시 친구가 곁에 있으면, 지금 집 밖에서는 이미 함박눈이 펑펑 쏟아지고 있으니, 유일한 그 친구와 내일 아침, 얼마나 눈이 쌓일 것인지에 대해 잡담을 나누거나, 날카로운 올빼미 소리가 마지막이었는지, 아니면 나뭇가지 삐걱거리는 소리가 마지막이었는지, 아니면 그게 상상에 불과했는지를 놓고 논쟁을 벌였다. 늦겨울 저녁, 그는 짚을 깐 침대에 사지를 쭉 뻗기 전에, 널찍한 굴뚝목구멍을 통해 하늘을 쳐다보면서, 폭풍의 진행을 살폈다. 그리고 카시오페이아자리[16]의 밝은 별들이 그를 밝게 비추는 것을 보고는 느긋하게 잠을 청했다.

벌목꾼의 역사를 알 수 있는 흔적이 얼마나 많은지 보라! 이 그루터기에서 그가 사용한 도끼의 날카로움을 짐작할 수 있고, 그가 도끼를 내리친 빗면에서 어느 쪽에 서서 잘랐는지, 그리고 나무를 빙빙 돌지 않거나 손을 바꾸지 않고 잘랐는지 알 수 있다. 그리고 지저깨비의 굴곡에서 우리는 나무가 어느 쪽으로 쓰러졌는지까지 알 수 있다. 이 나무토막 하나에 벌목꾼과 세계의 모든 역사가 새겨져 있다. 그가 설탕 또는 소금을 싸거나, 숲속 통나무에 앉아서, 그의 총을 충전할 재료로 썼던 종잇장에서, 우리는 도시의 가십, 즉 하이스트리트[17]와 브로드웨이[18]에 소재하는 더 큰 오두막들이 이처럼 비어서 셋집으로 나온 이야

---

16 북쪽 하늘의 별자리다. 자기와 아름다움을 겨룰 이가 없다고 자만했던 카시오페이아 여왕을 상징한다.
17 도시의 비즈니스 중심 거리.
18 맨해튼의 브로드웨이처럼 연극과 영화 산업의 중심 거리.

기들을 아주 흥미롭게 읽는다. 이 수수한 지붕의 남쪽 편 처마에서는 물방울이 똑똑 떨어지고, 소나무에 앉은 박새가 혀짤배기소리를 내면, 출입문 주변에 쏟아지는 태양의 아늑한 온기가 제법 다정하고 인간적이다.

    두 계절이 지나고 나니, 이 투박한 집이 경치를 해치지는 않는다. 이미 새들이 둥지를 짓기 위해서, 그 집을 자주 찾고, 많은 네발짐승이 문간까지 발자국을 남긴다. 이처럼, 자연은 오랫동안 인간의 침입과 모독을 눈감아준다. 숲은 그것을 베어 넘어뜨리는 도끼의 타격 소리를 여전히 꺼리지 않고, 즐겁게 메아리친다. 그리고 숲의 모든 구성원은 도끼질이 적고 드문 기간에는 야성을 높여서 자연의 소리를 내려고 노력한다.

    이제 우리의 길은 이 높은 언덕의 꼭대기를 향하여 서서히 오른다. 꼭대기의 가파른 남쪽에서, 우리는 저 멀리 눈 덮인 산맥까지 숲과 들과 강의 드넓은 국토를 바라볼 수 있다. 저쪽, 눈에 보이지 않는 어느 농가로부터 숲을 지나서 고불고불 올라오는 연기, 즉 어느 시골 농가 상공에 높이 올린 깃발을 보라. 저 아래에는 더 따뜻하고 더 쾌적한 곳이 있는 게 틀림없다. 샘에서 피어오르는 수증기가 나무 상공에 구름을 형성하는 것 같지 않은가 말이다. 숲속의 어느 높은 곳에 서서 한 줄기 연기를 발견하는 나그네와 저 아래 농가에 앉아 있는 사람 사이에 얼마나 멋진 관계가 수립되는가! 나뭇잎에서 수증기가 피어오르듯이, 연기가 조용히 그리고 꾸밈없이 오르고, 저 아래 난롯가의 주부처럼, 스스로 화환의 형상을 짓느라 바쁘다. 피어오르는 연기는 인생의 상형문자로서, 끓는 단지보다도 더 친근하고 중요한 어떤 것들을 암시한다. 한줄기 멋진 연기가 깃발처럼 숲 위로 올라오는 곳에는, 어느 인생이 뿌리를 내렸다. 그리고 미국의 대초원이건 아시아의 스텝

지대[19]이건 간에, 그런 연기가 바로 로마의 시작이고, 예술의 확립이며, 제국의 기초가 아닌가 싶다.

이제 이 숲의 분지에 있는 호숫가로 다시 내려온다. 호수는 언덕들 자체가 분비한 체액이자, 해마다 호수에 잠기는 나뭇잎의 주스인 듯하다. 출구도 입구도 보이지 않으나, 물결의 흐름 속에, 물가의 동글동글한 조약돌에, 그리고 가장자리까지 내려와 자라는 소나무에, 그 역사가 있다. 앉은 채 있지만, 호수는 게으름을 피우는 적은 없다. 호수는, 아부 무사[20]처럼, "집에 조용히 앉아 있는 게 하늘의 길이며, 외출하는 것은 속세의 길이다,"라고 가르친다. 그러나 호수는 증발을 통해 어느 것보다도 멀리 여행한다. 여름의 호수는 지구의 투명한 눈이자 자연을 품에 안은 거울이다. 숲이 범한 죄가 호수에서 씻긴다. 숲이 어떻게 호수 주변에 원형경기장을 형성하는지 보라. 자연의 쾌적함을 한껏 겨루는 경기장 아닌가! 모든 나무가 나그네를 호숫가로 안내하고 모든 길이 호수로 통하니, 새가 호수로 날아오고, 네발짐승이 호수로 달아나며, 땅 자체가 호수 쪽으로 기운다. 호수는 자연의 살롱이다. 자연은 그곳에 앉아서 화장한다. 자연이 꾸리는 침묵의 경제와 깔끔함을 주시하라. 매일 아침 태양이 증발과 함께 호수 표면에서 먼지를 청소하니, 신선한 표면이 부단히 솟아오른다. 어떤 불순물이 그 안에 축적되어도, 해마다, 봄이면 맑은 투명성이 다시 나타나지 않는가! 여름에는 침묵의 음악이 수면에 깔리는 듯하다. 그러나 이제 꾸밈없는 한 장의 눈이 호수를 덮어서 바람이 얼음을 벌거벗긴 곳 말고는, 표면이 보이지 않는

---

19 steppes. 수목이 없는 큰 초원 지대.
20 Abu Musa. 호르무즈 해협 입구 근처 페르시아만 동부에 있는 섬이다. 호르무즈 해협을 항행하는 유조선 등 대형 선박이 통과해야 하는 좁은 해로가 지나는 섬이기에 전략적으로 매우 중요한 섬이다.

다. 마른 나뭇잎들이 작은 여행길에서 좌우로 미끄러지고, 갈지자로 방향을 바꾼다. 방금 나뭇잎 하나가 호숫가 조약돌에 벌렁 드러눕는다. 마른 너도밤나무 잎이다. 다시 출발할 예정인 듯, 여전히 흔들흔들 움직인다. 어떤 능숙한 엔지니어가 잎이 본래의 줄기에서 떨어진 이후의 노정을 계획했으리라는 생각이 든다. 그런 계획을 뒷받침하는 온갖 요소들이 여기에 있다. 잎의 현재 위치에서, 바람의 방향과 호수의 수평면, 그리고 그 외의 훨씬 많은 것들이 보인다. 잎의 상처 난 가장자리와 잎맥에 잎의 여행 일기가 둘둘 말려있는 것이다.

우리는 더 큰 집의 집 안에 있다고 상상한다. 호수의 표면은 카드놀이 테이블이거나 모래 뿌린 노면이다. 호수 가장자리에서는 숲이, 오두막의 벽처럼, 가파르게 솟는다. 민물 꼬치를 잡으려고 얼음을 뚫고 드리워진 낚싯줄들은 더 큰 요리를 준비하는 듯하다. 눈 덮인 하얀 땅에, 숲의 가구들인 양, 사람들이 아무 일도 않고 구경하니 말이다. 눈 덮인 얼음판 여기저기 반 마일의 거리에서, 이렇게 서 있는 사람들의 행동은 우리가 역사에서 알렉산더의 공적을 읽을 때만큼이나 인상적이다. 그들은 풍경에 딱 어울리고, 여러 왕국의 정복만큼이나 중요해 보이니 말이다.

우리는 다시 숲의 아치 길을 어슬렁어슬렁 걸었다. 마침내 숲의 가장자리에서 저쪽 강의 내포로부터 얼음이 쿵쿵 울리는 소리가 아련히 들린다. 얼음은 바다가 아는 것과는 다른 어떤 더욱 예민한 기류에 따라 움직이는 듯하다. 나에게 그 소리는 누군가의 멀지만 고귀한 친족의 목소리만큼이나 가슴 설레는, 어느 야릇한 고향 소리처럼 들린다. 온화한 여름 해가 숲과 호수를 비춘다. 푸른 잎은 여러 로드[21]에 걸쳐

---

21 1로드는 약 5m이다.

하나밖에 없지만, 자연은 여전히 평온한 건강을 누린다. 7월의 부드러운 바람 소리만큼이나, 지금 1월의 가지들이 삐걱삐걱하는 소리 또한 똑같이 건강의 불가사의한 자신감이 충만하다.

  겨울이 나뭇가지마다
    환상의 꽃술을 달더니,
  이젠 그 아래 낙엽들에
    침묵의 인장을 찍는구나.

  옥탑에 갇힌 시냇물마다
    꼬르륵꼬르륵 제 길을 가고,
  생쥐가 자신의 화랑에서
    초원의 건초를 갉아 먹을 때이다.

  생각건대 여름은 지척에 있고,
    예의 저 초원의 생쥐가
  지난해의 히스[22] 더미에 편안히 누워 있듯,
    아직 땅 아래에 숨어있다.

  그리고 어쩌면 박새가 곧
    가냘픈 혀짤배기소리를 내면
  눈은 여름이 스스로 걸친
    닫집 모양의 차양遮陽이다.

  예쁜 꽃들이 유쾌한 나무들을 장식하고,
    눈부신 열매들이 주렁주렁하니,

---

22 황야에 번성하는 관목.

북풍은 여름 미풍을 산들거리기며,
　　살을 에는 서리를 받아넘긴다.

북풍은 내게 기쁜 소식 전하고,
　　내가 귀를 쫑긋 세우니,
겨울을 두려워할 필요 없는,
　　평온한 영원의 소식이다.

곧 저 멀리 고요한 호수에서는
　　잠 못 이룬 얼음에 짝 금이 가면,
귀청 찢는 신음 속에서도
　　호수의 요정들이 즐겁게 뛰논다.

나는 용감한 뉴스를 들은 듯,
　　선뜻 계곡으로 서둔다.
자연이 드높은 잔치 벌이니,
　　그것을 놓치기가 어려웠다.

내가 이웃 얼음과 뛰놀며,
　　진동에 공감하는 것은,
즐거운 호수 가로질러 순식간에
　　새 금이 짝! 돌진할 때다.

숲길 따라서,
　　마루엔 낮은 의자 앉혀놓고,
난롯가엔 장작단 준비한 집,
　　희귀한 가정의 소리 울린다.
우리는 밤이 오기 전에 굽이굽이 흐르는 이 강의 물길을 따라 스케이트 여행을 떠날 것이다. 겨우내 오두막의 난롯가에 앉아 있는 사람에게는 패리[23]나 프랭클린[24] 선장과 함께 북극의 얼음을 달리는 것만큼이나 신기하리라. 강물은 구불구불 흐르는 개울 따라서, 이제는 언덕과 언덕 사이를 흐르고, 이제는 갈라져서 아름다운 초원에 진입하고, 소나무와 솔송나무가 아치를 이루는 수많은 협곡과 내포를 굽이굽이 흐른다. 강은 마을 뒤로 흐르기에, 모든 것이 새롭고 더욱 야성적으로 보인다. 하이웨이에서 볼 때와 달리, 들판과 과수원들이 허식을 벗어던지고, 숨기는 거 없이 다가온다. 강은 지구의 바깥쪽이자 가장자리이다. 우리의 눈은 거친 대조들에 즐겁기만 하다. 농부가 친 울타리의 마지막 가로장은 여전히 생기를 간직한 흔들리는 버드나무 가지이다. 마침내 여기서 모든 울타리가 끝난다. 우리는 더 이상 길을 건너지 않는다. 우리는 이제 가장 한적하고 평탄한 길로 스케이트를 타고 권내의 높은 곳으로 올라갈 수 있다. 언덕을 오르는 게 아니라, 널찍하고 평평한 길을 따라서 고지대의 초원에 이른다는 말이다. 이것은 바로 순종의 법칙을 예증하는 것이자, 강의 흐름이다. 환자를 위한 길이고, 도토리컵이 컵 안의 도토리와 함께 안전하게 떠다니는 하이웨이이다. 이따금 발생하는 강물의 낙하는 안개와 물보라의 축하를 받으며, 여기저기 여행자를 유인할 테지만, 그 낙하가 풍경을 다채롭게 하지는 않을 것이다. 강의 흐름은 먼 내륙을 출발하여, 거칠 것 없고 편안한 발걸음으로, 또는 완만하게 경사진 수면으로, 바다로, 그 여행자를 안내한다. 이처럼 강은, 땅의 높고 낮음에 일찍 그리고 부단히 승복함으로써, <u>스스로 가장 편안한 통로를 확보한다.</u>

23　Sir William Edward Parry(1790~1855). 영국 해군 제독, 북극 탐험가.
24　Sir John Franklin(1786~1847). 영국 해군 제독, 북극 탐험가.

자연의 영토는 사시사철 인간에게 완전히 닫히지 않는다. 이제 우리는 물고기의 왕국으로 접근한다. 우리의 스케이트는 깊이를 알 수 없는 늪 위를 미끄러지듯 신속하게 나아간다. 여름에는 여기서 우리의 낚싯줄이 메기와 농어를 유혹했고, 위풍당당한 민물 꼬치가 애기부들에 의해 형성된 긴 회랑에 잠복했었다. 여기는 깊고, 발을 들여놓을 수 없는 늪, 왜가리가 걸어서 건너고, 알락해오라기가 쭈그리고 앉던 곳이지만, 이제는 마치 늪에 수천 개의 철로가 깔린 듯이, 우리의 빠른 스케이트화가 통과하기에 이르렀다. 우리는 스케이트를 한 번 지쳐서 얼어붙은 늪의 최초 입주자인 사향뒤쥐의 오두막에 이른다. 털가죽을 가진 물고기인 것처럼, 사향뒤쥐가 투명한 얼음 밑을 쏜살같이 달려서, 강둑의 제 구멍으로 달아난다. 우리는 최근에 "풀 베는 사람이 낫을 가는" 초원을 빠르게 스케이트를 지쳐서, 냉동된 덩굴월귤들과 초원의 풀이 뒤섞인 하천을 통과했다. 우리는 지빠귀, 딱새, 그리고 킹버드가 늪의 수면에 걸쳐서 둥지를 치고, 말벌이 늪지 단풍나무에 벌통을 지은 곳 가까이서 스케이트를 지친다. 이제 태양을 뒤따르는 얼마나 많은 명랑한 새들이 은빛 자작나무와 엉겅퀴 관모로 지은 보금자리로부터 빛을 발산하는가! 어떤 발도 진입한 적이 없는 최고의 수상 마을이 늪의 바깥 가장자리에 걸쳐있는 것이다. 속이 텅 빈 이 나무에서 아메리카원앙이 새끼를 기르면서, 식량을 찾아서 날마다 둥지를 슬쩍 나와서 저쪽 늪지를 뒤졌다.

겨울철, 자연은 골동품 진열장이다. 자연의 질서와 위상에 어울리는 마른 견본들이 가득하다. 초원과 숲은 '식물 표본실' *hortus siccus*이다. 잎과 풀은 스크루나 접착제 없이도 공기로 완전히 눌려 있다. 그리고 새의 둥지들은 인공적인 가지가 아니라, 둥지를 튼 가지에 그대로 걸려 있다. 우리는 발을 적시는 일 없이 울창한 늪을 다니며, 여름의 업적을 시찰하고, 오리나무와 버드나무와 단풍나무가 얼마나 많이 자랐는지 보면서, 하고많은 따뜻한 햇볕, 비옥한 이슬과 소낙비의 업적을 입증한다! 풍성한 여름철에 나뭇가지들이 얼마나 큰 걸음을 옮겼는지 보라. 그리고 이런 동면하는 잎눈들도 곧 위로 그리고 앞으로 쭉 뻗어서 하늘로 또 한 뼘 진입할 터이다.

우리는 가끔 눈 덮인 들판을 걷는다. 강은 눈에 덮여서 여러 로드 보이지 않는다. 그러다가 전혀 예측하지 못한 우측이나 좌측에서 홀연히 나타난다. 강은 약하나 우르르! 코고는 소리를 내면서, 여전히 눈에 덮인 제 길을 간다. 곰이나 마멋처럼, 강 또한 동면했다. 우리는 강의 희미한 여름철 항적을 따라서 강이 눈과 얼음에 묻힌 곳에 다다른다. 애초에 우리는 한겨울에는 강이 물이 없어 마르거나, 그게 아니면 봄이 그들을 녹이기까지는 꽁꽁 얼어붙으리라고 생각했을 것이다. 그러나 강의 수량水量은 줄지 않으니, 수면의 냉기로 인해 표면에 다리가 놓이는 것뿐이다. 호수와 냇물에 물을 공급하는 수많은 샘물은 여전히 흐른다. 지표地表의 소수 샘물이 물의 분출을 중단하는 것뿐, 샘물이 스며서 깊은 저수지의 저수량을 되레 불린다. 자연의 샘물이 얼음 밑에 숨어버리는 것이다. 여름철 냇물은 눈 녹은 물로 채워지는 게 아니고, 풀 베는 사람도 눈 녹은 물만 가지고 갈증을 달래는 것은 아니다. 겨울에는 자연의 작업이 지체되면서, 물이 얼음과 눈으로 바뀌고, 얼음과 눈의 분자가 덜 매끄럽고 덜 둥글어서, 수평을 빨리 찾지 못하기 때문에, 봄철에 눈이 녹으면 개울 물이 불어나게 마련이다.

멀리 얼음판 위쪽, 솔송나무 숲과 눈 덮인 야산 사이에, 민물 꼬치 낚시꾼이 서 있다. 한적한 후미에 낚싯줄을 던져놓고, 핀란드인처럼, 양팔을 방한 외투 주머니에 집어넣고 말이다. 낚시 종족들과 불과 몇 인치 떨어졌지만, 무심하고, 흰 눈 같고, 물고기 같은 생각에 잠긴 게,

그 자신이 지느러미 없는 물고기이다. 구름과 눈에 싸인 채, 말없이 똑바로 서 있으니, 강변의 소나무들 같다. 이런 야성적인 정경에서, 사람들은 말없이 절제하는 자연에 마을의 명랑함과 발랄함을 헌납하고, 풍경 속에 우두커니 서 있거나, 생각에 잠긴 듯 묵직하게 움직인다. 그 낚시꾼은 어치와 사향뒤쥐 못지않게 풍경을 야성적으로 만든다. 누트카만[25]과 태평양 북서 해안에서, 옛 항해자들의 항해기에서 원주민들은 그들 주변의 모피로 표시되었다가, 쇳조각의 유혹을 받고서야 수다스러운 사람들이 되었다. 낚시꾼은 자연의 인간 가족에 속하기에, 자연에 더 깊숙이 심겨서 마을 주민들보다 더 많은 뿌리를 가진다. 그에게 가서, 낚시 운이 좋았는지 물어봐라. 그러면 당신은 낚시꾼 또한 보이지 않는 '영계'靈界의 숭배자라는 것을 알 터이다. 그가 얼마나 열렬한 손짓과, 진지하고 공경하는 어조로, 한 번도 본 적이 없는 호수의 민물 꼬치, 즉 그의 원시적이고 이상적인 꼬치 종족에 대해서 이야기하는지 들어보라. 그는 낚싯줄에 의해 호숫가와 연결되었기에, 자기 집 남새밭에 완두콩들이 이미 솟았음에도, 호수 위 얼음 구멍으로 물고기를 낚던 겨울을 기억한다.

그러나 이제, 우리가 쉬엄쉬엄 걷는 동안, 구름이 다시 모였다. 그리고 뿔뿔이 흩어진 소수의 눈송이가 내리기 시작했다. 점점 빨리 떨어지면서 먼 물체들을 시야에서 내쫓는다. 눈이 모든 숲과 들에 내리니, 어떤 틈도 빠트리지 않는다. 강변과 호숫가와 언덕 위와 계곡에 눈이 내린다. 이 평화로운 시간에 네발짐승은 은신처에 은신하고 새는 횃대에 앉는다. 날씨가 화창할 때만큼 소리가 많지는 않다. 그러나 조용히 그리고 서서히 모든 비탈과 회색빛 담장과 울타리와 반들반들한 얼음

---

25   Nootka. 캐나다 브리티시 컬럼비아주의 일부인 밴쿠버섬 서해안의 작은 만.

과 아직 묻히지 않은 마른 잎이 모두 감추어지고, 사람과 짐승이 지나간 자국도 사라진다. 자연은 아주 적은 노력으로 자신의 통치를 재확인하고, 사람의 흔적을 싹 지운다. 호메로스가 어떻게 이와 똑같은 양상을 기술했는지 들어보라, "눈송이가 어느 겨울날에 펑펑 빠르게 내린다. 바람이 가라앉고 눈이 끊임없이 내린다. 산꼭대기와 언덕과 로터스 나무가 자라는 벌판과 경작되는 들판을 덮는다. 거품 이는 바다의 후미와 해변에도 떨어지지만, 파도에 조용히 녹는다."[26] 눈은 모든 것을 잠재우고, 그것들을 자연의 가슴에 더 깊이 포옹한다. 느릿한 여름에 덩굴식물이 사원의 지붕 장식과 성의 작은 탑에 기어올라서, 자연이 인간의 기술을 잠재우도록 하는 것처럼 말이다.

험악한 밤바람이 숲을 쉭쉭 흔들며 우리에게 귀가하라고 통고한다. 한편, 태양은 강해지는 폭풍 뒤로 넘어가고 새들은 보금자리를 찾고 가축은 외양간을 찾는다.

> "눈 뒤집어쓴 일꾼 소는
> 눈을 내리깔고 서서, '이제는'
> 모든 고생의 열매를 요구한다."[27]

연감에는 겨울이 바람과 진눈깨비에 맞서 외투를 여미는 노인으로 상징된다. 그러나 우리는 오히려 겨울은 명랑한 벌목꾼이자 피 끓는 젊은이이며, 여름만큼이나 쾌활하다고 생각한다. 위협적인 폭풍이 여행자의 정신을 계속 깨운다. 폭풍이 우리를 우습게 보지 않고 진지하게

---

26 호메로스, 『일리아드』Book xii의 한 구절.
27 18세기 스코틀랜드 시인 James Thomson의 시 "The Seasons"에서.

대해서 즐겁다. 겨울에 우리는 더욱 내적인 삶을 영위한다. 우리의 가슴은 눈 더미 아래의 오두막처럼 따뜻하고 유쾌하다. 창문과 문은 반쯤 묻혔지만, 굴뚝에서는 연기가 기운차게 올라온다. 눈 더미로 나가지 못해, 되레 집의 안락이 증가한다. 가장 추운 날에도 우리는 난롯가에 앉아서 굴뚝 꼭대기를 통해 하늘을 보는 것이 흡족하다. 우리는 굴뚝 옆의 따뜻한 귀퉁이에서 맛볼 수 있는 조용하고 평온한 삶을 즐기기도 하고, 거리의 소가 우는 소리나 먼 헛간에서 오후 내내 도리깨를 휘두르는 소리에 귀를 기울임으로써, 우리의 맥박을 느낀다. 능숙한 의사라면 틀림없이 이러한 단순하고 천연적인 소리가 우리에게 얼마나 영향을 주는지 관찰함으로써, 우리의 건강을 측정할 수 있을 것이다. 우리는 지금 따뜻한 난로와 벽난로 주변에서 동양적이 아니라 북방의 여유를 누리면서 햇살 속 티끌의 그림자를 구경한다.

우리의 운명은 때때로 잔인하기에는 너무나 가정적이며 정답도록 심각하다. 인간의 운명이 어떻게 삼 개월 동안 모피에 감싸여 있는지 생각해 보라. 훌륭한 히브리 계시록은 이런 유쾌한 눈을 전혀 인정하지 않는다. 온대와 한대를 위한 종교는 없는가? 우리는 뉴잉글랜드 겨울밤에 신들이 베푸는 순수한 은혜를 기록하는 성서를 하나도 알지 못한다. 신들을 찬양하는 노래를 부른 적이 없으며, 신들의 노여움을 비난하기만 했다. 최고의 성서는 결국 빈약한 신앙만 기록한다. 그 성서의 성도들은 조용하고 금욕적으로 산다. 용감하고 경건한 사람을 메인[28]이나 래브라도에서 일 년을 보내게 하여 히브리 성서들이 겨울의 출발에서부터 얼음의 해체에 이르기까지 그가 부딪히는 조건과 경험에 어울리도록 말하는지 보게 하라.

---

28 Maine. 미국 북동부 뉴잉글랜드의 가장 북쪽에 있는 주.

이제 농부의 난롯가에서 긴 겨울 저녁이 시작된다. 내부 거주자들의 생각은 멀리 밖으로 여행한다. 그리고 사람들은 천성적으로 그리고 필연적으로 모든 피조물被造物에게 자비롭고 관대하다. '지금'은 추위에 저항하는 행복한 시기이다. 농부는 그의 보수를 거둬들이고, 겨울에 대비할 것을 궁리한다. 그리고 번쩍이는 창유리를 통해 "북쪽 곰의 큰 집"을 침착하게 본다. 방금 폭풍이 지나갔기 때문이다.

"사방에 아주 영묘하게,
무한한 세계가 시야에 나타나서,
아주 날카롭고 환하게 빛나고, 총총한 별빛의 장막이
극에서 극까지 빛난다."[29]

---

29 James Thomson의 시 "The Seasons"에서.

2. 와추세트 산행
A Walk to Wachusett

옮긴이의 말

「와추세트 산행」은 1842년 7월 19일 콩코드의 초월주의자들 기관지 『다이얼』 The Dial 편집인 마가렛 풀러 Margaret Fuller의 동생이자 친구인 리차드 풀러 Richard Fuller와 함께 매사추세츠주 콩코드에서 출발하여 3박 4일간 같은 주의 프린스턴에 있는 와추세트산까지 왕복 약 50마일을 여행하고 돌아온 기록이다. 이후 소로는 1854년 와추세트산을 다시 찾은 것을 포함해서 메인, 뉴햄프셔, 그리고 버몬트주 등의 산을 두루 찾았고, 그의 일기에 그 기록을 남겼다.

소로는 이 에세이 첫 문단에서 말한다, "어느 봄날 아침, 우리가 봉우리 많은 올림포스산에 호메로스와 함께 앉건, 또는 베르길리우스 및 그의 동료들과 함께 에트루리아와 테살리아 언덕들을 거닐건, 또는 훔볼트와 함께 더 현대적인 안데스산맥과 테네리페산을 답파하건, 콩코드의 산들도 시인과 여행자들의 온갖 비유를 설명하기에 못지않게 충분하였다." 소로는 콩코드의 여러 산을 고대의 신화적인 산들이나 현대의 안데스산맥과 테네리페산 등과 닮거나 같다고 생각하였다. 소로는 그의 고향 콩코드와 그 주변의 산들이 호메로스, 베르길리우스 같은 시성들이나, 훔볼트 같은 생태학자를 배출하기에 부족함이 없다고 믿었다. 이 에세이는 소로가 자신의 초월주의적인 코스모스를 구축하는 첫걸음이었다.

초월주의자 소로는 다양한 자연의 본질적인 '합일'unity을 믿는다. 이런 믿음에 따라 그는 콩코드의 숲들 또한 "똑같은 몇 가지 사실들"을 가진 '소우주'microcosm라고 믿는다. "몇 가지 사실들"은 결국 수많은 사실로 바뀌지만, 이런 사실들은 "시인과 여행자들의 온갖 비유"가 되기에 충분하다. 인간도 자연의 일부이다. 인간 또한 본질적으로 하나이다. 소로는 말한다, "우리는 곧 인간의 삶은 어디서나 똑같은 몇 가지 사실들, 즉 단순한 똑같은 관계들로 마무리되며, 새로운 관계들을 발견하고자 여행한다는 것은 헛되다는 것을 깨닫기 시작했다."

소로에게 등산은 인생 여로의 은유이다. 이제는 언덕을 오르고, 이제는 계곡으로 내려가고, 마침내 정상에 오른 다음, 다시 내려온다. 새로운 은유는 아니다. 그러나 소로는 말한다, "생각의 우주에는 드넓은 땅과 바다가 있고, 사람들은 그곳을 오간다. 내부의 풍경이 멀리 그리고 아름답게 펼쳐져 있고, 가장 깊이 생각하는 사람이 가장 멀리 여행하는 사람이다." 소로는 물리적 풍경과 심리적 풍경의 연속성 혹은 통일성을 믿는다. 그는 두 풍경을 외적인 풍경과 내적인 풍경으로 구분하지 않고 같은 것, 즉 통합의 마당, 또는 조화의 코스모스로 본다. 그의 견해는 바로 초월주의자의 그것이다. 인간 중심적이라기보다 환경 중심적이라 할 것이며, 그가 심취하기 시작한 동양의 힌두교 및 불교 철학과 상당 부분 일치하는 것이다.

소나무의 솔잎은 모두
서쪽으로 고개 숙인다.

콩코드, 1842. 7. 19.

여름과 겨울 우리의 눈은 지평선에 희미하게 윤곽을 드러낸 산들을 응시했었다. 거리가 멀고 형체가 희미해서인지 평상시보다 숭고해 보였다. 마찬가지로 우리가, 어느 봄날 아침, 봉우리 많은 올림포스산[1]에 호메로스와 함께 앉건, 또는 베르길리우스 및 그의 동료들과 함께 에트루리아와 테살리아 언덕들[2]을 거닐건, 또는 훔볼트[3]와 함께 더 현대적인 안데스산맥[4]과 테네리페산[5]를 답파하건, 우리 콩코드의 산들 또한 시인과 여행자들의 온갖 비유를 설명하기에 못지않게 충분하였다.

1 　그리스에서 가장 높은 산이다. 최고봉은 높이 2,919m이고, 2,000m 이상인 봉우리 11개가 약 20km 남짓 길게 뻗어 있다. 그리스 신화에서는 제우스를 비롯한 올림포스 12신이 사는 장소이다. 정상 부근에는 안개와 구름이 많이 끼는 편이기에 정상에 오르지 않고서는 정상을 제대로 보기가 어렵다. 호메로스의『일리아드』는 인간 영웅들과 올림포스 신들이 편을 갈라 벌이는 전쟁 이야기이다.
2 　에트루리아Etruria는 이탈리아반도 중북부에 있던 고대 국가이다. 로마의 시성詩聖 베르길리우스를 배출한 곳으로 알려졌다. 테살리아Thessalia는 현대 그리스의 13개 주의 하나로 "북부 그리스"로 불리기도 하며, 서쪽으로 올림포스 산맥과 접한 곳이다. 소로는 이곳의 산야를 베르길리우스의『전원시』Eclogues와 관련 있는 곳으로 생각한 듯하다.
3 　Humboldt(1769~1859). 독일의 지리학자, 자연과학자, 박물학자, 탐험가.
4 　Andes. 해발 최고 6,961m의 남아메리카 산맥으로 지구상에서 가장 길다(7,200km).
5 　테네리페산Teneriffe은 대서양에 있는 스페인의 카나리아 제도에서 가장 큰 섬인 테네리페섬 중앙에 솟아있는 산이다. 훔볼트가 1799년 테네리페섬에 와서 지리, 인구, 식물, 화산을 연구하고 쓴『코스모스』는 근대 지리학의 금자탑으로 평가된다.

모나드노크[6]와 피터보로[7] 언덕들이여,
그대들은 실개천의 아득한 산실,
개척자의 힘으로 버티고 서서,
웅대한 도량으로 주변을 감싸고,
온갖 소음에도 폭풍처럼 침묵하도다.
거대한 함대처럼
비와 진눈깨비 무릅쓰고,
겨울 추위와 여름 더위 헤치며 항해하도다.
숭고한 모험을 떠나, 조용히 버티며,
마침내 하늘 한가운데서 해안을 발견하도다.
금지 화물을 실었더라도,
슬그머니 육지에 접근하지 않기는,
그대들 편에 투기상품을 보낸 이들이
태양을 배치하여
자신들의 정직을 감시케 했기 때문이다.
항상 강풍 앞에서,
막대한 무게의 금속을 싣고,
돛의 추력推力하에,
서쪽으로 달리는 그대,
각자가, 정기선들이다.
여기 단단한 내 자리에서, 그대를 느끼나니,
들보의 깊이, 그리고 도리의 너비와,
기어의 길이를 헤아릴 수 없도다.
그대들은 유유자적의 고귀한 서진西進에서,
호사스러운 기쁨을 취하는 듯하구나.
시간이 그대들을 위해 할 일이 없었기에,

---

6   Monadnock. 뉴햄프셔 남부에서 가장 눈에 띄는 산봉우리.
7   Peterborough. 뉴햄프셔주 힐스버러 카운티에 있는 마을이다.

그대들의 이마는 시원하고, 상쾌하게 푸르도다.
그대들이 몸을 쭉 펴고 누우니,
갈취 되지 않는 힘이자,
잘리지 않는 태고의 수목이기에,
완목腕木으로 아주 단단하고, 돛대로 아주 유연하도다.
그 나무로 새 세상이 만들어지리니,
어느 날 세계의 지주支柱로 적합한,
우리의 서진西進 무역품으로,
공간의 바다 전역에 던져지리라.

우리가 뉘엿거리는 낙조를 즐기는 동안,
그대들은 단단한 건초 더미처럼
저 너머 신神의 초지草地에서 휴식하며,
서진의 하루를 조용히 굽어보는구나.
은빛과 금빛 테두리 두르고
연분홍 주름진 구름이 떠돌고,
짙은 호박색으로
서녘이 단장하고,
몇몇 광선이 아직 비스듬하니,
하늘도 사치스러워 보이도다.
땅의 가장자리에는 산과 나무들이
조각되어 공중에 서 있거나,
항구의 배처럼
아침의 산들바람을 기다리는구나.
내가 실로 상상하기는,
하늘길이 그대들의 협곡을 구불구불 지나도다.
또한 역사의 페이지에도 불구하고, 저 너머에,
황금과 은의 시대가 머무르도다.

미래 세기들의 뉴스가
용쓰는 강풍을 타고 전해지고,
생각의 새 왕조들 소식이
그대들의 머나먼 골짜기로부터 전해지도다.
그러나 특별히 내가 그대를 기억하기는,
와추세트여, 그대 또한 나처럼
친구 없이 혼자 서 있어서다.
그대의 먼 푸른 눈,
하늘의 한 자투리이니,
개간지나 골짜기에서,
아니면 대장간 창문에서 보면,
그대가 지나는 모든 것에 생기를 주도다.
나와 그대 사이에 있는 것 말고는,
아무것도 진실이 아니로다.
그대는 서부 개척자,
하늘의 처마 밑에서,
모험심에 불타니,
수치도 두려움도 모른다.
그대의 가슴 활짝 펴고,
대기를 마음껏 호흡하는구나!
그대는 타고난 소일거리로,
하늘을 떠받치고, 땅을 억누르니,
갑甲의 부축을 받지도, 을乙에게 기대지도 않도다.
내가 그대의 합당한 친구가 되면 좋겠구나!

드디어, 라셀라스[8]와 행복 골짜기의 다른 주민들처럼, 우리는 서쪽

---

8   Rasselas. 영국 시인 새뮤얼 존슨(1709~1784)이 1759년에 쓴 『아비시니아의 왕자』

지평선과 경계를 접하는 푸른 담장을 답사하기로 결심했지만, 불안도 없지 않았으니, 답사하고 나면 눈에 보이는 동화의 나라가 더 이상 우리에게 존재하지 않을지도 모르지 않는가. 우리의 여행 목적지가 가깝지만, 즉시 그곳으로 내닫지 않고, 호메로스를 모방하여 평원을 넘어서, 파도치는 바다를 따라서, 독자를 인도할 터이다. 기껏 아킬레우스[9]의 텐트에서 끝날지도 모르지만 말이다. 생각의 우주에는 드넓은 땅과 바다가 있고, 사람들은 그곳을 오간다. 내부의 풍경이 멀리 그리고 아름답게 펼쳐져 있고, 가장 깊이 생각하는 사람이 가장 멀리 여행하는 사람이다. 7월 어느 유쾌한 아침, 이른 시각을 틈타서, 내 동반자와 나는 액튼과 스토[10] 마을을 빠르게 지나서, 스토 마을의 아사벳 강[11] 지류의 작은 시냇물 강둑에서 잠시 쉬면서 재충전하였다. 견고한 막대기를 손에 쥐고 시원한 액튼 숲을 횡단할 때는 비레오vireo, 티티새, 딱새, 그리고 뻐꾸기 노래에 즐거운 기분이었다. 들판을 지날 때, 우리는 모든 들판의 신선한 향기를 들이마셨고, 자연은 똑같이 우리 여행을 구경하면서 조용히 누워있었다. 황혼에는 모든 울타리, 모든 농가가 희미하게 보이고, 딸랑거리는 모든 소리가 평화와 순수를 고하는 가운데, 하루가 물러나면서 남기는 것과 같은 은밀한 자유는 아닐지라도 더럽혀지지는 않은 자유를 만끽하면서, 어둑한 길을 따라 행복하게

      라셀라스의 역사』의 주인공. 라셀라스는 인간이 추구하는 행복을 탐구하고, 그 헛됨을 폭로한다.

9   Achilles. 펠레우스Peleus와 바다의 여신 테티스Thetis의 아들. 트로이 전쟁에서 활약하다 트로이 왕자 파리스Paris에게 발뒤꿈치에 화살을 맞아 죽었다.

10   Acton and Stow. 미국 매사추세츠주 미들섹스 카운티에 있는 마을들이다. 콩코드에서 서쪽으로 '매사추세츠 루트2'를 따라, 로웰에서 남서쪽으로 약 10마일 떨어져 있다.

11   Assabet. 미국 매사추세츠주 보스턴에서 서쪽으로 약 20마일 떨어진 34.4 마일 길이의 작은 강이다.

이동했다. 아직 광선이 있는 고독이니, 칠흑 같은 밤보다는 좋았다. 그러나 곧, 여러 들판에서 풀 베는 이의 라이플 총소리가 들렸으니, 이 소리 또한 날마다 음매! 하고 우는 소 떼의 소리와 뒤섞이었다.

우리의 경로 중 이 부분은 홉hop의 고장을 가로지르는 길이었다. 홉은 미국의 풍경에서 포도나무의 부족을 충분히 보충해 주는 식물이리라. 지금처럼, 들판에 홉이 우아한 꽃 줄 모양으로 받침목에서 받침목으로 줄줄이 매달려 있어서, 연속적이고 규칙적인 짙은 녹음을 제공하거나, 관목 숲에 신선한 바람이 일어 나그네의 기운을 북돋울 때거나, 아니면 여성과 아이들 그리고 멀거나 가까운 이웃들이 모여서 긴 구유 모양의 그릇에 홉을 따 담는 9월이건, 아니면 더 늦게 받침목들이 거대한 피라미드 모양으로 마당에 쌓이거나 길가에 무더기로 놓일 때거나 간에, 이 고장은 나그네에게 이탈리아, 그리고 프랑스 남부를 빈번히 생각나게 한다.

홉의 재배는 그것이 쓰이는 용도는 물론이고, 따서 가마에 말리고, 시장에 내다 팔려고 포장하는 과정들이 포도의 재배 및 용도와 너무나 유사하기에, 미래의 시인들에게 하나의 주제를 제공할 터이다.

인근 풀밭에서 풀을 베는 이는 우리가 쉬었던 냇둑의 이름이 무엇인지, 또는 이름이 있기는 한지 알려주지 못했다. 그러나 그의 동생인 듯 보이는 나이 어린 파트너는 그게 '대천'大川이라고 알려줬다. 그들은 들에서 서로 가까이 서 있었지만, 그들의 지식에는 큰 차이가 있었다. 그들은 또한 낯선 이가 지나가기까지는 서로의 평소 지식을 느끼지도 못했다. 우리가 볼턴[12]에서 어느 오두막 울타리 가로장에 앉아서 쉬는 동안, 잠시 머무는 우리에게 환영의 인사를 하는 듯, 안에서 음악이

---

12 Bolton, 미국 버몬트주 치텐든Chittenden 카운티에 있는 마을이다.

흘러나왔고, 이제껏 귀에 익은 가락이 즐겁다는 사실을 상기시켰다. 우리는 곧 인간의 삶은 어디서나 똑같은 몇 가지 사실들, 즉 단순한 똑같은 관계들로 마무리되며, 새로운 관계들을 발견하고자 여행한다는 것은 헛되다는 것을 깨닫기 시작했다. 꽃은 인간보다 더 다양한 방법으로 성장한다. 그러나 우리는 곧 산의 경치를 제공하는 더 높은 땅에 당도했고, 헛되이 여행한 것은 아니라는 생각이 들었다. 본토박이들의 입술로부터 더 참되고 거친 발음으로 산의 이름들을 듣기만 해도, 그것은 헛된 여행은 아니었다. 그들은 '*Way*-tatic,' '*Way*-chusett'가 아니라, '*Wor*-tatic, *Wor*-chusett'라고 발음했다. 공손하게 길든 우리의 발음이 부끄러웠다. 우리는 그들이 우리보다 훨씬 더 서쪽에서 태어나서 자랐다고 생각했다. 그들의 혀가 우리 것보다 더 험험한 악센트를 가지고 있는 것이, 혀를 연방 움직이면 호흡이 더 가쁜 듯했다. 말하자면, 어느 시골 사람의 아내가 당신 앞에 크림과 치즈를 아낌없이 차려놓듯이, 평소 말수가 적은 사람이 수다를 떠는 법이다. 우리는 정오 전에 (서쪽으로 확 트이고 아름다운 첫 번째 경치를 제공하는) 랭커스터 계곡[13]을 굽어보는 고지에 당도했다. 그리고 그곳, 어느 언덕 꼭대기의 참나무 그늘에서, 묵직한 대롱에서 샘물이 보글보글 솟아 나오는 가운데, 베르길리우스를 읽고, 경치를 즐기면서, 그날의 더운 한낮을 쉬었다. 그곳은 둥근 지구의 형상과 구조를 어느 정도 볼 수 있는 장소였기 때문에, 우리는 지구의 바깥쪽에 있다고 느꼈다. 그곳에서, 우리의 여행 목적지인 와추세트산은 변하지 않은 형상으로 우리를 내려다보고 있었지만, 우리가 아침에 멀리서 응시했던 것보다는 덜 천상적인

---

13 펜실베이니아 남동부의 랭커스터Lancaster 및 체스터Chester 카운티에 있는 포도 재배 지역.

모습이었다. 한편, 더 멀리 북쪽으로는, 와추세트산의 자매 산들이 지평선을 끼고 질서정연하게 졸고 있었다.

우리는 『아이네이드』[14]를 더 이상 읽지 못하고,

—atque altae moenia Romae,
—그리고 높은 로마의 성벽,

이라는 구절에서 책을 덮고 나서, 천재의 작품이 얼마나 무수한 '시험'test에 의해 검증받아야 하는지 생각해 보지 않을 수 없었다. 2천 년 전, 멀리 로마의 베르길리우스는 그 자신이 이탈리아 골짜기에서 받은 영감靈感의 의미를 오늘 뉴잉글랜드 언덕에서 읽어보는 순례자에게도 털어놓아야 한다. 우리의 삶은 전혀 개화되지 않은 현대의 삶이고, 저들의 삶은 매우 문명적인 고대의 삶이다. 그런데도 우리는 베르길리우스를 읽고, 주로 인간성은 모든 시대에 동일하다는 사실을 깨닫는다. 그리고 다름 아닌 시인의 말에 의하면, 우리는 모두 말세末世에 태어난 자식들이고, 똑같이 주피터Jupiter[15]의 지배하에서 살아야 한다는 사실을 상기한다.

"그는 나뭇잎에서 꿀을 땄고, 불을 이동시켰으며,
강물이 흐르는 곳에서는 어디서나, 감로수를 저장했다.
그런 경험을 바탕으로 명상하고, 여러 가지 기술을
점차로 발명하여, 밭고랑에서 옥수수 잎을 구하고,
부싯돌의 심줄을 쳐서 숨겨진 불을 발화시켰다.[16]"

---

14 로마의 시인 베르길리우스의 서사시이다. 『아이네이드』Æneid는 트로이의 장군 아이네이스의 유랑을 노래한 시로서 라틴어로 쓰인 최고의 걸작으로 손꼽힌다.
15 고대 로마 신화의 최고신.

저쪽에 하나의 산이 또 다른 산 뒤에 더 멀리 희미하게 솟아있듯이, 구세계가 신세계 뒤에 조용히 서 있다. 로마는 후세대인 우리에게 자신의 이야기를 조용히 강요한다. 그날 아침 우리가 지나간 학교 어린이들은 로마의 전쟁 이야기를 통독하고, 로마의 경보 신호들을 울려봤다. 그러고 나서 이웃 랭커스터의 전쟁들에 관한 이야기[17]를 들었다. 학생들의 두리번거리는 눈은 필연적으로 로마의 여러 언덕에 꽂힌다. 로마는 여전히 하늘의 치맛자락을 높이 올리고, 과거를 아련하게 만든다.

이 근처 땅의 형세는 여행자가 주의를 기울일 가치가 있다. 우리가 쉬고 있던 언덕은 남서쪽에서 북동쪽으로 국토를 가로질러 달리는 광대한 산맥의 일부였다. 내슈아강[18]과 콩코드강[19]을 분리하는 산맥이다. 우리가 아침에 떠난 것은 바로 콩코드 강둑이었으니, 우리는 이 사실을 명심함으로써 통로를 가로지르는 시냇물이 각기 어디로 향하는지 쉽게 가늠할 수 있었다. 15마일 더 서쪽으로, 그로톤Groton, 셜리Shirley, 랭커스터Lancaster, 그리고 보일스턴Boylston이 위치한 깊고 너른 계곡 너머에, 이 산맥과 나란히 와추세트산맥이 똑같이 일반적인 방향으로 달린다. 내슈아강 쪽의 계곡으로 진입하는 내리막 경사는 단연코 가장 가파르다. 2~3마일 내려가면 내슈아강의 남쪽 지류에 다다르는데, 얕으나 빠른 시냇물로서, 높고 자갈이 많은 냇둑 사이로 흐른다. 그러나 우리가 전에 내려간 적이 있는 '차가운 계곡'gelidae valles은 없었기

---

16 베르길리우스의 『농경시』Georgics 1권의 한 구절.
17 미국 독립전쟁(1775~1783) 당시, '랭커스터 소총병들'은 누구보다도 솔선해서 보스턴으로 행진했다. 식민시대 펜실베이니아주의 가장 크고 부유한 내륙 도시로서, 랭커스터의 젊은이와 애국자들은 독립전쟁과 국가 건설에 크게 공헌했다.
18 The Nashua. 뉴햄프셔주에서 매사추세츠주로 흐르는 188km 길이의 메리맥강 Merrimack River의 지류이다. 길이는 60.4km이다.
19 The Concord. 메리맥강의 지류로 길이는 16.4km이다.

에, 시원한 아침 공기가 그리웠다. 이제 태양이 우리에게 위력을 발휘할 차례가 된 것이 두려웠다.

"무더운 태양이 중천에 다다랐고,
근처에 나무 하나, 풀잎 하나 없었다."[20]

이처럼 우리는 슬픈 즐거움으로 동료 여행자 하산Hassan이 사막에서 불렀던 구성진 탄식을 흉내 내었다.

"맨 처음 시라즈[21] 성곽을 떠났을 때,
그 시각時刻은 슬펐고, 그날은 불행하였다."

언덕 사이의 공기는, 펄펄 끓는 가마솥에서처럼, 잎 하나 움직이지 않고 생기가 없었다. 전에 느긋하게 즐겼던 신선한 풀과 클로버 향기 대신에, 모든 풀이 메마른 약초 냄새를 풍길 뿐이었다. 그러므로 우리는 태양열에 굴복하여, 어느 개울의 코스를 따라, 어슬렁어슬렁 숲속으로 들어가서, 개울의 둑에서 빈둥거리며, 새로운 초지의 여러 산물을 한가롭게 관찰하였다. 이 계절에 삼림지대의 오솔길을 횡단하는 사람은 종처럼 고개 숙인 개정향풀의 작은 꽃들, 가느다란 붉은 줄기, 그리고 자리공의 더 거친 줄기와 장과漿果를 기억할 기회가 있을 것이니, 더 멀고 황량한 초지에서는 둘 다 흔한 풀이기 때문이다. 그리고 벌거숭이 언덕을 오를 때, "태양이 향긋한 고사리로부터 너무나 많은 반사

---

20 18세기 영국 시인 윌리엄 콜린스William Collins의 "Eclogue the Second: Hassan; or, the Camel-driver"의 한 구절. 주인공 Hassan은 낙타를 끌고 장삿길에 나섰다.
21 이란의 남서부에 있는 도시로 1000년 이상 교역의 중심지였다. "Camel-driver"인 Hassan은 안전한 시라즈 성곽을 떠나 사막을 가로지르는 험난한 장삿길에 올랐다.

열을 투사하면," 누구나 축 늘어진다. 이러한 지역에 처음으로 들어온 사람들은 투덜거리기 마련이다. 그러나 언덕과 언덕 사이의 계곡을 건너노라면, 습지 핑크[22]의 시원한 향기에 원기가 회복된다.

우리는 여행을 계속했다. 오후 늦게는 실개천을 건널 때마다 발을 씻어서 원기를 회복하였다. 곧, 산그늘에서 걸을 수 있게 되면서, 우리는 아침의 활력을 회복했다. 스털링[23] 마을을 지나면서, 저녁때, 그 마을의 서부에 있는 '잔잔한 물'Stillwater이라는 이름의 냇물 냇둑에 도착했는데, 작은 마을이 모인 곳이다. 마을 주변에 이미 서부의 어떤 모습이 서려 있다는 생각이 들었다. 소나무 향기와 최근 댐으로 가둬놓은 물이 포효하는 소리가 '잔잔한 물'이라는 이름이 잘못되었다는 것을 알렸다. 소나무 향기와 물소리가 매우 상쾌했다. 처음 숲에 진입해서, 몇 에이커의 땅을 고르고, 몇 채의 집을 지을 때는, 숲은 어느 때보다 접근하기 어려워 보인다. 그대로 놔두면, 자연은 언제나 다소간 세련되고, 일정한 품위를 즐긴다. 그러나 도끼가 숲의 가장자리를 침해하면, 숲은 이제껏 신록의 푸른 제방에 가려진 죽은 소나무의 꼴사나운 팔다리들을 시야에 드러낸다. 이 마을은 아직 우체국도 없고, 확정된 이름도 없다. 작은 마을에 들어가니, 마을 사람들은 자기 만족적이고 대체로 동정적인 태도로 우리의 뒷모습을 응시하였다. 우리가 뒤늦게 세상에 갓 데뷔한 듯 말이다. 그들은 "그럼에도, 어서 우리를 연구해서, 사람을 배우고, 예의범절을 익혀라,"라고 말하는 듯했다. 이렇게 각자의 세계는 숲속의 어느 개간지, 즉 상당한 정도 개간하여 울타리를 친 토지에 불과하다. 여관 주인은 그의 일꾼들과 함께 아직 밭에서

---

22   swamp pink. 미국 동부의 깨끗한 습지에서 자라는 희귀한 다년생 약초로, 3~5월에 분홍색의 향기로운 원추형 꽃을 피운다.
23   Sterling. 매사추세츠주 우스터 카운티에 있는 마을.

돌아오지 않았고, 젖소들도 아직 젖을 짜야 했다. 그러나 우리는 여기서 처음에는 친절한 대접을 별로 받지 못했지만, 스웨덴풍의 여관 벽에 새겨진 "트롤헤이트Trolhate[24]에 가면 빼어난 빵, 고기, 그리고 포도주를 발견할 것입니다. 단, 각자 휴대해야 합니다,"라는 명문銘文을 기억하고 위로를 받았다. 그러나 이처럼 인적 드문 곳에서, 우리 마을의 신문을 여관 주인에 의해 건네받는 것은 우리의 즐거움을 얼마간 해쳤다고 고백하지 않을 수 없다. 그런 시골이 여행자에게 제공하는 가장 큰 매력이 도시와의 소통 편의인 것 같지 않은가 말이다. 시골은 시골 자체의 영구한 언덕에 누워있게 하자. 그리고 그 꼭대기에서 지평선의 시시한 보스턴이나 뉴욕을 찾지 말자.

밤새 졸졸 흐르는 물소리와 잠자는 귀뚜라미 숨소리가 간간이 들렸다. 그다음 날 아침 우리는 어스레한 새벽녘에 여관을 떠났다. 밤공기에 하늘이 깨끗하 씻긴 뒤였다. 떠날 때는 순진한 암소들만 움직이며, 일종의 유감을 표했다. 산기슭까지는 불과 4마일이었고, 경관은 벌써 그림같이 아름다웠다. 우리의 길은 '잔잔한 물'Stillwater의 코스를 따라 뻗어 있다. 물은 소나무와 바위가 빽빽한 깊은 골짜기 밑바닥에서 좔좔! 흘러서, 산에서 갓 굴러떨어져서는, 슬프게도, '쓸모'의 생애를 곧바로 시작하는 것이었다. 처음에는, 우리와 산꼭대기 사이에 구름이 걸려있었지만, 곧 흩어져 사라졌다. 산악지역으로 올라가는 여행자는 그곳에서 자라는 신의 음식과도 같은 가벼운 과일을 먹음으로써, 그리고 산비탈에서 분출하는 샘물을 마심으로써, 자기의 몸을 튼튼히 하는 것이 마땅하다는 듯이, 길가에서 풍부하게 자라는 나무딸기를 따 먹으

---

24 스웨덴 출신의 여관 주인이 스웨덴의 관광도시 트롤헤탄Trollhättan을 우스갯소리 삼아서 "Trolhate"로 표기한 듯하다.

면서, 그런 행위가 입맛에 좋을 뿐만 아니라 고결한 품성과도 어울린다고 생각했다. 그는 그런 고지대의 더 엷고 더 순수한 대기를 서서히 흡입하면서, 이렇게 신들의 과일을 제물로 삼아서 산신들을 달랜다. 평지와 계곡의 천연 산물들은 거기에서 사는 생물들을 위한 것이지만, 이런 나무딸기 열매의 주스는 산꼭대기의 엷은 공기와 인과관계가 있는 게 분명하다.

우리는 머지않아 산을 오르기 시작했다. 맨 먼저, 웅장한 설탕 단풍나무 숲을 지나고, 그다음 더 빽빽한 숲을 지났다. 숲은 점차로 작아져서, 마침내 나무가 전혀 없었다. 우리는 드디어 산정에 텐트를 쳤다. 프린스턴 마을[25]보다 불과 천구백 피트 높고, 해발 삼천 피트였다. 그러나 이런 하찮은 고도로도 평원으로부터는 한량없이 멀다. 그곳에 당도하면, 우리는 아라비아 페트리아[26]나 극동으로, 머나먼 여행을 온 것 같은 거리감을 느낀다. 어느 막대기 위에 앉은 개똥지빠귀가 눈에 보이는 가장 높은 물체로서, 이렇게 자연의 높이를 쉽게 누르고 승리한 모습이었다. 주변에서는 제비들이 비행하고 있었고, 바로 가까이서 되새와 뻐꾸기 소리가 들렸다. 정상은 불과 몇 에이커로 구성되고, 나무는 없으며, 벌거숭이 바위들이 뒤덮여 있고, 블루베리 덤불, 나무딸기, 구스베리, 스트로베리, 이끼, 그리고 철사처럼 가는 풀이 산재해 있었다. 흔히 볼 수 있는 노란 백합, 그리고 난쟁이 산딸나무가 바윗돌 틈 사이에서 풍성하게 자란다. 우아하게 마무리된, 이 청아한 공간은 몇 피트 아래로 참나무, 단풍나무, 사시나무, 너도밤나무, 벚나무, 그리고 가끔 마가목이 뒤섞인 울창한 관목 덤불과 경계를 접하고 있는데,

---

25 Princeton. 매사추세츠주 우스터 카운티에 있는 마을.
26 Arabia Petrea. 줄여서 '아라비아'라고도 알려진 로마 제국의 속주屬州로서 2세기에 설치되었다.

우리는 그 가운데서 둥굴레속屬의 광채 나는 블루베리 열매와 노루발의 열매도 발견하였다. 옛날에 지름 12피트에 높이 오륙 피트의 거칠고 우묵한 석판이 형성된 가장 높은 지점에 목재로 세운 전망대 기부基部에서, 모나드노크산Monadnock을 볼 수 있었다. 북서쪽으로, 거의 천 피트 더 높게, 수수하고 웅장한 모습으로 솟았다. 여전히 "먼 푸른 산"이었지만, 측면 모습은 변했다. 첫날은 안개가 자욱한 날씨여서 흐릿한 모습을 벗겨보려고 애썼지만 허사였다. 하늘을 다시 들여다보는 듯했으니, 더 낮은 하늘에는 숲의 조각들이 여기저기 구름처럼 두둥실 떠 있는 듯했다. 여행자들이 공중에서 폴리네시아[27]를 내려다보는 것처럼, 지구는 창공에 뜬 더 큰 섬인 듯했다. 우리처럼 낮은 곳에서도, 깊이를 헤아릴 수 없는 바다처럼, 하늘이 우리 주변을 에워쌌기 때문이었다. 푸른 태평양에 솟은 한 섬, 그곳에 어떤 섬사람들이 살고 있는지 누가 알겠는가? 우리가 그 해변 가까이 항해하자, 손을 흔드는 나무들이 보이고, 암소가 음매! 우는 소리가 들린다.

우리는 텐트에서, 새로운 즐거움으로, 베르길리우스와 워즈워스를 읽으면서, 대기가 더 맑아지기를 기다렸다. 날씨도 우리가 피터 벨[28]의 소박한 진리와 아름다움을 음미하는 것을 막지는 않았다.

"그리고 그는 나귀 옆에 누웠다,
치솟은 체비엇Cheviot 언덕에서."

---

27 Polynesia. 중앙 및 오세아니아에 흩어져 있는 1,000개가 넘는 섬들을 가리킨다. 지리학적으로 폴리네시아는 하와이주, 뉴질랜드, 이스터섬을 잇는 '폴리네시아 삼각형' 안의 섬들을 지칭한다.
28 워즈워스William Wordsworth의 "Peter Bell : The Tale in Verse"를 말한다. 1798년에 작성되었지만 1819년까지 출판되지 않은 긴 설화시說話詩이다. 인용된 2개의 시구는 이 시에서 인용한 것이다.

"그리고 바윗돌과 꼬불꼬불한 '상흔들' 사이로,
요크셔 골짜기를 터벅터벅 걸어갔다.
그것들의 작은 하늘 조각과,
작은 별들의 무리 아래,
작은 마을들이 깊고 낮게 자리한다."

이 언덕이 어느 날 헬베린산[29]이나 파르나소스산[30]이 되어 뮤즈들이 여기에 빈번히 들락거리고, 다른 호메로스[31]들이 이웃 평원을 종종 방문할지 누가 알겠는가.

최근 자연으로부터 쟁취한 들판 위로,
관련이 없지 않은 와추세트가 머리를 드니,
인간의 역사에서 새로운 연대기를
읽은 자처럼, 인내의 이마를 보존하는구나.

우리가 가져온 우유에 산이 제공한 블루베리를 더하니, 우리의 소박한 저녁 식사가 되었다. 그런가 하면 여흥으로 개똥지빠귀의 저녁기도가 산마루를 따라 울려 퍼졌다. 우리의 눈은 색칠한 천장이나 카펫을 깐 홀이 아니라, 자연이 색칠한 하늘, 자연이 수놓은 언덕과 숲에 쏠렸다. 해가 지기 전, 산마루를 따라 북쪽으로 산책하는 동안, 매 한 마리가 하늘 높이 날았다. 신들이 방랑할 만한 곳이다. 매우 장엄하고 고독하

---

29 Helvellyn. 영국의 '호수 지구'Lake District에 있는 산.
30 Parnassus. 그리스 중부 코린트만 북부의 델포이 중앙에 있는 석회암 산. 그리스 신화에 따르면 '시신'Muse의 고향이다.
31 Homer. 기원전 10세기경의 그리스 시인, 『일리아드』와 『오디세이아』의 저자로 알려졌다.

고, 평원의 모든 감염에서 떨어져 있었다. 저녁이 다가오면서, 안개가 수증기로 응축되고, 더욱 또렷한 풍경이 시야에 들어오고, 질펀한 물줄기들이 석양에 빛났다.

> Et jam summa procul villarum culmina fumant,
> Majoresque cadunt altis de montibus umbrae.[32]

> 그리고 이제 별장 굴뚝에선 멀리 연기를 내고,
> 높은 산들은 더 긴 그림자를 드리운다.

해가 지는 동안 우리는 석탑에 서서 저녁때의 땅거미가 동쪽 계곡으로 뻗어나가는 것을 보았다. 주민들은 집으로 들어가서, 창문을 닫았다. 그러는 동안 달이 조용히 떠올라서, 그 지역을 차지했다. 그다음 서쪽으로 멀리 코네티컷의 여러 산과 그린산맥[33]까지 같은 장면이 반복되었다. 그리고 모든 뉴잉글랜드 사람 가운데서, 우리 두 사람에게만 태양광선이 쏟아졌다.

보름달 하루 전의 밤이었기에, 달빛이 책을 똑똑히 읽을 수 있을 정도로 밝았다. 저녁에 우리는 아무런 위험 없이 정상을 거닐었다. 우연히도, 그날 밤 모나드노크산에서 불길이 일어나서, 서쪽 지평선을 훤히 밝혔다. 산들의 연속성을 인식하게 되면서, 우리의 위치가 덜 외로워 보였다. 그러나 마침내 바람이 불어 텐트로 대피해서, 문을 닫아 잠을 청했고, 우리는 잠이 들었다.

---

32 베르길리우스의 『농경시』 *Georgics*의 한 구절.
33 미국 버몬트주에 있는 산맥입니다. 남쪽으로는 매사추세츠주 경계에서 북쪽으로는 캐나다 퀘벡주 경계까지 약 250마일이다.

간간이, 잠이 깼을 때, 바위 위에서 포효하는 바람 소리에 짜릿한 기쁨을 느꼈으니, 대기가 아주 싸늘하고, 바람이 세졌기 때문이었다. 쓸쓸한 그곳에서 밤이 제 세상을 만나서 순진한 위용을 뽐내기도 했으니, 밝은 달빛에 살을 에는 바람이었다. 텐트 안은 황혼보다 더 어두운 적이 없었으니, 우리는 누워서도 투명 지붕을 통해서 달을 쉽게 볼 수 있었다. 머리 위에는 여전히 달이 있고, 목성과 토성이 양편에서 와추세트를 내려다보고 있었다. 우리는 달과 별들이 언제나 동료 여행자라는 것을 알고는 만족스러웠다. 우리 자신의 운명만큼이나 높아서 손에 닿지 않는 별들이 아닌가 말이다. 별들은 진실로 인간에게 하나의 위안으로 주어졌는가 보다. 삶이란 것이 언제나 설설 기어야 할 운명일지 모르지만, 별들을 바라보는 것이 허용되는 삶이라면, 별들은 분명 순조로운 운명에 공헌한다. 실패하는 적이 없는 법칙들이 보이나니, 우리는 그런 법칙들의 실패를 생각한 적이 없다. 별들의 등불은 밤은 물론 낮에도 언제나 빛을 발한다. 이처럼 흘러넘치는 불빛을 제공할 수 있는 자연은 너무나 부유하고 협협하다.

달이 지자마자 새벽의 여명黎明이 시작되었다. 우리는 일어나서 불을 지폈다. 그 불길이 사방 30마일 정도까지 보였을 것이다. 일광이 증가하면서, 바람이 빨리 잦아드는 것이 놀라웠다. 산정에는 이슬이 없었으나, 이슬의 자리를 추위가 차지했다. 해돋이에 이르렀을 때, 우리는 또렷한 지평선의 경치를 즐기면서, 우리가 지금 항해 중이며, 먼 언덕들은 배의 갑판에서 보이는 파도라는 공상을 할 수 있었다. 주변에서 애기여새들이 훨훨 날았다. 동고비와 딱따구리 소리도 덤불숲 사이에서 들리고, 몇 피트 이내의 횃대에 박새가 앉아 있었다. 이윽고 산마루 따라서 개똥지빠귀 노래가 다시 울려 퍼졌다. 마침내 바다에서 떠오른 해가 매사추세츠를 비추었다. 그리고 대기는 이 순간부터 출발 시간까지 점점 더 투명해졌다. 우리는 시야의 범위를 실감하면서, 지구가 너비에서 어느 정도 하늘에 응답하고, 여러 마을이 하늘의 별자리와 일치한다는 사실을 인식하기 시작했다. 산의 풍경은 숭고하고 장엄하다 할 것이 별로 없었다. 그러나 여름날에 깊이 생각할 광대무변한 풍경이 있었다. 자연이 얼마나 넉넉하며 널찍한지 알 수 있었다. 눈이 미치는 한, 풍경에 생물들은 별로 없었다. 훨훨 날아가는 새들도 떼를 짓지는 않았다. 사방에서 국토를 가로지르는 먼 신작로의 여행자들도 앞뒤 여러 마일에 걸쳐 함께 여행하는 자들이 보이지 않았다. 사방에서, 아래위로 솟은 마을들이, 포도밭 단지段地들처럼, 잇따라 시야에 들어오다가, 지평선에서 사라졌다. 와추세트는 사실상 매사추세츠주의 전망대이다. 매사추세츠가 한 장의 지도처럼 온몸을 쭉 펴고 우리 앞에 펼쳐졌다. 동남쪽으로는 바다, 북쪽으로는 뉴햄프셔의 유명한 야산들, 그리고 후삭Hoosac[34]과 그린Green 산맥의 희미한 산꼭대기들이 평평한 지평선에 펼쳐졌다. 전날 저녁 우리의 첫 시야에는, 다음 날 아침 북서와 서쪽에 바람이 일면, 흩어져 사라지게 될 실체 없는 푸른 구름층처럼 보였던 산맥들이다. 우리의 눈이 지칠 줄 모르고 꽂히는 이 산맥들은 코네티컷을 넘어서, 북쪽에서 단열斷裂의 표석漂石들로 시작하여, 서너 개의 봉우리가 희미하게 보이는 가운데, 남쪽으로 나아간다. 그러나 북서쪽에서 남성적인 전면前面을 들어 올리는 모나드노크산은 가장 웅장한 생김새이다. 그것을 바라보면서, 우리는 그 산이 바로 두 강 간의 육지의 높이라는 것을 알았다. 이쪽에서는 메리맥강의 계곡, 또는 코네티컷강의 그것이 푸른 대기의 바다와 함께 오르내린다.

---

34 그린 산맥과 함께 애팔래치아 산맥의 일부로 서부 매사추세츠의 버크셔 고원 서쪽 가장자리를 차지하는 3마일 길이의 산맥으로 경치가 좋다.

경쟁하는 이 계곡들은, 점차 각각의 강물을 따라 인구와 상업을 서서히 확장하고 있으니, 어떤 운명에 다다를지 누가 알겠는가? 우리 매사추세츠주와 뉴햄프셔주의 와타틱산Watatic[35]과 이웃 산들은 우리가 서 있는 산과 같은 산맥의 연속이다. 그러나 저 뉴햄프셔 절벽, 즉 한 주의 갑岬이 밤낮으로 우리의 매사추세츠주에 머리 굽히고 있으니, 우리의 꿈에 가장 오래 출몰할 터이다.

우리는 드디어 땅에서 산이 차지하는 위치, 그리고 산이 일반적인 우주 계획에 어떻게 참가하는지 실감할 수 있었다. 우리가 산정에 처음 올라서 그보다 작은 산들의 불규칙한 모습들을 관찰할 때는 그런 형상들을 지은 포괄적 사고력의 창조자를 별로 신용하지 않는다. 그러나 나중에 지평선에 드리운 그들의 윤곽을 바라볼 때는 마주 보는 산비탈의 형상을 지은 손이야말로 우주의 계획을 공유하고, 깊숙한 축을 중심으로 서로가 균형을 이루도록 작업했다고 인정한다. 이처럼 자연의 아주 작은 부분도 그 위치에 있어서 모든 공간과 관련짓는다. 앨러게니산맥[36]은 물론, 이 작은 산맥들도 북동에서 남서로 달린다. 그리고 흐르는 대양大洋 자체의 둑, 즉 해안의 일반적인 방향에 맞춰 흐르는 풍부한 유량의 여러 강도 산에서 흐르는 냇물들과 같은 방향으로 흐른다. 얇은 줄기의 구름까지도 되도록 같은 방향으로 떨어지고, 일반적인 바람의 코스, 그리고 사람과 새들의 이동까지도 그러하다. 산맥은 정치가와 철학자에게 많은 것을 결정한다. 문명의 개선은 산맥의 정상을 가로지

---

35 매사추세츠주 애쉬번햄Ashburnham 근처에서 뉴햄프셔주 경계를 이루는 와팩산맥 Wapack Range 남쪽 끝에 있는 3.4km의 산으로 경치가 좋다.
36 Alleghanies. 미국과 캐나다의 동부로 이어지는 장대한 애팔래치아 산맥의 일부이다. 북동쪽에서 남서쪽으로 향하고 있어 펜실베이니아 북중부에서 메릴랜드 서부와 웨스트버지니아 동부를 지나 남서부까지 약 400마일이다.

르기보다 되레 그 측면을 따라 천천히 나아간다. 산의 정상이 얼마나 자주 편견과 광신의 방어벽이 되는가? 문명이 이러한 고지대들을 넘으면서, 그리고 희박한 대기를 통과하면서, 평원의 여러 어리석음은 정제되고 순화된다. 많은 품종의 식물이 산정을 오르지 못하듯이, 많은 종류의 어리석음 또한 앨러게니 산맥을 넘지 못한다. 산마루를 완전히 기어 넘어서 산 너머 계곡으로 내려가는 것은 산지山地의 억센 식물들뿐이다.

산에 올라와 보니 새들, 특히 오리 족族은 공중 높이 나는 새의 비행에 대한 우리의 생각에 적지 않은 위엄을 더한다는 것, 산봉우리가 새들의 이동에 어떤 길잡이가 된다는 것, 캐츠킬 산맥 및 고원[37]은 새들에게 거의 몸을 낮추지 않지만, 와추세트와 모나드노크 산은 북동으로 통로를 열어준다는 것, 그리고 새들은 또한 강과 계곡을 길잡이로 코스를 정한다는 것을 알 수 있다. 그리고 새들은 우리가 사용하는 사소한 길잡이에 의하지 않고, 산맥은 물론 별들만을 길잡이로 삼고 있는지, 그 누가 알겠는가? 한쪽으로는 그린 산맥을 바라보고, 다른 쪽으로는 대양大洋을 바라보는 새는 길을 발견하는 데 쩔쩔맬 필요는 없다.

정오에 우리는 하산했다. 사람들의 거처로 돌아온 우리는 얼굴을 다시 동쪽으로 돌려서, 때로는 산이 뽐내는 매우 천상적인 색조를 보고, 우리의 여정旅程을 조정한다. 마치 내리받이 추진력에 끌리듯이―독자는 갑작스러운 하산을 너그러이 봐줄 것이다―우리는 스틸워터Stillwater와 스털링Sterling 냇물을 신속히 지나서, 우리의 콩코드를 꼭 닮은, 랭커스터의 푸른 초원에서 다시 고향에 돌아온 것 같은 느낌이

---

37 Catskills and Highlands. 뉴욕주 남동부에 있는 연산連山으로 애팔래치아 산맥의 일부이다.

들었다. 두 곳 다 중심부 근처에서 합류하는 두 개의 냇물에서 물을 공급받고, 다른 많은 특징을 공유하기 때문이다. 이 풍광에는 뜻밖의 품위가 있다. 느릅나무와 홉 밭, 그리고 작은 숲들이 산재하는, 드넓은 초원으로 거의 고전적인 풍모를 갖추고 있다. 이곳은 인디언들과의 전쟁에서 로우랜슨 부인의 체포,[38] 그리고 기타 사건들의 현장으로 기억될 것이다. 그러나 오늘 7월 오후부터는, 그리고 저 온화한 풍광 아래에서는, 그러한 시대가 고트족의 침입[39]만큼 아득하게 보였다. 그 시절은 뉴잉글랜드의 암흑기였다. 탁 트인 경치, 햇빛이 나무와 강물에 대낮처럼 쏟아지는, 그때 당시의 어느 뉴잉글랜드 마을의 사진을 보면서, 우리는 그 당시에도 태양은 빛났다거나, 그 당시에도 사람들은 밝은 대낮에 살았다고 생각하지는 않았다는 사실을 발견한다. 우리는 필립 왕 전쟁 중의 언덕과 계곡에, 또는 포거스, 스탠디시, 처치, 로벨[40]의 출정出征 길에도, 화창한 여름 날씨와 함께 태양이 비추었다고는 상상하지 않는다. 그 옛날의 사건들은 희미한 땅거미 또는 어둠 속에서 발생했다. 그들은 틀림없이 그들 자신의 어두컴컴한 행위의 응달에서 싸웠을 터이다.

마침내, 먼지 자욱한 도로를 따라 터벅터벅 걸으면서, 우리의 생각도 도로처럼 먼지 자욱하게 되었다. 모든 생각이 실로 멈췄고, 생각하기가 단절되거나, 아니면 혼란스러운 생각의 제재題材가 주기적으로

---

38 1676년 2월, 필립왕 전쟁King Philip's War 중에, 일단의 인디언이 랭커스터를 공격하고 로우랜슨 부인Mrs. Rowlandson 집을 포위했다. 이곳엔 많은 마을 주민이 피난하고 있었는데, 인디언들은 방어자들을 압도하여, 24명의 주민을 체포했다. 이 가운데는 로우랜슨 부인과 세 자녀가 포함되어 있었다. 한 자녀는 일주일 후에 사망했다.
39 249~554년에 고트족과 로마 제국 사이에 벌어졌던 일련의 전쟁을 말한다.
40 포거스Paugus는 인디언 추장, 스탠디시Standish는 Plymouth Colony 당시 인디언 격퇴에 공을 세운 영국 장교, 처치Church는 미국 육군의 첫 번째 의무감Surgeon General, 로벨Lovell은 매사추세츠 민병대 준장Brigadier General이었다.

율동하는 가운데, 그저 수동적으로 진행되었다. 그리고 우리는 발걸음과 보조가 맞는 어떤 익숙한 박자, 예컨대, 로빈 후드 이야기[41]를 담은 어떤 시의 리듬을 기계적으로 반복하고 있었으니, 그런 박자로 여행하라고 추천할 수 있으리라.

> "바람이 언덕을 넘으니, 리틀 존이 말했다,
> 결의형제結義兄弟들의 발걸음이 빠르다.
> 오늘 밤의 바람이 별로 요란하지 않으면,
> 내일이면 조용하리라."

그렇게 발걸음은 언덕을 오르고 내리다가, 어느 돌에서 시행詩行이 중단되고, 새로운 시가 선택된다.

> "그의 발사는 정말 느슨하게 발사되었으나,
> 화살이 헛되이 날지는 않았다.
> 그것은 보안관의 부하 한 사람을 맞췄고,
> 윌리엄-어-트렌트William-a-Trent[42]를 살해했다."

하지만, 먼지 자욱한 길에서 극도로 지친 여행자에게는, 이제는 언덕을 오르고, 이제는 계곡으로 내려가는 그의 발이 기술記述하는 여로가 인생을 완전히 상징한다는 위로가 된다. 산의 정상頂上에서 하늘과 지평

41　로빈 후드Robin Hood는 잉글랜드 민담에 등장하는 가공의 인물이다. 민담에서 로빈 후드는 60여 명의 호걸들과 함께 불의한 권력에 맞서고 부자들을 약탈하여 가난한 이를 돕는 의적으로 묘사된다. 로빈 후드 이야기는 소설, 영화, 만화, 애니메이션 등의 소재가 되었다. 아래에 인용된 두 개의 시구는 이 이야기의 구절들이다.
42　식민지 시대 펜실베이니아주에 기반을 둔 모피 무역상으로 성공했다.

선을 내려다보고, 계곡에서 다시 높은 산을 올려다본다. 그는 여전히 그의 옛 학습을 밟는 것이다. 그는 매우 피곤하고 여행에 지쳤지만, 그것은 여전히 진지한 경험이다.

내슈아[43]를 떠나서, 우리는 행로를 약간 변경했다. 그리고 방금 해가 지고 있을 때, 하버드 서부의 스틸리버Stillriver 마을[44]에 도착했다. 인근 마을에서, 우리가 전에 정오를 보냈던 언덕과 같은 산맥의 서쪽 기슭에, 북쪽으로 자리한 이곳으로부터 경치가 아름답고, 비할 데 없이 장엄한 산들이 모습을 드러낸다. 이 시각의 이곳은 비탈진 언덕들이 경치를 즐기는 듯 아주 평온하고 고요했다. 우리는 횡단한 고장을 돌아보면서, 천천히 발걸음을 옮겼다. 그리고 개똥지빠귀의 저녁 노래에 귀를 기울이면서, 평온한 자연과 부산하고 성급한 인간을 대조하지 않을 수 없었다. 인간의 말과 행동은 언제나 임박한 위기를 추정하지만, 자연은 언제나 조용하고 겸손하다.

우리는 그날 밤을 하버드에서 쉬었다. 다음 날 아침, 한 사람은 더 가까운 그로톤Groton 마을[45]로 발걸음을 돌렸고, 다른 사람은 평화로운 콩코드의 초원으로 별도의 외로운 길을 택했다. 그러나 그는 여관에서 후하게 그를 대접한 농부 부부의 협협한 환대를 잊지 않고 기록할 것이다. 가난한 여행자는 여관 주인에게 건초 말리기에 좋은 날씨를 축하하면서, 그의 친절을 조용히 받을 수 있을 뿐이었지만 말이다. 그는 자기 앞에 차려진 푸짐한 음식 못지않게 이런 식의 협협한 친절에 기운이 나서, 새로운 활력으로 힘차게 전진했다. 그는 해가 중천에 오르기도

---

43 Nashua. 뉴햄프셔주 남쪽 끝에 위치하며, 매사추세츠주와 접한다. 맨체스터 다음가는 뉴햄프셔주 제2의 도시로, 맨체스터와 더불어 직물공업의 중심지였다.
44 매사추세츠주 하버드 시의 서쪽에 있는 마을.
45 매사추세츠주 미들섹스 카운티 북서부에 있는 마을로 보스턴 권역에 속한다.

전에 콩코드의 강둑에 다다랐다.

　이제 평원의 삭막한 삶으로 돌아왔다. 와추세트산의 장엄함을 평원의 삶에 조금이라도 나눠주도록 노력하자. 우리가 어떤 담장 안에 누워 있는지를 기억하고, 이런 평평한 삶 또한 정상이 있다는 것을 이해하고, 산꼭대기에서 본 최고로 깊은 계곡은 왜 푸른 색조를 띠고 있는지 기억하자. 그리고 지구의 어느 부분도 하늘이 보이지 않을 정도로 낮은 부분은 없고, 매시간 고양高揚이 있으리니, 끊임없는 지평선을 내려다 볼 수 있는 시간의 산꼭대기에 서 있기만 하면 된다는 것을 기억하자.

3. 걷기
Walking

옮긴이의 말

「걷기」는 본래 1851년 쓴 일기를 발전시켜서 「걷기」Walking와 「야성」 The Wild이라는 제목으로 수년간 강연하고 나서, 그의 사망 직후인 1862년 6월 하나의 에세이로 결합하여 *The Atlantic Monthly*지에 게재되었다.

소로는 첫머리에서 이렇게 말한다, "나는 자연을 위해서, 단순한 시민적 자유와 교양과는 대조적인 절대적 자유와 야성野性을 위해서 한마디 하고 싶다. 나는 인간을 사회의 구성원이기보다는 자연의 일부이자 덩어리로 여기고 싶다." 소로가 말하는 "자유와 야성"은 정신적 활력의 또 다른 표현이다. 소로는 "자유와 야성"에 반하는 사회의 구성원이기보다는 "자연의 일부"가 되고자 한다. 그는 문명에 의해 조직적으로 고갈되는 정신의 샘물을 복원하기 위해 "산책"sauntering을 내세운다. 그의 산책은 전혀 다른 차원의 걷기이다. 그는 말한다, "나는 이제껏 살면서 '걷기'의 예술, 즉 '산책하기'의 예술을 이해하는 사람을 한두 사람밖에 만나지 못했다. … 성스러운 곳에 가는 사람이야말로 내가 말하는 좋은 의미의 '산책자'들이다."

소로는 "모든 산책은 일종의 성전聖戰"이라고 선언하고, "만약 당신이 아버지와 어머니, 형제와 자매, 아내와 자녀와 친구를 떠나서, 다시는 그들을 보지 않을 각오라면, 즉 빚을 싹 갚고, 유언하고, 모든 일을 마무리 짓고, 자유인이 되었다면, 당신은 비로소 산책에 나설 준비가 된 것이다."라고 말한다. 소로가 찬양하는 걷기는 삶의 원천을 향한 탐색의 여로이다.

이런 종류의 걷기에 종사하기 위해서는, 거친 자연과 재결합해야 한다. 소로는 이렇게 말한다, "야외의 해와 바람 속에서 많이 사는 것은 틀림없이 어떤 거친 성격을 낳을 것이다. … 우리의 생각에 훨씬 더 많은 공기와 햇빛을 들여라. … 걸을 때면, 우리는 자연히 들판과 숲으로 향한다. 정원이나 산책로에서만 걷는다면 어찌 되겠는가? … 가장 활기 찬 것은 가장 야성적인 것이다. … 요컨대, 좋은 것들은 모두 분방하고 자유롭다. … 풍토는 이처럼 인간에게 반응한다고 믿는다. 예컨대, 산에는 인간의 정신을 부양하고 고무시키는 무엇이 있다. 인간은 이러한 것들의 영향을 받아서, 육체적으로는 물론 지성적으로 더 완벽한 위인으로 성장하지 않을까?"

소로는 "옛 예언자와 시인들, 즉 마누, 모세, 호메로스, 초서가 걸어 들어갔던 그런 자연으로 산책한다." 콜럼버스가 발견한 "미국"이 아니라 시와 신화가 기다리는 미국의 "자연"을 걷고 싶은 것이다. 그러나 그는 문명사회의 "나"는 걷다가 해가 지면 집과 난로로 되돌아올 수밖에 없다는 현실을 인정한다. 하지만 그가 열망하는 걷기는 걷는 자가 "어쩌면 결단코 돌아오지 않겠다는 꺼지지 않는 모험 정신으로" 문명을 뒤로 하고 집을 나설 것을 요구한다. 문명으로 고갈된 정신을 회복하는 유일한 길은 자연 친화적인 산책이다. 그는 말한다, "정치가 존재하지 않는 지구 표면의 어느 부분까지, 나는 한 시간 반 이내에 걸어갈 수 있다. 그곳에는 정치라는 게 존재하지 않으니, 정치는 인간의 담배 연기에 불과하기 때문이다."

그러나 소로는 이어서 말한다, "무엇보다, 우리는 현재에 살지 않을 수 있는 여유가 없다. 인생의 한순간도 과거를 기억하면서 지나느라 잃지 않는 사람은 누구보다 축복받은 사람이다. 그러니 우리의 철학이 지평선 내의 모든 헛간의 앞마당에서 우는 수탉의 소리를 듣지 않는다면, 그것은 시대에 뒤진 철학이다." 뒤를 돌아보면서 현재를 잃어서는 안된다. 매일 하루의 시작을 알리는 수탉의 소리는 "일반적으로 우리가 직업과 생각의 습관에서 점점 녹슬고 시대에 뒤지고 있다는 사실을 상기시킨다. … 수탉은 후진하지 않았다. 그는 일찍 일어났고, 깨어있고, 때맞춰 제 자리에 있기 위해서, 시간의 맨 앞줄에 있다." 우리는 수탉의 부름에 따라 "시간의 맨 앞줄에서" 동에서 서로 전진해야 한다. 우리는 태양과 함께 가야 한다. 서녘에 지는 오늘의 태양은 내일 동녘에서 또다시 떠오를 태양을 약속한다. 문명 또한 동에서 서로 서진한다.

나는 자연을 위해서, 단순한 시민적 자유와 교양과는 대조적인 절대적 자유와 야성野性을 위해서 한마디 하고 싶다. 나는 인간을 사회의 구성원이기보다는 자연의 일부이자 덩어리로 여기고 싶다. 강조에 도움이 되는 말이라면, 나는 막말도 서슴지 않을 것이니, 문명의 챔피언들은 넘고처지기 때문이다. 목사, 교육 관계인, 그리고 독자 여러분은 각자 이 점 유의하기를 바란다.

나는 이제껏 살면서 '걷기'의 예술, 즉 '산책하기'의 예술을 이해하는 사람을 한두 사람밖에 만나지 못했다. 소위 '산책'sauntering에 비범한 재능을 가진 사람을 별로 만나지 못했다는 말이다. 이 단어는 "중세에 '성지聖地에'a la Sainte Terre 간다는 구실로, 시골을 유랑하면서 동냥하는 한가한 사람들"이란 아름다운 말에서 유래했다. 그리하여 아이들이 "저기 봐라,"Sainte-Terrer고 외치게 되었으니, 영어의 'Saunterer'는 '성지에 가는 사람'을 의미한다. 자칭 산책을 한다면서 한 번도 성스러운 곳에 가지 않은 사람은 실로 단순한 게으름뱅이자 방랑자에 불과하지만, 실제로 성스러운 곳에 가는 사람이야말로 내가 말하는 좋은 의미의 '산책자'들이다. 그러나 어떤 이는 그 단어가 '땅 또는 집이 없다,'는 뜻의 '상스 떼흐'sans terre에서 유래했다고 주장할 것이다. 그러므로 그것은 좋은 의미에서 '일정한 집은 없지만, 어디서나 똑같이 편안하다,'는 것을 의미할 것이다. 성공적인 산책의 비결이 바로 이런 것이기 때문이다. 언제나 집에 가만히 앉아 있는 사람이 누구보다도 위대한 방랑자일지 모른다. 그러나 굽이굽이 흐르는 강이 방랑자가 아니듯이, 좋은 의미의 산책자 또한 방랑자가 아니다. 강은 항상 바다에 이르는 최단 물길을 정성을 다하여 찾고 있으니 말이다. 내가 '산책'의 유래에 대한 첫 번째 주장을 선호하는 것은 그것이 실로 가장 개연성 있는 주장이기 때문이다. 모든 산책은 일종의 성전聖戰으로서, 우리 내면에 잠재하는 어느 '은자 베드로'Peter the Hermit가 이교도의 손에서 성지를 탈환하라고 전도하는 것이다.

사실, 오늘날의 우리는 끈기 있고 항구적인 사업이라고는 전혀 도모하지 않는 심약한 십자군 원정대로서, 글자 그대로 걷는 자들에 불과하다. 우리의 원정遠征은 소풍에 지나지 않고, 저녁이면 우리가 출발했던 가정으로 돌아온다. 산책의 절반은 우리의 발걸음을 되짚는 것에 불과하다. 우리는 어쩌면 결단코 돌아오지 않겠다는 꺼지지 않는 모험 정신으로, 즉 방부 처리된 심장만을 쓸쓸한 왕국에 유골로 보낼 각오로, 최단 거리 산책에 나서야 할 게다. 만약 당신이 아버지와 어머니, 형제와 자매, 아내와 자녀와 친구를 떠나서, 다시는 그들을 보지 않을 각오라면, 즉 빚을 싹 갚고, 유언하고, 모든 일을 마무리 짓고, 자유인이 되었다면, 당신은 비로소 산책에 나설 준비가 된 것이다.

나 자신의 경험을 말하자면, 때때로 친구와 함께 가는데, 친구와 나는 전통적인 신분의 기사가 아니라 새로운 신분의 기사이다. 우리는 '기수'騎手나 '기사'騎士, 즉 '말 타는 기사'나 '작위 받은 기사'가 아니라, '산책하는 사람'이라고 스스로 상상하기를 즐긴다. '산책하는 사람'이야말로 더 역사 깊고, 더 명예로운 부류라고, 나는 믿는다. 일찍이 '말 타는 기사'에 속했던 영웅적 기사 정신은 이제는 산책하는 사람, 즉 기사가 아닌 '편력의 산책자'Walker Errant의 소유이거나 속성인 듯하다. 그는 말하자면 제4의 계급, 즉 교회, 주, 주민 이외의 계급이 아닌가 싶다.

우리는 이 부근에서 거의 우리만이 이런 고귀한 솜씨를 실행했다고 느꼈다. 그러나 사실대로 말하면, 대개의 이웃도, 최소한 그들 자신의 주장을 받아들인다면, 나처럼 때때로 산책을 즐기고 싶을 것이나, 그럴 수가 없다. 산책이라는 전문직의 자본은 여유, 자유, 그리고 독립이다. 그러나 돈으로는 이런 필요조건들을 살 수 없다. 그것은 신의 은총에 의해서만 온다. 산책자가 되려면 하늘의 직접적인 섭리가 필요하다. 산책자들의 가정에 태어나지 않으면 안 된다. 산책자는 만들어지지 않고 태어난다. 사실, 나의 일부 이웃들은 10년 전의 어떤 산책을 기억하고 상세히 이야기했다. 그들은 축복을 너무 받아서 숲속에서 30분이나 길을 잃고 헤매었다고 한다. 그러나 나는 그들이 아무리 이런 선택된 부류에 속한다고 자만하더라도, 그 이후 그들 자신을 하이웨이에 가두고 말았다는 사실을 잘 안다. 그들이 무법자처럼 숲을 누볐던 시절의 옛 생활방식을 회상한다면, 그들은 틀림없이 잠시라도 정신이 고양될 것이다.

> "즐거운 아침,
>   그가 푸른 숲에 왔을 때,
> 새들이 즐거이 노래하는
>   작은 가락이 들렸다.
> 로빈은 말했다, 여기 온 지
>   오랜 시간이 흘렀구나.
> 잠시 머물며
>   갈색 사슴 사냥이나 하자."[1]

나는 세속적인 일에서 완전히 해방되어, 숲과 언덕과 들판을 두루 산책하면서 하루에 적어도 네 시간, 보통은 그 이상을 보내지 않으면, 건강과 정신을 보전할 수 없다고 생각한다. 이게 무슨 뚱딴지같은 생각이냐고 말해도 상관없다. 너무나 많은 정비사나 점원이 책상다리로 앉아서, 오전은 물론 오후까지도 점포를 떠나지 않으니 말이다. 그들의 다리가 서거나 걷기 위해서가 아니라, 앉기 위해서 만들어진 것 같지 않은가! 때때로 이런 사실을 상기할 때면, 그들이 모두 오래전에 자살하지 않은 공로를 인정받을 만하다는 생각이 든다.

나는 단 하루도 방에 처박혀 있으면 녹이 슨다. 하루를 되찾기에는

---

1 『로빈 후드 이야기』*A Gest of Robyn Hode*에서.

너무 늦은 최후의 순간인 오후 네 시, 이미 밤의 그림자가 일광과 뒤섞이기 시작할 때, 가끔 몰래 산책에 나서는 경우, 속죄해야 할 어떤 죄를 지은 것 같은 느낌이 들었다. 나는 몇 주 몇 달을, 그래, 줄곧 몇 년을 하루 종일 점포와 사무실에 처박혀 있는 이웃들의 도덕적 무감각은 말할 것도 없고, 그들의 엄청난 인내심에 많이 놀란다. 지금 오후 세 시인데, 마치 새벽 세 시인 듯이 그곳에 앉아 있다니—도대체 그들은 무슨 재질의 재료로 만들어졌는지 모르겠다. 나폴레옹은 새벽 세 시의 용기[2]에 관하여 말할 수 있을 것이나, 나폴레옹이 말하는 '앉은자리 용기'는 아침 내내 알던 본인의 자아를 거스르고, 오후 이 시각까지 즐겁게 앉아서, 자신과 강력한 연민의 끈으로 맺어진 수비대까지 굶겨 죽일 수 있는 용기에 비하면 아무것도 아니다. 이 시간 무렵에는, 신문을 보기에는 너무 늦고 저녁 신문을 보기에는 너무 이른 오후 네 시에서 다섯 시 사이여서, 오르내리는 거리에서 그간 집에서 양육한 고리타분한 생각과 기분들을 사방으로 흩뿌리는 일반적인 폭발음도 들리지 않으니, 악이 자연치유가 되는 시각이 아닌가 싶다.

나는 남성보다도 훨씬 많이 집에 갇혀있는 여성이 어떻게 견디는지 모르겠다. 그러나 대개의 여성은 그것에 전혀 '저항하지' 않는다고 생각할 만한 근거가 있다. 여름의 어느 이른 오후에, 우리는 옷자락에 붙은 마을의 먼지를 털어내면서, 전면前面이 완전 도리스식이거나 고딕식인 집들을 급히 지나간 적이 있다. 내 친구는 그 집들이 너무나 평온한 모습이니, '아마도 이 시간쯤이면 거주자들이 모두 잠자리에 들은 모양이네,'라고 속삭인다. 내가 건축의 미와 영광의 진가를 인정한 것

---

[2] 나폴레옹 보나파르트는 "도덕적 용기에 관해서, 나는 새벽 두 시의 용기, 즉 앉은자리 용기를 본 적이 드물다."라고 말한 적이 있다. 소로는 나폴레옹의 말을 기억하면서, "새벽 두 시"를 "새벽 세 시"로 착각한 듯하다.

은 바로 그때였다. 집 자체가 결코 안으로 향하지 않고, 언제나 바깥으로 향하여 똑바로 버티고 서서, 안에서 잠자는 사람들을 지켜주니 말이다.

틀림없이 사람의 기질, 그리고 무엇보다도 나이가 그것과 많은 관계가 있을 것이다. 나이가 들면서, 계속 실내에서 앉아서 일할 수 있는 능력이 증대한다. 인생의 저녁이 가까워지면서, 습관도 저녁다워지고, 마침내는 해넘이 직전에야 나와서, 필요한 산책을 삼십 분 이내에 모두 끝낸다.

그러나 내가 말하는 산책에는 환자가 정해진 시각에 약을 먹듯이 아령이나 의자를 흔드는 따위의 이른바 운동과는 비슷한 점이 전혀 없다. 그 자체가 하루의 사업이자 모험이다. 참된 운동을 하고 싶으면, 생명의 샘물들을 찾아 나서라. 그런 샘물들이 아직 가보지 않은 먼 목초지에서 솟아오를 때, 비로소 건강을 위한 아령 운동을 생각하라!

더욱이, 우리는 낙타처럼 걸어야 한다. 낙타는 걸을 때 생각에 잠기는 유일한 짐승이라고 한다. 어떤 나그네가 워즈워스[3]의 하녀에게 주인의 연구실을 보여달라고 요청했을 때, 그녀는 "여기가 그의 서재입니다만, 연구실은 야외에 있습니다."라고 대답했다고 한다.

야외의 해와 바람 속에서 많이 사는 것은 틀림없이 어떤 거친 성격을 낳을 것이다. 그리고 타고난 피부 중에서 더 고운 부분, 즉 얼굴과 손에 더 두꺼운 살갗이 자라거나, 심한 근육노동으로 손의 예민한 감촉의 일부가 사라질 터이다. 반면에, 집에 처박혀 있으면 얇은 피부가 더 얇아지는 것은 물론이고 부드럽고 매끄러워져서, 어느 느낌에 대한 감촉은 증가할 것이다. 우리에게 해가 덜 비치고 바람이 덜 부는 경우,

---

3   William Wordsworth(1770~1850). 영국 낭만주의 시인.

아마도 우리의 지적, 도덕적 성장에 중대한 어떤 영향은 더 많이 받게 될 터이니, 두꺼운 피부와 얇은 피부의 비율을 적절히 조절하는 것은 분명 멋지다. 그러나 피부의 꺼풀은 충분히 빨리 떨어져 나가는 것이니, 밤과 낮, 겨울과 여름, 생각과 경험의 비율 조절에서 자연적인 치유를 발견할 수 있다는 게 내 생각이다. 그러니 우리의 생각에 훨씬 더 많은 공기와 햇빛을 들여라. 노동자의 굳은 손바닥은 늘쩍지근한 게으름의 손가락보다 더 고운 근육질의 자존심 및 영웅심과 관계가 있다. 그런 손바닥의 촉감은 가슴을 설레게 한다. 낮에 잠자리에 누워서 자신이 희다고 생각하는 것은 감상일 뿐이다. 그런 감상은 경험에 그을리고 군살이 박힌 손바닥의 촉감과는 거리가 멀다.

걸을 때면, 우리는 자연히 들판과 숲으로 향한다. 정원이나 산책로에서만 걷는다면 어찌 되겠는가? 어느 학파의 철학자들이 숲을 수입할 필요성을 느낀 것은 그들이 숲에 가지 않았기 때문이다. "그들은 작은 숲과 짧은 산책로를 조성하고," 그곳의 지붕 없는 주랑柱廊에서 미니 산책을 했다. 발걸음만 숲으로 향하고 숲에 이르지 않으면, 당연히 아무런 소용이 없다. 나는 육체적으로는 숲속으로 1마일을 걸었는데 정신적으로는 거기에 이르지 않는 일이 발생하면 깜짝 놀란다. 오후 산책에서 아침의 모든 업무와 사회에 대한 의무를 훌훌 잊고 싶다. 그러나 마을을 쉽게 떨쳐버릴 수 없는 일이 가끔 발생한다. 어떤 일에 관한 생각이 머리에서 맴돌고, 내가 내 몸이 있는 곳에 없는 것이다. 내가 내 정신이 아니라는 뜻이다. 나는 산책을 하며 기꺼이 내 정신으로 돌아오고 싶다. 숲 이외의 어떤 것을 생각하고 있으면, 숲에서 무슨 볼일이 있는가? 이른바 좋은 일이라도 너무 휩쓸리는 나 자신을 발견할 때면, 나는 나 자신을 의심하고 전율을 금할 수 없다. 그런데 이런 일이 때때로 발생한다.

내 주변에는 산책하기 좋은 곳이 많다. 나는 아주 여러 해 동안 거의 매일, 때로는 며칠간 계속해서 산책했지만, 아직 다 다니지 못했다. 전혀 새로운 경치는 굉장한 행복이다. 어느 오후라도 이런 행복을 누릴 수 있다. 두세 시간 걸으면 기대하지도 못한 신기한 산천에 이른다. 전에 보지 못했던 외로운 농가가 때로는 다호메이 왕[4]의 영지領地만큼이나 좋다. 반경 10마일의 원 또는 오후 산책의 한계 이내에 있는 풍경의 특성과 인간의 40년 인생 간에는 실로 모종의 하모니가 있다. 그것은 결코 누구에게나 친숙한 것이 되지는 않을 것이다.

근래에 집의 건축, 숲 및 모든 큰 나무의 벌목 등 이른바 인간의 개량이란 것들은 거의 모두가 그저 풍경을 변형시켜서, 점점 더 단조롭고, 값싸게 만든다. 뜻있는 사람들은 울타리를 태워버리고 숲이 일어서게 하리라! 어느 목장의 복판에 목적을 상실한, 반쯤 썩은 울타리가 있었다. 어느 세속적인 구두쇠가 측량사와 함께 자신의 땅 경계선을 살피고 있었다. 그의 주변은 하늘이 차지했다. 그는 오가는 천사들을 보지 못하고, 천국의 복판에서 옛 말뚝 구멍을 찾고 있었다. 다시 보니, 그는 악마들에 에워싸여서, 수렁처럼 음침한 늪지 복판에 서 있었다. 그는 자기 땅 경계선, 즉 말뚝을 때려 박았던 곳에서 세 개의 돌을 발견한 게 틀림없었다. 더 가까이 가보니, 그의 측량사는 '어둠의 왕자'였다.

나는 내 집 문 앞에서 출발하여, 어느 집도 지나지 않고, 여우와 밍크가 건너는 곳 이외에는 어느 길도 건너지 않고, 십, 십오, 이십 마일, 아니 수십 마일이라도 쉽게 걸을 수 있다. 우선 강을 따라 걷다가,

---

4 다호메이Dahomey는 약 1600~1904년 사이에 오늘날 아프리카 베냉Benin 지역에 있었던 왕국이다.

시냇물을 따라 걷고, 그런 다음에는 초원과 숲 가장자리를 따라 걷는다. 내 주변에는 여러 제곱 마일에 걸쳐 주민이 한 사람도 살지 않는다. 여러 언덕에서, 나는 멀리 문명과 인간의 거처를 볼 수 있다. 농부와 농가보다는 마멋들과 그들의 굴이 눈에 더 잘 띈다. 인간과 인간의 일, 교회와 주州와 학교, 거래와 상업, 그리고 제조업과 농업, 무엇보다 가장 걱정스러운 정치가 경치에서 차지하는 공간이 얼마 안 된다는 사실이 기쁘다. 정치는 좁은 영역에 지나지 않는다. 저 너머 더욱 좁은 하이웨이는 정치로 통한다. 나는 때때로 그쪽으로 나그네를 안내한다. 정치계로 가고 싶으면, 큰길을 따라가라. 저 시장 상인을 뒤따르며, 그의 먼지를 눈에 보존하면, 그 길은 당신을 곧장 정치계로 인도할 터이다. 정치 또한 제 자리밖에 없어서, 모든 공간을 차지하지는 않는다. 나는 콩밭에서 숲으로 들어가듯이 정치를 떠난다. 그러면 정치는 곧 잊게 된다. 인간이 한 해의 끝에서 다른 해의 끝까지 서 있지 않고, 결과적으로, 정치가 존재하지 않는 지구 표면의 어느 부분까지, 나는 한 시간 반 이내에 걸어갈 수 있다. 그곳에는 정치라는 게 존재하지 않으니, 정치는 인간의 담배 연기에 불과하기 때문이다.

마을은 여러 길이 향하는 곳이다. 강이 퍼지면 호수이듯이, 하이웨이가 퍼지면 마을이다. 마을은 도로가 팔과 다리인 신체이다. 마을은 세 방향 또는 네 방으로 통하는 곳, 나그네들의 주요 통로이자 주막이다. '마을'village이라는 단어는, 'via' 또는 더 고어古語인 'ved'와 'vella'와 함께, 길을 뜻하는 라틴어 'villa'에서 유래한다. Varro[5]는 이 단어의 기원을 '운반하다'의 뜻인 'veho'에서 찾는데, 영어의 'villa'는 바로 물

---

5   Marcus Terentius Varro(116~27 B.C.). 로마의 큰 학자로 그의 『라틴어에 대하여』 *De Lingua Latina*는 어원학의 원조이다.

건들이 이리저리 운반되는 곳이기 때문이다. 짐마차로 생계를 꾸렸던 사람들을 '삯 운반자' vellaturam facere라 불렀다. 그러므로 라틴어 'vilis' 와 '비열한'이라는 뜻의 영어 'vile,' 그리고 '악한'이라는 뜻의 'villain' 또한 여기서 유래한다. 이것은 마을 사람들이 어떤 종류의 타락에 빠지기 쉬운지 암시한다. 마을 사람들은 마을을 통과하거나 방문하는 여행자들로 인하여 지치지만, 그들 자신은 여행하지 않는다.

어떤 사람은 전혀 걷지 않는다. 그 밖의 사람들은 하이웨이에서 걷는다. 땅을 가로지르며 걷는 사람은 소수다. 도로는 말과 상인들을 위해 만들어졌다. 나는 비교적 도로에서 많이 여행하지 않는다. 도로가 인도하는 여인숙이나 식료품점이나 마구간이나 창고에 급히 갈 일이 없기 때문이다. 나는 말처럼 여행하기에 적합한 자이지만, 자발적인 도로 애용자는 아니다. 풍경 화가는 사람의 모습을 이용하여 도로를 표시한다. 그는 내 모습을 그런 용도로는 사용하지 않을 터이다. 나는 옛 예언자와 시인들, 즉 마누[6], 모세, 호메로스, 초서[7]가 걸어 들어갔던 그런 자연으로 산책한다. 바로 그 자연을 '미국'이라고 칭해도 좋겠지만, 그것은 미국이 아니다. 아메리고 베스푸치[8]도 콜럼버스도 또는 다른 누구도 미국의 발견자는 아니다. 내가 본 이른바 미국에 대한 진짜 이야기는 어느 역사에서보다 신화에 있다.

그러나 걸어도 득이 될 수 있는 옛길이 몇 개 있다. 이제는 발길이 거의 끊겼기에 어딘가로 인도할 것만 같은 길이다. 바로 '말버러 옛길' Old Marlborough Road이 그런 길이다. 그 길은 이제 말버러로 인도하지 않지만, 나를 말버러의 신화로 데리고 간다. 모든 마을에는 한두

---

6 Manu. 인도 신화에 나오는 『마누 법전』의 저자.
7 Geoffrey Chaucer(1340~1400). 영국 시인.
8 Americus Vespucius(14511451~1512). 이탈리아 탐험가.

개의 그런 길이 있다고 추정되기 때문에, 여기서 그 길에 대해 말할 용기가 그만큼 더 난다.

말버러 옛길

한때 그들이 돈을 캤지만,
한 번도 발견하지 못한 곳.
때로는 마셜 마일스,
그리고 엘리아 우드[9]가,
따로따로 행진하지만,
하릴없는 길이다.
다른 누구도 마찬가지나,
엘리사 두간[10]은 예외이다—
오, 야성적 습성을 가진 사람,
자고새와 토끼를 잡는다.
아무런 근심 없이
덫만 놓는 사람이고,
매우 궁핍하게,
혼자서 살며,
삶이 가장 꿀맛인 곳에서
끊임없이 먹는다.
봄이 여행 본능으로
  나의 피를 자극할 때,
  나는 말버러 옛길에서
  자갈길을 실컷 걸을 수 있다.

---

9   Martial Miles, Elijah Wood. 콩코드의 주민들인 듯하다.
10   Elisha Dugan. 콩코드의 흑인 자유민.

아무도 그 길 다니지 않기에,
길을 다시 손보는 이도 없다.
문명인들이 말하듯이,
그것은 살아있는 길이다.
그곳으로 들어가는
사람은 많지 않으니,
아일랜드 출신인 퀸[11]의
손님들뿐이다.
그 길은 무엇인가, 그 길은 무엇인가,
그저 그쪽으로 가는 길,
어딘가로 가는
벌거숭이 가능성일 뿐인가?
안내 석판들은 거대하지만,
나그네는 하나도 없다.
그것들은 정수리에 이름이 쓰인
도시들의 기념비이다.
현 위치를 알고프면
가볼 가치가 있을 것이다.
어느 왕이
그 일을 했는지,
나는 여전히 궁금하다.
어느 행정위원이
언제 어떻게 길을 냈는지,
구어가스인가 또는 리인가?
클라크인가 또는 다비[12]인가?
그것들은 영원한 무엇이 되기 위한

---

11 James Quin. 아일랜드 출신의 콩코드 주민.
12 Gourgas, Lee, Clark, Darby. 모두 콩코드의 행정위원을 지낸 인물이었던 것 같다.

위대한 노작이다.
그것들은 공백의 석판들이니,
어느 나그네가 신음하면서,
한 문장으로
알려진 모든 것을 새길지도 모른다.
극도로 필요한
다른 누군가가 읽을지도 모른다.
합당한 글귀 한두 개
내가 알고 있으니,
전국에 걸쳐서,
석판에 새겨두어도 좋을 것이니,
어느 사람이
다가오는 십이월까지 기억하고,
해빙 후,
봄에 다시 읽을 수 있으리라.
누군가 상상의 나래를 펴고
그의 거처를 떠나면,
말버러 옛길을 지나서
세계를 일주할 터이다.

현재, 이 주변에서 가장 좋은 부분의 땅은 개인 재산이 아니다. 풍경은 소유자가 없고, 산책하는 이는 상당한 자유를 누린다. 그러나 그 땅이 이른바 유원지로 나뉘어서, 소수가 옹색하고 배타적인 유락遊樂만 즐기게 될 날이 올 것이다. 그때는 울타리가 증가할 것이고, 유흥업소 및 기타 장치들이 고안되어서, 사람들이 공공도로에 갇히게 될 것이고, 하느님의 지구 표면을 걸어서 넘는 것이 어느 신사의 땅을 침해하는 것을 뜻하는 것이라고 해석될 터이다. 어떤 것을 배타적으로 즐긴다는 것은 흔히 누구도 그것을 진정으로 즐기지 못하는 것이다. 그러니 사악한 날이 오기 전에, 우리의 여러 기회를 개선하자.

때때로 어디로 걸을 것인지 결정하는 것을 매우 어렵게 만드는 것은 무엇인가? 나는 자연에는 미묘한 매력이 있다고 믿는다. 그 매력에 무의식적으로 이끌리면, 자연은 저절로 우리를 올바른 길로 인도할 것이다. 자연의 매력은 우리가 어느 길을 가는지 무관심하지 않다. 올바른 길이 있으나, 우리는 부주의와 어리석음 때문에 잘못된 길을 가기 쉽다. 우리는 이 현실 세계에서 가본 적이 없는 이상적인 산책길을 기꺼이 택하고 싶으리라. 내면적이고 이상적인 세계에서 여행하고 싶은 길을 온전히 상징하는 길 말이다. 그 길은 아직 우리의 생각에 뚜렷하게 존재하지 않기에, 때때로 방향의 선택이 분명 어렵다.

발걸음을 어디로 향할지 아직 확실히 몰라, 내 본능에 결정을 맡기고 산책하려고 집을 나설 때, 이상하고 별나다고 보일지 모르지만, 나는 마침내 그리고 불가피하게 남서쪽으로 정하고, 그 방향에 있는 어느 특정한 숲이나 목장이나 버려진 풀밭으로 향하는 것을 발견한다. 내 나침반 바늘은 느리게 자리 잡는다. 몇 도씩 바뀌고, 사실 항상 남서쪽을 가리키지는 않지만, 그것은 항상 서쪽과 남서쪽 사이에서 자리 잡는다. 나에게 미래는 그쪽에 있고, 그쪽의 지구가 덜 피폐하고 더 기름진 것으로 보인다. 나의 산책 범위를 정하는 약도는 원이 아니고, 포물선이나 혜성의 어느 궤도와 같은 것이 될 터이다. 이 궤도는 되돌아오지 않는 곡선으로 생각되는 것으로, 이 경우에는 서쪽으로 열려있으니, 이 궤도에서는 내 집이 태양의 자리를 점유하는 셈이다. 나는 때로는 15분 동안 결단력 없이 돌고 돌다가, 천 번쯤 되어서야, 남서쪽이나 서쪽을 향해서 걷기로 결정한다. 동쪽으로는 마지못해 가지만, 서쪽으로는 자발적으로 간다. 어떤 볼일이 나를 서쪽으로 인도하는 게 아니다. 내가 동쪽 지평선 뒤에서 아름다운 풍경 또는 충분한 자연 그리고 자유를 발견할 것이라고 믿기는 어렵다. 나는 동쪽으로의 산책 전망에는 흥분하지 않는다. 그러나 나는 서쪽 지평선 상에 보이는 숲은 지는 해 쪽으로 중단 없이 뻗어 있으며, 내 마음을 어지럽힐 정도로 매우 중대한 마을이나 도시들은 아예 없다고 믿는다. 이쪽엔 도시가 있고, 저쪽엔 자연이 있으니, 내가 살고 싶은 곳에서 살게 하라. 나는 항상 점점 더 도시를 떠나서, 자연으로 철수하고 있다. 만약 이와 비슷한 어떤 것이 내 동향인들의 일반적인 성향이라고 믿지 않는다면, 나는 이 사실에 방점을 찍지 말아야 할 것이다. 나는 유럽이 아니라, 오리건을 향하여 걸어야 한다. 그리고 국가도 그쪽으로 움직이고 있고, 인류가 동에서 서로 전진한다고 말할 수 있다. 근래 몇 년간, 오스트레일리아의 이민移民에서, 동남쪽으로 이동하는 현상을 목격한 바 있지만, 이것은 후퇴하는 이동이라는 생각이 들고, 오스트레일리아 첫 세대의 도덕적, 육체적 특성으로 판단하건대, 이 이민은 아직 성공적인 실험으로 판명되지는 않았다. 동쪽의 타타르 사람들은 티베트 너머의 서쪽에는 아무것도 없다고 생각한다. 그들은 "세계는 거기서 끝난다. 그 너머에는 해안 없는 바다 이외에 아무것도 없다."고 말한다. 그들이 사는 곳은 완벽한 동쪽이다.

역사를 실감하고 예술 및 문학 작품들을 공부하려면, 우리는 동쪽으로 가서, 민족의 발자국들을 거슬러 올라간다. 그러나 진취적인 모험의 정신을 가지면, 우리는 미래로 진입하듯이 서쪽으로 간다. '구세계'Old World 및 그 제도들을 망각할 기회로 삼은 우리의 항로에서, 레테[13]

---

13 Lethe. 그리스 신화에 등장하는 망각의 강이다.

같은 망각의 강은 바로 대서양이다. 이번에 성공하지 못할지라도, 인류가 '지옥의 강'Styx의 제방에 당도하기 전에 어쩌면 한 번의 기회가 더 있을 것이다. 그리고 그 기회는 바로 태평양이라는 망각의 강에 있다. 태평양은 대서양보다 세 배나 넓다.

아주 사소한 산책에서도 개인이 이처럼 인류의 일반적인 이동에 맞추는 것이 얼마나 중요한지, 또는 그것이 얼마나 비범한 특성의 증거인지 모른다. 그러나 내가 알기에 새와 네발짐승의 이동 본능과 유사한 어떤 것―예컨대 다람쥐 족에 영향을 주는 것으로 알려진 어떤 것―이 그것들을 일반적이고 신비스러운 이동으로 재촉한다. 다람쥐 몇 마리가 이동할 때는, 이를테면, 각자 특정한 지저깨비를 타고, 꼬리를 올려 돛으로 삼고, 아주 좁은 만류는 그들의 망자亡者들로 다리를 놓으면서, 아주 넓은 강을 건너는 모습이 보였다. 봄에 가축에게 영향을 주며, 가축 꼬리에 붙은 기생충을 일컫는 '옴'furor 비슷한 어떤 것이, 영원히 또는 가끔, 민족과 개인에게 영향을 주는 것이다. 야생 거위 떼가 우리 마을 상공에서 꽥꽥 울면, 으레 이곳 부동산의 가치를 어느 정도 불안하게 한다. 그러니 내가 중개인이라면, 그런 소란을 고려해야 할 것이다.

> "그때가 되면 사람들은 순례 여행이 간절하고,
> 성지 순례자들은 열심히 미지의 해안을 찾는다."[14]

내가 목격하는 모든 해넘이는 태양이 내려가는 서녘처럼 멀고 아름다운 어느 '서부'로 가고 싶은 욕구를 느끼게 한다. 태양은 매일 서쪽으

---

14 초서의 『캔터베리 이야기』의 서문에서.

로 이동하는 것 같다. 태양은 민족들이 따르는 '위대한 서부 개척자'이다. 우리는 태양광선에 의해 방금 도금된 지평선 상의 산마루들을 밤새 꿈꾸지만, 그것들은 아지랑이에 불과할지 모른다. 일종의 지상 낙원인 아틀란티스[15]와 헤스페리데스 군도[16] 및 정원들은 고대인에게는 신비와 시에 싸인 '위대한 서부'였을 것이다. 석양의 하늘을 들여다보면서, 그 누가 헤스페리데스의 정원 및 모든 우화의 기초를 상상하지 않았을 것인가?

콜럼버스는 이전의 누구보다도 서진西進의 성향을 더 강하게 느꼈다. 그는 그것에 따라 움직였고, 카스티야 이 레온[17]을 위해 신세계를 발견했다. 그 시절의 대중은 멀리서 신선한 목초지 냄새를 맡았다.

> "그리고 이젠 태양이 모든 언덕에 사지를 뻗치더니
> 그리고 이젠 서쪽의 만으로 떨어졌구나.
> 그는 마침내 일어서더니 푸른 망토를 홱 당겼다.
> 내일은 신선한 숲과 새로운 목초지로."[18]

우리 미국이 차지한 것과 같은 넓이의 땅, 이처럼 기름지고 산물이 풍부하고 다양하며, 동시에 유럽인들이 거주할 수 있는 땅을 지구 어디에서 발견할 수 있는가? 북미의 일부만 아는 미쇼[19]는 말한다, "키가

---

15 Atlantis. 플라톤의 『티마이오스』와 『크리티아스』에 언급된 전설상의 섬이자 국가.
16 Hesperides. 그리스 신화에서 세상 서쪽 끝에 있다는 군도.
17 Castila y León. 현재는 스페인 최대의 광역 자치주로 포도주 산지이다. 여기서는 신대륙 발견 당시 콜럼버스를 후원한 스페인 정부를 지칭한다.
18 존 밀턴John Milton의 시 「리시다스」Lycidas에서.
19 Andre Michaux(1746~1802). 프랑스 식물학자이자 탐험가.

큰 종種의 나무가 유럽보다 북미에 훨씬 더 숫자가 많다. 미국에는 키가 삼십 피트가 넘는 나무가 일백사십 종 이상인데, 프랑스에는 겨우 삼십 종이 이런 크기에 이른다." 이후의 식물학자들은 그의 관찰을 더욱 확인한다. 훔볼트[20]는 열대 식물에 대한 젊은 꿈을 실현하기 위해 아메리카에 왔고, 지상에서 가장 거대한 미개지인 아마존의 원시림에서 열대 식물을 가장 완벽하게 보고, 아주 설득력 있게 기술했다. 지리학자 기요[21]는, 그 자신이 유럽인으로서, 더 멀리 간다.—내가 그를 따를 각오가 되어 있는 것보다도 멀리 간다. 그러나 그가 "식물은 동물을 위해 만들어지고, 식물 세계는 동물 세계를 위해 만들어지듯이, 아메리카는 '구세계'Old World를 위해 만들어진 것이다. … 구세계의 인간은 자기의 길을 떠난다. 그는 아시아의 고원을 떠나서, 유럽을 향해 기지에서 기지로 내려간다. 그의 모든 발걸음은 이전 문명보다 우월한 새로운 문명, 즉 더 위대한 발전의 힘으로 특징 지워진다. 대서양에 이르러, 구세계의 인간은 경계를 알지 못하는, 이 미지의 바닷가에서 한숨 돌리고, 잠시 돌아본다,"고 말하는데, 여기서 그치는 것은 아니다. 유럽의 기름진 땅을 고갈시키고, 자신의 원기를 회복하고 나면, 구세계 인간은 "이번에는 서쪽으로 향하는 전진의 모험을, 고대에도 그랬듯이, 다시 시작한다."[22] 기요의 이야기는 이 정도로 줄인다.

대서양이라는 장벽과의 접촉에서 오는 이런 서진西進의 충동에서 현대의 상업과 기업이 발생했다. 더 젊은 시절의 미쇼는 1802년에 출판된 그의 『앨러게니 산맥 서쪽 여행』에서 새로 정착한 '서부'에서의 공통적인 질문은 "'지구 어디에서 왔나요?'이다. 이 방대하고 비옥한

---

20 Alexander von Humboldt(1769~1859). 독일의 지리학자, 박물학자, 탐험가.
21 Arnold Henry Guyot(1807~1884). 스위스 출신의 미국 지질학자, 지리학자.
22 Guyot의 『지구와 인간』Earth and Man에서.

지역이 자연히 지구상의 모든 주민의 만남의 장소이자 공동의 나라가 될 것 같은 어조이다."라고 말한다.

진부한 라틴어 단어를 사용한다면, '빛은 동방에서, 열매는 서방에서,' Ex oriente lux; ex occidente FRUX라고 말할 수 있으리라.

영국 여행가이자 캐나다 총독인 프란시스 헤드 경[23]은 우리에게 말한다, "신세계의 북반구와 남반구에서 자연의 작품 윤곽을 더 큰 규모로 그렸을 뿐만 아니라, 구세계의 윤곽을 그리고, 아름답게 꾸미면서, 전체 그림을 전에 사용한 것보다 더 밝고 더 비싼 물감으로 칠했다. … 아메리카의 하늘들은 한없이 더 높아 보이고, 더 푸르며, 공기는 더 신선하고, 추위는 더 혹심하고, 달은 더 커 보이고, 별들은 더 밝고, 천둥은 더 요란하고, 번개는 더 선명하고, 바람은 더 세고, 비는 더 많이 내리고, 산들은 더 높고, 강들은 더 길고, 숲들은 더 크고, 들판들은 더 넓다." 이런 진술은 적어도 이 부분의 세계와 그 산물들에 대한 부폰[24]의 이야기와 비교가 될 것이다.

린나이우스[25]는 오래전 "나는 아메리카 식물들의 모습이 얼마나 즐겁고 부드러운지 모른다."고 말했다. 이 나라에는 로마인들이 불렀던 '아프리카 야수' Africanae bestiae가 없거나, 있다고 해도 거의 없고, 또한 이런 점에서 사람의 거처로 특별히 적합하다고 생각한다. 싱가포르 동부의 인디언 도시의 중심에서 3마일 이내에서는 매년 일부 주민이 호랑이에 끌려간다고 한다. 그러나 북아메리카에서는 야수에 대한 두

---

23   Sir Francis Head(1793~1875). "Galloping Head"로 알려진 군인으로 캐나다 총독을 지냈다.
24   Comte de Buffon(1707~1788). 프랑스 박물학자.
25   Carl Linnaeus(1793~1875). 스웨덴의 식물학자로 생물 분류학의 기초를 놓아서 '식물학의 시조'로 불린다.

려움 없이 밤에도 숲속의 거의 어디에서라도 누울 수 있다.

　이러한 말들은 고무적인 증언들이다. 유럽보다 이곳에서 달이 더 커 보인다면, 아마도 태양 또한 더 커 보일 것이다. 아메리카의 하늘이 한없이 더 높아 보이고, 별들이 더 밝아 보인다면, 이런 사실들은 그곳 주민들의 철학과 시와 종교가 어느 날 치솟을 수 있는 높이를 상징한다고 믿는다. 마침내, 미국인의 마음에 정신적인 하늘이 훨씬 더 높아 보일 것이며, 그 하늘을 별로 장식하는 상상력은 훨씬 더 밝아질 것이다. 나는 풍토는 이처럼 인간에게 반응한다고 믿는다. 예컨대, 산에는 정신을 부양하고 고무시키는 무엇이 있다. 인간은 이러한 것들의 영향을 받아서, 육체적으로는 물론 지성적으로 더 완벽한 위인으로 성장하지 않을까? 아니면, 그의 삶에서 안개 낀 날이 얼마나 많은지가 중요하지 않을까? 우리의 하늘처럼, 우리의 상상력은 더 풍부할 것이고, 우리의 생각은 더 맑고 더 신선하고 더 영묘할 것이라고 믿는다. 우리 이해력은 우리의 들판처럼 더 포용적이고 넓을 것이며, 우리의 천둥과 번개와 강과 산과 숲처럼, 우리의 지성은 일반적으로 더 당당한 규모일 것이다. 우리의 심장까지도 너비와 깊이와 위엄에서 우리의 내해_{內海}에 상응할 것이다. 아마도 나그네에게는, 우리의 얼굴 자체에서, 딱히 무엇인지는 모르지만, '기쁘고 고요한' *laeta & glabra* '어떤 것'이 보일 것이다. 그렇지 않다면, 세계는 무슨 목적을 향하여 가는 것이며, 왜 아메리카는 발견되었는가?

　내가 미국인들에게 "제국_{帝國}의 별은 서쪽으로 여행한다."고 말할 필요는 거의 없다. 진정한 애국자로서, 내가 천국의 아담이 이 나라의 미개지에서 사는 인간보다 전반적으로 더 유리한 위치였다고 생각한다면 부끄러울 것이다.

　매사추세츠에서의 우리네 공감은 뉴잉글랜드에 국한되지 않는다.

우리는 '남부'South와는 소원할지 모르지만, '서부'West와는 공감한다. 스칸디나비아인이 상속을 바다에 의지하듯이, 우리의 더 젊은 후손들의 집은 서부에 있다. 히브리어를 공부하기에는 너무 늦다. 오늘의 속어라도 이해하는 것이 더 중요하다.

몇 달 전 나는 라인강의 파노라마를 보러 갔다. 그것은 중세의 꿈과 같았다. 나는 상상 이상의 무엇에 젖어서, 라인강 역사의 흐름을 따라 떠내려갔다. 로마인들이 축조하고, 그 이후의 영웅들이 수선한 다리들 밑을 지나고, 이름 자체가 내 귀에는 음악이고, 어느 전설의 주제인 도시와 성들을 지나갔다. 내가 역사로만 아는, 에렌브라이트슈타인 요새[26]와 롤런드세크[27]와 코블렌츠[28]의 시詩가 그곳에 있었다. 나에게 그것들은 주로 폐허로 흥미로웠다. 강물로부터 그리고 덩굴 덮인 언덕과 계곡으로부터 조용한 음악이, '성지'Holy Land로 떠나는 십자군이 부른 침묵의 음악처럼, 솟아오르는 듯했다. 나는 영웅의 시대로 옮겨진 듯이 황홀한 매력에 빠져, 계속 떠내려가며 기사도의 분위기를 호흡했다.

그 후 곧, 나는 미시시피강의 파노라마를 구경하러 갔다. 오늘의 햇빛에서 강을 따라 올라가면서, 목재를 싣는 증기선들을 보고, 세워지는 도시들을 헤아리고, 노부[29]의 싱싱한 폐허들을 응시하고, 강을 건너서 서쪽으로 이동하는 인디언들을 바라보았다. 그리고 전에 모젤강[30]을 탐방했던 방식대로, 이젠 오하이오와 미주리강[31]을 탐방하고, 더뷰

---

26 Ehrenbreitstein. 독일 라인강 강변의 Coblenz에 12세기에 건축된 성채城砦.
27 Rolandseck. 독일 라인강 강변의 유명한 여름 휴양지.
28 Coblentz. 독일 라인강 강변의 높은 구릉 사이의 낮은 평원.
29 Nauvoo. 미국 일리노이주 미시시피강 강변의 작은 도시.
30 Moselle. 프랑스·룩셈부르크·독일을 흐르는 라인강의 지류이다.
31 오하이오와 미주리강 모두 미시시피강의 큰 지류이다.

크[32]와 위노나 절벽[33]의 전설들을 들으며, 과거나 현재보다는 미래를 더 많이 생각했다. 나는 미시시피강이 라인강의 흐름과는 종류가 다르다는 것을 알았다. 성들의 기초도 아직 놓이지 않았고, 유명한 다리들이 강을 가로지르지도 않았다. 우리가 모르고 있더라도, 나는 '미시시피강 자체가 영웅의 나이'라고 느꼈다. 영웅이란 일반적으로 가장 단순한 미지未知의 사람이기 때문이다.

내가 말하는 서부는 미개지의 또 다른 이름이다. 내가 말하려고 준비해 온 것은 세계의 보전이 미개지에 있다는 것이다. 모든 나무는 미개지를 찾아서 그 수염뿌리를 뻗는다. 도시들은 값이 얼마든 미개지를 수입한다. 사람들은 그것을 쟁기로 갈고 그것을 향해 출항한다. 숲과 미개지로부터 인류를 떠받치는 강장제와 나무껍질들이 나온다. 우리의 조상들은 야만인들이었다. 늑대의 젖으로 자란 로물루스와 레무스[34]의 이야기는 무의미한 우화가 아니다. 우뚝 솟은 국가의 창건자들은 모두 비슷한 황야의 땅에서 영양과 활력을 흡수했다. 제국의 후손들이 북부 숲의 후손들에 의해 정복되고 쫓겨난 것은 늑대의 젖을 먹고 자라지 않았기 때문이다.

나는 숲 그리고 초원을 신봉하고, 옥수수가 성장하는 밤을 신봉한다. 차茶에는 캐나다 솔송 또는 측백나무의 즙이 필요하다. 힘을 위해 먹고 마시는 것과 그저 폭음하고 폭식하는 것은 다르다. 호텐토트족[35]

---

32 Dubuque. 아이오와주 동북부, 미시시피강 연안의 작은 도시.
33 Wenona Cliff. 위노나는 미네소타주 미시시피강 강변의 작은 도시이다. 이곳에는 인디언 처녀 Wenona가 사랑하지 않는 구혼자의 청혼을 피해서 절벽에서 뛰어내려 사망했다는 전설의 '처녀 바위'Maiden Rock가 있다.
34 Romulus and Remus. 로마 신화에서 군신軍神인 마르스Mars와 처녀인 레아 실비아 Rhea Silvia 사이에서 쌍둥이로 태어나서 늑대의 젖을 먹고 자랐다. 쌍둥이 형제가 함께 로마를 창건하였다.

은 얼룩영양과 영양의 골수를 당연하게 날것으로 먹어 치운다. 우리의 북부 인디언 중 일부도 북극 순록의 골수뿐만 아니라 뿔의 꼭지를 포함해서 다른 부위도, 연하기만 하면, 날것으로 먹는다. 이런 점에서, 그들은 어쩌면 파리의 요리사들을 앞질렀다. 파리의 요리사들도 대개 활기를 북돋우는 데 도움이 되는 골수를 쓴다. 이런 골수가 아마도 축사에서 기른 소고기와 도살장 돼지고기보다 인간을 만드는데 더 좋을 것이다. 내게는 차라리 어떤 문명도 그 눈부신 섬광을 경험할 수 없는 황야의 땅을 다오,—마치 우리가 얼룩영양의 골수를 날것으로 먹고 살고 있는 듯이 말이다.

개똥지빠귀의 노래와 접경하는 경계 지역이 있으니, 나는 그곳으로 이주하고 싶다. 아무도 정착하지 않은 땅 말이다. 생각건대, 나는 이미 그 땅의 풍토에 익숙하다.

아프리카 사냥꾼 커밍스[36]는 방금 살해된 아프리카 영양은 물론 대부분의 다른 영양 가죽도 나무와 풀의 가장 맛깔스러운 향기를 내뿜는다고 전한다. 모든 사람이 야생의 영양과 아주 흡사하게 자연의 본질적인 부분이 되어서, 인품 자체가 그의 존재에 대한 우리들의 느낌을 향기롭게 드러내고, 그가 가장 많이 드나드는 부분의 자연을 생각하게 한다면 좋겠다. 덫 사냥꾼의 코트가 사향뒤쥐 냄새를 내뿜는다 해도, 나는 빈정거릴 의향이 없다. 내게는 그것이 상인이나 학자의 옷에서 흔히 풍기는 냄새보다 더 향기로운 냄새이다. 그러나 요즘 사냥꾼들의 옷장에 들어가서 옷에 손을 대면, 그들이 자주 가는 풀이 우거진 들판과 꽃이 뒤덮인 초원이 생각나지 않고, 되레 먼지 자욱한 상인들의

---

35 Hottentot. 아프리카 남부 칼라하리 사막 주변에 사는 황갈색 피부의 유목민족.
36 Robert Gordon Cummings. 1864년, 『남아프리카에서의 사냥꾼 생활』 *A Hunter's Life in South Africa*를 펴낸 영국 군인이다.

거래소와 학자들의 서재가 생각난다.

햇볕에 탄 피부는 존경하고도 남을 그 무엇이고, 어쩌면 올리브색이 흰색보다 인간, 즉 숲의 주민에게 더 적합한 색깔일 것이다. "창백한 백인!" 나는 아프리카인이 그를 불쌍히 여기더라도 놀라지 않는다. 박물학자 다윈은 말한다, "타히티 사람 곁에서 목욕하는 백인은, 광활한 들판에서 왕성하게 자라는 활기차고 짙푸른 식물에 비하면, 원예사의 기술로 표백된 식물 같았다."

벤 존슨[37]은 외친다,—

"아름다운 것은 얼마나 선善에 가까운가!"

그래서 나는 말하고 싶다,—

야생적인 것은 얼마나 선에 가까운가!

생명은 야성野性과 양립한다. 가장 활기찬 것은 가장 야성적인 것이다. 야성은 아직 사람에게 제압되지 않았기에, 그것의 존재가 사람의 원기를 회복한다. 부단히 앞으로 헤치고 나아가며 결코 노동에서 쉬지 않는 사람, 즉 빨리 성장하여 삶에 무한한 노력을 기울이는 사람이라면, 새로운 전원이나 미개지에서 언제나 자신을 발견하고, 생명의 원료에 에워싸이게 될 것이다. 그는 원시림의 방사상放射狀 줄기를 기어오르게 될 터이다.

나의 희망과 미래는 잔디밭과 경작지, 마을과 도시가 아니라, 발을

---

37 Ben Jonson(1572~1637). 영국의 극작가·시인·비평가.

딛고 들어갈 수 없이 출렁거리는 늪지에 있다. 전에 내가 구매하려고 생각한 어떤 농장에 대한 애착을 분석해 보면, 나는 들어갈 수 없기에 깊이를 잴 수 없는 몇 평방 로드의 수렁, 즉 한쪽 구석에 있는 천연 웅덩이의 매력에 그저 이끌렸다는 사실을 자주 발견했다. 그것은 나를 현혹한 보석이었다. 나는 마을의 가꾸어진 정원보다 고향 마을을 에워싼 늪지에서 생존의 양식을 더 많이 얻는다. 지구 표면의 이런 무른 땅을 빽빽이 뒤덮고 있는 난쟁이 마취목andromeda 화단보다 내 눈에 더 값진 정원은 없다. 식물학은 늪지에서 자라는 관목의 이름—하이블루베리high-blueberry, 원뿔 마취목, 램킬lambkill, 진달래, 그리고 철쭉rhodora—들을 알려주는 정도에 그치는데,—모두 출렁거리는 물이끼 속에 서 있다. 나는 내 집의 정면을 이런 칙칙한 붉은색 관목 숲에 접해서 세우고, 화분과 화단, 가분비나무 분재와 자갈 깐 산책로 따위도 생략하고, 지하실을 파면서 퍼낸 모래를 덮으려고 실어 온 몇 수레의 흙이 아니라, 이렇게 비옥한 땅을 내 창문 밑에 두고 싶다는 생각을 자주 한다. 변변찮게 모은 골동품들, 즉 명색만의 자연과 예술품의 뒤가 아니라 이런 늪지의 뒤에 내 집과 응접실을 짓고, 늪지를 내 앞마당이라 일컫지 못할 이유가 있는가? 앞마당이란 목수와 벽돌공이 떠났을 때 깨끗이 치우고 버젓한 모습을 보이고자 하는 노력이다. 그러나 내부 거주자와 똑같이 통행인을 위한 노력이기도 하다. 나에게는 앞마당의 최고로 멋진 울타리가 유쾌한 연구 대상인 적이 없었다. 최고로 정교한 장식들, 도토리캡acorn-tops, 기타 등등은 곧 싫증이 나고 정이 떨어진다. 그러니 당신의 문지방을 (물기 없는 지하실의 최적지는 아닐지라도) 늪의 가장자리 끝으로 당겨서 시민들에게 그쪽에서 접근할 수 없도록 하라. 앞마당은 출입구로 만드는 것이 아니고, 기껏해야, 보이기 위해서 만드는 것이다. 뒷길에서 들어가면 된다.

그렇다, 내가 외고집이라고 생각할 테지만, 일찍이 인간의 예술이 고안한 가장 아름다운 정원을 이웃하고 살 것인지, 아니면 황량한 늪을 이웃하며 살 것인지 제안받는다면, 나는 분명 늪을 선택할 터이다. 그러니 시민들이여, 그대들의 모든 노동이 내가 보기에는 얼마나 헛된 수고인가!

내 정신은 어김없이 바깥쪽의 황량함에 비례해서 상승한다. 나에게는 바다나 사막이나 황야를 주라! 사막에서는 순수한 공기와 고독이 습기와 비옥의 결핍을 벌충한다. 여행가 버튼[38]은 그것에 대해 "당신의 사기가 오른다. 당신은 숨김없고 온화하고, 친절하고 순진해진다. … 사막에서는, 중류주가 구역질을 일으킬 뿐이다. 완전히 동물적인 생존에 강렬한 즐거움이 있다,"고 말한다. 타타르[39] 대초원지대에서 오랫동안 여행한 사람들은 말한다, "개간된 땅에 다시 들어가는 순간, 문명의 동요와 당혹과 소란이 우리를 짓누르고 질식시켰다. 공기가 우리를 저버리는 듯했고, 우리는 매 순간 질식으로 죽을 것 같았다." 기분 전환을 하고 싶을 때, 나는 가장 어두운 숲 또는 가장 걸쭉하고 끝없고, 시민이 보기에, 가장 음침한 늪지를 찾는다. 나는 늪지를 가장 성스러운 곳, 즉 '지성소' sanctum sanctorum로 여기고 들어간다. 대자연의 힘과 골수가 그곳에 있다. 원시림이 처녀지를 덮고 있다. 이와 똑같은 흙은 사람과 나무에 좋다. 인간의 농장이 많은 양의 퇴비가 필요하듯이, 인간의 건강은 내다보이는 많은 에이커의 풀밭이 필요하다. 인간이 먹고사는 건강한 고기가 풀밭에 있다. 시민의 목숨은 그곳의 정의로운 사람들보다는 그 주변의 숲과 늪이 구한다. 위에서는 원시림이 파도치

---

38 Sir Richard Burton(1821~1890). 영국 여행가·작가·학자·군인.
39 Tatary. 서유럽 지리학자들이 중앙아시아와 중국의 서부와 몽골 인근 지역, 만주를 일컫던 명칭이다.

고, 밑에서는 또 다른 숲이 썩고 있는 마을, 그런 마을은 미래 시대를 위해서 옥수수와 감자뿐만 아니라 시인과 철학자를 기르는 데 적합하다. 그런 흙에서 호메로스와 공자와 그 밖의 여러 위인이 자랐고, 그런 황야에서 메뚜기와 천연 꿀을 먹는 개혁가가 나온다.

야생 동물을 보존하는 것은 일반적으로 동물이 살거나 자주 가는 숲의 조성을 의미한다. 인간도 마찬가지이다. 백년 전 인간들은 우리 자신의 숲에서 벗겨낸 나무껍질을 거리에서 팔았다. 그 옛날의 우툴두툴한 나무들의 모습 자체에, 인간의 사고思考 섬유질을 단단히 하고 견고하게 만드는 무두질의 원리가 있다는 게 내 생각이다. 아! 이렇게 비교적 변질한 내 고향 마을을 생각하면, 벌써 몸서리가 쳐진다. 이제는 다량의 좋은 두꺼운 나무껍질을 모을 수도 없고, 타르와 송진도 더 이상 생산하지 않으니 말이다.

그리스, 로마, 영국 등 문명국은 그들의 현재 위치에서 아득한 옛날에 썩은 원시림의 '지력'地力으로 유지되었다. 그들은 지력이 고갈되지 않는 동안 생존하는 것이다. 지력이 고갈되어, 조상들의 뼈로 퇴비를 만들어야 하면, 어느 국가이건 별로 기대할 게 없으니, 슬프지 않은가, 인간의 문화여! 그런 곳에서 시인은 겨우 자기의 쓰고남은 지방으로 생명을 유지하고, 철학자는 자기의 골수 뼈를 모질게 꾸짖지 않는가.

미국인의 과업은 "처녀 흙을 이용하는 것이고," 바로 그런 "농업이 이미 이곳에서 다른 어느 곳에서도 알려지지 않은 몫을 담당하고 있다,"고 한다. 그런 농부는 풀밭을 벌충하고, 자신을 더 튼튼하게 하여, 어느 면에서는 더 정상적인 사람이 되기에, 나는 그가 인디언까지 쫓아낸다고 생각한다. 요전에 나는 어느 사람을 위해 늪을 관통하는 편도 일백삼십 로드 길이의 직선을 측량하고 있었다. 아마도 그 늪 입구에는 단테가 지옥 입구에서 읽었던 말, 즉 "모든 희망을 버려라, 들어가는 그대들이여!"라는 말이 쓰여 있었으리라. 다시 말하면, 다시 나올 생각은 하지 말라는 것이다. 그곳에서 나는 내 고용주가 아직 겨울인데도 그의 재산에 목까지 잠겨서 필사적으로 헤엄치는 것을 실제로 본 적이 있다. 그는 완전히 물에 잠겨있어서 측량이 전혀 불가능한 비슷한 늪을 또 하나 가지고 있었다. 그럼에도, 그는 내가 먼 거리에서 '측량을 해준' 그의 세 번째 늪에 관하여, 그의 본능에 충실하게도, 그 속에 있는 진흙 때문에 그것을 처분하는 것을 전혀 고려하지 않을 것이라고 말했다. 그리고 그 사람은 사십 개월에 걸쳐 삽질의 마법으로 그 전체에 해자를 둘러쳐서, 그것을 복구할 작정이다. 나는 그를 어느 계층의 전형으로 언급할 뿐이다.

우리가 가장 중요한 승리를 획득한 무기들, 즉 아버지에서 아들에게 유산으로 남겨지는 가재家財들은 칼과 창이 아니라, 많은 풀밭의 피로 인해 녹이 슬고, 힘겹게 싸운 많은 들판의 먼지로 인해 더럽혀진, 덤불 낫과 잔디 커터와 삽과 습지용 괭이다. 세상의 바람 자체가 인디언의 옥수수밭에 불어서 목초지로 만들었다. 그리고 그 바람은 인디언이 따라올 재간이 없는 길을 가리켰다. 인디언은 땅을 자기 것으로 만들기 위한 도구로 기껏 조개껍질 정도밖에 없었다. 그러나 농부는 쟁기와 삽으로 무장한다.

문학에서 우리의 흥미를 끄는 것은 길들지 않은 것이다. 따분한 것은 길든 것의 또 다른 이름에 불과하다. 우리를 즐겁게 하는 것은 학교에서 배운 것이 아니라, 『햄릿』과 『일리아드』와 모든 경전과 신화에서 보는 길들지 않고 자유로운 거친 생각이다. 길들지 않은 오리가 길든 오리보다 빠르고 아름답다. 길들지 않은 생각, 즉 청둥오리 같은 생각이 빠르고 아름다운 것은 떨어지는 이슬 가운데서 늪지의 상공을 날기 때문이다. 참으로 좋은 책은 서쪽의 대초원이나 동쪽의 정글에서 발견되는 야생화처럼 천연적이며, 의외로 그리고 설명할 수 없을 만큼 곱고 순수한 어떤 것이다. 천재는 어둠을 밝게 만들거나, 번개의 섬광처럼, 어쩌면 지식의 사원 자체를 산산이 부수는 빛이다. 그것은 인간이 난롯가에 밝힌 연약한 촛불, 즉 평범한 날의 빛 앞에 서면 창백해지는 빛이 아니다.

오늘의 영문학은 음유시인들의 시절부터 초서와 스펜서와 밀턴과 셰익스피어까지 포함하는 호반 시인들에 이르기까지의 아주 신선하고, 또 이런 점에서 길들지 않은 선율을 호흡하지 않는다. 영문학은 본질적으로 길들고 개화된 문학이어서. 그리스와 로마의 반사에 그친다. 이제 영문학의 황야는 푸른 숲이고, 영문학의 길들지 않은 인간은 로빈 후드[40]이다. 영문학은 자연에 우호적인 사랑은 풍부하지만, 자연 자체는 그리 풍부하지 않다. 영문학사는 언제 야생 동물이 멸종되었는지가 아니라 언제 길들지 않은 인간이 사라지게 되었는지를 우리에게 알린다.

훔볼트[41]의 과학은 과학이고, 시는 시다. 과학의 발견과 인류의 축적된 지식에도 불구하고, 오늘의 시는 호메로스를 능가하지 못한다.

자연을 표현하는 문학은 어디에 있는가? 바람과 시냇물을 설득하고 고용하여, 자기 대리인으로 말하게 할 수 있는 사람, 봄에 농부가 서리에 솟아오른 말뚝을 처박듯이, 바람과 시냇물의 원초적 감각에 단어의 못을 박는 사람이 시인이 될 것이다. 사용하는 것만큼이나 자주 땅에서 단어들을 뽑아내서, 뿌리에 붙은 흙 그대로 자신의 글에 이식하는 사람이 시인이 될 것이다. 그의 단어들은 아주 참되고 신선하며 천연적이어

---

40 Robin Hood. 잉글랜드 민담에서 60여 명의 호걸들과 함께 불의한 권력에 맞서 가난한 이를 돕는 의적으로 묘사되는 가공의 인물이다.
41 Alexander von Humboldt(1769~1859). 근대 지리학의 창시자.

서 비록 곰팡이 낀 두 개의 책갈피 사이에서 반쯤 질식한 상태로 도서관에 누워있더라도, 봄이 다가옴에 따라 부푸는 꽃봉오리처럼 보일 것이다. 그래, 그것들은 그곳에서 충실한 독자를 위해 주변의 자연과 동조하여 해마다 그들 나름의 꽃을 피우고 열매를 맺을 것이다.

나는 길들지 않은 것에 대한 이런 열망을 적절하게 표현한 인용할 만한 시를 전혀 알지 못한다. 이런 측면에서 접근하면, 최고의 시란 것은 고작 길들인 것이다. 고대건 현대건 어느 문학에서도, 나도 알고 있는 그런 자연에 대하여 나를 만족시키는 어떤 기술記述도 발견할 시를 알지 못한다. 여러분은 내가 아우구스투스 시대도 엘리자베스 시대도, 요컨대 어떤 '문화'도 줄 수 없는 그 무엇을 요구한다는 것을 눈치챌 것이다. 다른 어떤 것보다 신화가 그것에 가장 근접한다. 그리스 신화는 영문학에서보다 적어도 얼마나 더 비옥한 자연에 그 뿌리를 박고 있는가! 신화는 구세계의 지력이 고갈되기 전, 즉 마름병에 걸리기 전에, 공상과 상상이 거둔 수확이다. 그리고 신화는 본래의 활력이 줄지 않은 곳이면 어디서나 여전히 열매를 맺는다. 다른 모든 문학은 겨우 우리 집에 그늘을 제공하는 느릅나무로 지속한다. 그러나 신화는 서인도제도의 큰 용혈수龍血樹처럼 인류와 나이가 같으며, 문학이 지속하거나 말거나, 인류만큼 오래오래 지속할 것이니, 다른 문학의 쇠퇴가 신화가 번성하는 흙을 만들기 때문이다.

서쪽은 동쪽의 우화들에 자신의 그것들을 더하려고 준비 중이다. 갠지스, 나일, 그리고 라인강의 계곡들은 작물을 생산했다. 그러니 서쪽의 아마존, 라플라타Plate, 오리노코Orinoco, 세인트로렌스St. Lawrence, 미시시피강이 무엇을 생산할지 두고 볼 일이다. 아마도 세월이 흐르면서 미국의 자유가 과거의 허구가 되면, 세계의 시인들은 미국의 신화에 영감을 받을 것이다. 사실 미국의 자유는 어느 정도는 현재의 허구이다.

　야성적인 인간들의 가장 거친 꿈들은 오늘의 영국인과 미국인의 가장 일반적인 상식에는 마음에 들지 않을 테지만, 그렇다고 그만큼 덜 진실한 것은 아니다. 모든 진리가 상식의 마음에 드는 것은 아니다. 자연에는 양배추를 위한 곳은 물론 야생 클레마티스를 위한 곳도 있다. 진리의 표현 중 일부는 회고적이고, 다른 것들은 말 그대로 그저 '감각적인' 것이며, 그 밖의 것들은 예언적이다. 병의 일부 형태까지도 건강의 형태를 예언할 수 있다. 지질학자가 발견한 것은 뱀, 그리핀griffin, 나르는 용, 기타 문장紋章에 쓰이는 상징象徵들은 그 원형이 인간이 창조되기 이전에 멸종된 화석 생물의 형태에 있고, 따라서 "과거의 생물 상태에 관한 어렴풋하고 아련한 지식을 암시한다,"는 사실이다. 힌두들은 지구는 코끼리 등에 얹혀있고, 코끼리는 거북이 등에 얹혀있고, 거북이는 뱀 등에 얹혀있다고 상상했다. 최근에 코끼리를 떠받치기에 충분할 만큼 큰 거북이 화석이 아시아에서 발견되었다는 것은 대수롭지 않은 일치겠지만, 여기서 언급하는 것이 부적절하지는 않을 것이다. 나는 사실 시간과 발달의 질서를 초월하는 이러한 무모한 공상들을 아주 좋아한다. 공상은 지성의 가장 숭고한 오락이다. 자고새는 완두콩을 사랑하지만, 자신과 함께 냄비에 들어가는 완두콩을 좋아하지는 않는다.

　요컨대, 좋은 것들은 모두 분방하고 자유롭다. 악기로 연주하건 인간의 목소리로 노래하건, 음악의 선율에는 무엇인가가 있다. 예컨대, 여름밤의 나팔 소리를 보라. 진심으로 말하거니와, 그 거친 소리는 야생의 짐승들이 그들의 고향 숲에서 내지르는 울음소리를 연상시킨다. 그것은 내가 이해할 수 있는 아주 대단한 야성野性이다. 길들인 사람들이 아니라 야성적인 사람들을 내 친구와 이웃으로 주라. 미개인의 야성은 선량한 사람들과 선량한 연인들이 서로 만나는 장엄한 야성의 아련한 상징일 뿐이다.

나는 가축까지도 타고난 권리를 재확인하는 것을 보고 싶다. 본래의 야성적인 습관과 활력을 모두 잃지는 않았다는 어떤 증거라도 보고 싶다는 말이다. 내 이웃의 암소가 이른 봄에 목장에서 탈출하여, 눈이 녹아서 물이 불어난, 차고 음산한 25~30로드 너비의 강을 대담하게 헤엄칠 때처럼 말이다. 그것은 미시시피강을 건너는 물소의 모습 아닌가. 내 눈에는 이런 위업이 그 무리에 모종의 존엄성을 부여하고, 그래서 그들은 이미 존엄하다. 소와 말의 두꺼운 가죽 밑에는 땅 밑의 씨앗처럼 본능의 씨가 무기한 보존되어 있다.

소가 혹시라도 장난치며 논다면, 그것은 예기치 못한 것이다. 어느 날 열두어 마리의 수소와 암소가 무리를 지어서 거대한 쥐처럼, 아니 새끼 고양이처럼, 이리저리 마구 달리며 뛰노는 것을 보았다. 그들은 머리를 흔들며 꼬리를 치켜들고 언덕을 힘차게 오르내렸다. 나는 그들의 행동뿐만 아니라 뿔을 보고 소와 사슴족과의 관계를 알게 되었다. 그러나 슬프다! 누군가가 갑자기 "와!"라고 외치면, 소들은 열정이 뚝 떨어지고, 사슴고기에서 소고기로 강등되면서, 옆구리와 근육이 기관차처럼 경직될 것이다. '악마' 이외의 누가 인류에게 "와!"라고 외쳤는가? 실로, 소의 일생은 많은 인간의 그것처럼 일종의 기관차에 불과하다. 소는 한 번에 한 비탈씩 이동한다. 그리고 인간은 시스템에 따라 말과 황소와 타협한다. 채찍이 어느 부위를 치건, 말과 황소는 그 후로 굳어버린다. 우리가 소고기의 '허구리 살'에 대해 말할 때, 그 누가 유연한 고양이 족속의 '허구리 살'을 생각하겠는가?

말과 수송아지는 길들이지 않으면 인간의 노예가 될 수 없고, 파종할 야생 귀리가 아직 남아 있으면, 인간 자신은 고분고분한 사회 구성원이 되지는 않는다는 게, 나는 기쁘다. 모든 사람이 문명에 똑같이 적합한 주체는 아닌 것이 분명하다. 다수는 개와 양처럼 유전된 성향에 의해 길이 들여진다. 그러나 이것이 다른 동물도 같은 수준으로 강등되도록 그들의 천성이 파괴되어야 할 이유는 아니다. 인간은 대개 비슷하지만, 가지각색이 될 수 있도록 제각각으로 창조되었다. 낮은 용도에 쓰인다면, 한 인간은 또 다른 인간과 거의 또는 완전히 마찬가지로 쓸 만할 것이다. 높은 용도라면, 개인적 우수성이 고려될 것이다. 누구나 바람을 막기 위해 구멍을 막을 수는 있지만, 아래와 같은 말씀을 전한 분처럼 드물게 보는 유용성은 아무나 보일 수 없을 것이다. 공자는 "호랑이와 표범의 피부도 무두질하면, 무두질 한 개와 양의 피부와 같다,"고 말한다. 그러나 호랑이를 길들이는 것은 진정한 문화의 일부가 아닌 것처럼 양을 사납게 만드는 것도 문화의 일부가 아니다. 그리고 구두를 만들기 위해 그들의 피부를 무두질하는 것은 그것들이 쓰일 수 있는 최선의 용도가 아니다.

군사 장교 또는 특별한 주제에 대해 글을 쓴 저자들의 외국어 성명 목록을 대충 보면, 이름에 아무런 의미도 없다는 것을 다시 한번 떠올린다. 예컨대, '멘시코프'Menschikoff라는 이름은 내 귀에는 '구레나룻'whisker이라는 단어처럼 별다른 사람의 이름으로 들리지 않는다. 쥐의 이름이라고 해도 좋을 것이다. 폴란드인과 러시아인의 이름이 우리에게 그렇듯이, 그들에게는 우리의 이름도 무의미할 것이다. 그들의 이름은 어린이의 횡설수설, 즉 '이에리-위에리 이처리 밴, 티틀-톨-탠'Ivery wiery ichery van, tittle-tol-tan을 본떠서 지은듯하다. 떼 지어 땅을 누비는 야생 동물들의 모습을 마음속에 그려보면, 목동은 각각의 동물에게 그의 방언에서 쓰이는 야만적인 소리를 본떠서 이름을 붙여줬다.

물론, 사람의 이름도 개들의 이름인 '보세'Bose나 '트레이'Tray처럼 시시하고 무의미하다.

생각건대, 인간을 알려진 그대로, 뭉뚱그려 명명命名한다면, 철학에는 다소 이익이 될 것이다. 개인을 알기 위해서는, 그저 그의 속屬과 어쩌면 종種이나 변종變種을 알면 될 터이다. 우리가 로마 군대에서 모든 병졸이 고유한 이름을 가졌다고 선뜻 믿지 않기는, 그가 그 자신의 특성을 가졌다고 생각하지 않기 때문이다. 현재로서는 우리의 별명이 진짜 이름이다. 두드러진 힘 때문에, 놀이 친구들이 '돌주먹'Buster이라고 부르는 소년이 있었다. 당연히 그의 별명이 그의 세례명을 밀어냈다. 어떤 여행가들에 의하면 인디언의 이름은 처음에 주어지는 게 아니라, 획득하는 것이라고 한다. 그의 이름이 곧 명예이며, 어떤 종족에서는 새로운 공을 세울 때마다 새로운 이름을 얻었다고 한다. 이름도 명성도 획득하지 못한 사람이 순전히 편의상 이름을 갖는다는 것은 딱한 일이다.

나는 이름만으로 사람을 구분하지 않고, 이름 대신 무리로 사람을 볼 것이다. 어떤 사람이 친근한 이름을 가졌다고 해서 내게 덜 낯선 사람일 수는 없다. 숲속에서 획득한 사나운 이름을 은근슬쩍 보유한 미개인에게도 친근한 이름을 붙여줄 수 있다. 우리는 몸속에 야성적인 미개인이 있고, 어쩌면 우리의 어딘가에는 미개인의 이름이 우리 것으로 기록되어 있을 터이다. 나는 '윌리엄'William이나 '에드윈'Edwin 같은 친근한 별칭을 가진 내 이웃이 재킷을 벗으면서 그 이름까지 벗는 것을 본다. 그가 잠을 자거나 화가 치밀거나, 또는 어떤 열정이나 영감에 자극되면, 그의 친근한 이름은 그와 어울리지 않는다. 그럴 때면 그의 어떤 친족은, 볼이 메거나 음악적인 말씨로, 그를 본래의 야성적인 이름으로 호칭하는 소리가 내 귀에 들리는 듯하다.

이곳에는 이처럼 광대하고, 야만적이고, 울부짖는 우리의 어머니, 즉 '대자연'Nature이, 표범과 같은 '아름다움'과 '자식 사랑'을 지니고 두루 퍼져 있다. 그런데도 우리는 너무 일찍 그녀의 가슴을 저버리고 사회로, 즉 인간과 인간이 상호 간 배타적으로 작용하는 문화로 편입했다. 그것은 일종의 근친 번식으로서, 기껏해야 영국의 귀족, 즉 빠르게 한계에 부딪히는 숙명을 가진 문명을 낳는다.

사회, 즉 인간들의 최고 제도에서는, 어떤 조숙早熟을 발견하기 쉽다. 아직 자라나는 '아이'여야 할 때, 벌써 작은 '어른'이 된다. 화학 비료와 개선된 기구와 문화적 유행에만 의존하는 문화가 아니라, 차라리 풀밭에서 많은 퇴비를 가져와서 흙을 비옥하게 하는 문화를 나에게 주어라!

안질에 시달리는 많은 학생이 밤늦게까지 앉아 있는 대신에 정직한 바보처럼 일찍 자면, 지적으로나 육체적으로나 더 빨리 자란다고 들었다.

유익한 빛도 과잉일 수 있다. 프랑스인 니에프스[42]는 "화학선작용," 즉 화학적 효과를 일으키는 광선의 힘을 발견했다. 화강암과 석조건물과 금속 조상彫像들은 "일조 시간 중에는 모두 똑같이 파괴적 영향을 받아서, 만약 못지않게 불가사의한 자연의 준비가 없다면, 그것들은 우주의 작용 중에서도 가장 희미한 것이 살짝 건드려도 곧 사라질 것이다." 그러나 그는 "일조 시간 중에 이런 변화를 겪는 사물들은 이런 자극이 더 이상 영향을 주지 않는 밤의 시간 중에는 본래의 상태로 회복하는 능력을 소유했다,"고 밝혔다. 그러므로 "우리가 알기에 밤과 잠이 유기체의 왕국에 필수적인 것만큼이나, 무기적인 사물에도 어둠

---

42 Joseph Nicéphore Niépc(1795~1833). 프랑스의 발명가, 사진가이다. 특히 사진술의 선구자로, 세계 최초의 사진을 찍은 것으로 유명하다.

의 시간이 필수적이다."라고 추정했다. 달까지도 매일 밤 빛나는 게 아니라 어둠에 자리를 양보하지 않는가 말이다.

나는 모든 사람 또는 어떤 사람의 모든 부분이 양식養殖되기를 바라지 않는다. 마찬가지로 지구의 모든 땅이 경작되기를 바라지 않는다. 땅의 일부는 개간지가 될 것이나, 더 많은 부분은 풀밭과 숲이 되어서 즉각적인 용도에 쓰일 뿐만 아니라, 그것이 부양하는 식물이 해마다 썩어서 먼 장래에 대비하는 토양을 준비하기를 바란다.

카드모스[43]가 고안한 알파벳 말고 어린이가 배울 다른 글자들이 있다. 스페인 사람들은 이런 거칠고 어스레한 지식을 '황갈색 문법'Gramatica parda이라는 좋은 용어로 표현한다. 이것은 앞에서 언급한 '표범'에서 유래한 타고난 지혜와 같은 것이다.

'유익한 지식의 전파를 위한 협회'라는 게 있다고 들었다. '아는 것이 힘'이라는 등등의 말도 있다. 나는 똑같이 '유익한 무지의 전파를 위한 협회'가 필요하다고 생각한다. 우리는 '유익한 무지'를 '아름다운 지식'이라 부를 터이니, 더 높은 의미의 지식을 말한다. 우리가 소위 '지식'이라고 뽐내는 것의 대부분은 무엇인가를 안다는 '자만'自慢이 아니고 무엇이겠는가? 그런 자만은 우리의 실제적 무지의 이점을 빼앗지 않는가? 이른바 지식은 흔히 우리의 긍정적 무지이고, 무지는 우리의 부정적 지식이다. 인내심 있는 어떤 사람이 오랫동안 신문을 부지런히 읽어서—과학 자료들이라는 게 신문 파일이 아니고 무엇인가?— 무수한 사실을 모으고, 그것들을 기억에 저장하고, 그다음 인생의 어느 봄에 생각의 대평원에서 산책한다면, 그는 말하자면 모든 마구를 마구간에

---

43 Cadmus. 그리스 신화에 나오는 영웅. 알파벳을 그리스에 전하였으며 테베를 건설하였다고 한다.

놓고 풀을 먹으러 가는 말과 같다 할 것이다. 나는 때때로 '유익한 지식의 전파를 위한 협회'에 풀을 먹으러 가라고 말하고 싶다. 당신은 충분히 오래 건초를 먹었다. 봄은 푸른 곡물과 함께 온다. 암소까지도 5월 말 이전에 시골 목장으로 이동한다. 암소를 축사에 가두고 일 년 내내 건초를 먹이는 이상한 농부 이야기를 들었다. 흔히, '유익한 지식의 전파를 위한 협회'도 자기의 가축을 건초만 먹여 기른다.

인간의 무지는 때때로 유익할 뿐만 아니라 아름답다. 이른바 인간의 지식은 왕왕 추할 뿐만 아니라 없느니만 못하다. 어떤 주제에 대해 아무것도 모르는 사람, 아주 드물게도 아무것도 모른다는 것을 아는 사람, 그리고 그것에 대해 실제로 무엇인가를 알지만 모르는 게 없다고 생각하는 사람 중, 어느 쪽이 최고인 사람인가?

나의 지식욕은 간헐적이다. 그러나 내 발이 모르는 미지의 대기에 내 머리를 목욕시키고 싶은 욕망은 사시사철 끊이지 않고 변치 않는다. 우리가 다다를 수 있는 최고봉은 '지식'이 아니라 '지성과의 공감'이다. 이와 같은 '더 높은 지식'이 우리가 이전에 지식이라고 불렀던 모든 게 불충분하다는 사실을 불현듯 깨닫고, 신기하고 숭고한 놀람 이상의 확실한 '무엇'something에 다다르는지는 모르겠다. 다시 말해, 우리의 철학에서 꿈꾼 것보다 더 많은 것이 하늘과 지구에 있다는 것을 발견하는 것인지는 모르겠다. '더 높은 지식'은 태양에 의해 안개가 걷히는 것이다. 인간이 이보다 더 높은 정도까지 '알 수' 없기는 태양의 정면에서 차분하게 그리고 무사히 볼 수 없는 것과 같다. "인간은 어느 구체적 사물을 감지하는 것처럼, '더 높은 지식'을 감지하지는 못할 것이다,"라고 칼데아 신탁[44]은 말한다.

---

44   Chaldean Oracles. 기원 3~6세기 신플라톤주의 철학자들이 널리 사용했던 일련의

우리가 따를 법칙을 희구하는 습관에는 비굴한 무엇이 있다. 우리는 편리한 때에 편의를 위해서 물질의 여러 법칙을 공부할 테지만, 성공적인 삶은 아무런 법칙도 모른다. 우리가 매어있다는 사실을 이전에는 알지 못했던 판국에, 우리를 얽매는 법칙이 있다는 사실을 발견하는 것은 분명 불행한 발견이다. 안개의 자녀여, 자유롭게 살지니, 우리는 지식에 관하여 모두 안개의 자녀들이다. 자유롭게 사는 사람은, 입법자와의 관계 덕분에, 모든 법칙보다 우위에 있다. 『비슈누 푸라나』[45]는 "그것[자유롭게 사는 것]은 우리의 속박에 반대하는 능동적 의무이다. 그것은 우리의 해방을 찬성하는 지식이다. 다른 모든 의무는 피로疲勞에 이바지할 뿐이고, 다른 모든 지식은 예술가의 영리함에 불과하다," 라고 말한다.

*

우리 역사에서 사건과 위기가 얼마나 적으며, 마음의 훈련을 얼마나 적게 받으며, 얼마나 적은 경험을 하는지 놀랄만하다. 내 성장 자체가 이런 따분한 운명의 감수를 방해하지만, 나는 내가 빨리 그리고 무성하게 성장할 것이라고 선뜻 확신하고 싶다. 비록 그 성장이 길고, 어둡고, 무더운 밤 또는 우울한 계절을 헤치며 싸우는 것일지라도 말이다. 이처럼 우리의 모든 삶이 시시한 희극喜劇이나 소극笑劇이 아니라, 차라리 거룩한 비극이라면 좋을 것이다. 단테, 버니언[46] 등등의 작가들은 우리

영적·철학적 텍스트이다.
45 *Vishnu Purana*. 힌두교 경전 중 가장 중요한 경전이다.
46 John Bunyan(1628~1688). 영국의 설교사, 『천로역정』*The Pilgrim's Progress*의 저자.

보다 마음의 훈련을 더 많이 받은 것 같다. 그들은 우리의 지역 학교와 대학들이 깊이 생각하지 않는 종류의 문화를 따랐던 사람들이었다. 많은 사람이 그 이름을 듣고는 비명을 지르겠지만, 마호메트도 살아야 할 목적, 아니, 죽어야 할 목적을 보통 사람들보다 훨씬 더 많이 가졌다.

아주 이따금, 아마도 어떤 사람이 철로를 걷고 있을 때, 어떤 생각이 떠오르면, 그때는 실로 지나가는 열차 소리가 그의 귀에 들리지 않을 것이다. 그러나 곧, 어떤 무정한 법칙에 따라, 우리의 삶은 계속되고, 열차 소리도 돌아온다.

> "격정의 루아르강[47] 주변에서 눈에 띄지 않고
> 유랑하며, 엉겅퀴를 구부리는 산들바람이여,
> 바람 부는 계곡의 나그네여,
> 어찌하여 그대들은 내 귀를 그리 빨리 떠났느뇨?"[48]

거의 모든 사람은 사회로 끌어당기는 어떤 유혹을 느끼는 한편, 자연의 매력에 강하게 끌리는 사람은 별로 없다. 내가 보기에 인간은, 온갖 기술에도 불구하고, 자연과의 관계에서 대부분 동물보다 낮다. 인간과 자연과의 관계는 흔히 동물의 경우처럼 아름답지 않다. 아름다운 풍경에 대한 우리 인간의 감상이 얼마나 미약한가! 우리는 그리스인들이 세계를 미美 또는 질서秩序라고 불렀다는 것을 배웠을 것이다. 그러나 왜 그렇게 불렀는지 분명히 이해하지 못하고, 기껏해야 진기한 철학적 사실로만 존중한다.

---

47 Loira. 프랑스에서 가장 긴 강으로 길이는 1,012 km이다. 프랑스 평원을 가로질러 비스케이 만Bay of Biscay으로 흘러든다.
48 스코틀랜드의 전설적 시인 오시안Ossian의 시 "Ca-Lodin"에서.

나의 경우, 나는 가끔 그리고 일시적으로 진입하는 세계의 경계선에서, 일종의 '경계선의 삶'을 산다고 느낀다. 그러니 그 영내로 다시 후퇴하는 듯 보이는 국가에 대한 나의 애국심과 충성심은 산적山賊의 그것들이다. 내가 말하는 자연 친화적인 삶이라면, 나는 도깨비불에 홀려서, 상상할 수도 없는 습지와 늪지대라도 기꺼이 누비고 싶다. 그러나 그곳으로 가는 길을 보여주는 달도 개똥벌레도 없었다. 대자연은 아주 방대하고 보편적인 '인격'人格이기에 우리는 그녀의 모습 중에서 하나도 본 적이 없다. 나의 고향 마을 주변에 펼쳐진 낯익은 들판을 산책하는 사람은 그 소유주의 권리증에 기술되지 않은 또 다른 땅, 말하자면 현실적인 콩코드에 접한 경계선에 있기에, 콩코드의 재판권이 정지되고, 콩코드라는 단어가 함축하는 개념이 더 이상 존재하지 않는, 어떤 아득한 들판에 서 있는 듯한 자신을 발견할 것이다. 나 자신이 측량한 이런 농장들, 내가 설정한 이런 경계선들은 안개 속에서처럼 여전히 희미하게 보일 뿐이고, 그것들은 화학적으로 응고되지 않는다. 그러기에 그것들은 렌즈의 표면에서 아련히 사라지고, 그 밑에서 도장공이 색칠한 그림이 희미하게 눈에 들어온다. 우리가 상례로 알고 있는 세계는 어떤 흔적도 남기지 않고, 따라서 연례 기념일도 없을 것이다.

나는 요전 날 오후 스폴딩Spaulding 농장에서 산책했다. 지는 해가 당당한 소나무 숲 맞은편을 환하게 밝히고 있었다. 금빛 햇빛이 숭고한 저택으로 깊이 스며들듯이 숲의 측랑側廊 깊숙이 스며들었다. 아주 훌륭하고 빛나는 고대의 어떤 가족, 즉 태양이 하인이었으며, 마을에서 나들이한 적도 없으며, 누구의 방문도 받은 적이 없는 가족이 콩코드라고 불리는 땅 중에서, 나도 모르는 어떤 부분에 정착한 것 같다는 인상을 받았다. 숲을 지나 저 너머 스폴딩의 덩굴 월귤 초원에 그 가족의 공원과 유원지가 보였다. 소나무들은 자라면서 그 가족들에게 박공벽을 제공했다. 그들의 집은 눈에 뚜렷하지 않았다. 그들의 집 전체에 나무들이 자랐다. 억눌린 환희의 소리가 내 귀에 들렸는지 어떤지는 모른다. 그들은 햇살에 기대고 있는 듯했다. 그들은 여러 아들과 딸이 있다. 그들은 아주 건강하다. 때때로 반사된 하늘 곳곳에 어느 물웅덩이의 진흙 바닥이 보이는 것으로 보아,—그들의 저택을 관통하는 농부의 달구지 길은 그들에게 조금도 불편하지 않다. 그들은 소유주 스폴딩의 소문을 들어본 적도 없고, 그가 그들의 이웃인지도 모른다,—그럼에도 내 귀에는 스폴딩이 말과 수레를 집으로 몰고 가면서 휘파람을 부는 소리가 들렸다. 그 옛 가족의 평온한 삶에 필적할 수 있는 것은 아무것도 없다. 그들의 문장紋章은 이끼일 뿐이다. 나는 그 문장이 소나무와 참나무에 그려진 것을 보았다. 그들의 다락방은 나무 꼭대기에 있었다. 그들은 정치적이지 않다. 그곳에는 노동의 소음이 없다. 나는 그들이 직물을 짜거나 실을 잣고 있다는 것을 지각하지 못했다. 그러나 바람이 잦아들고 조용해지면서, 상상하기에 가장 곱고 음악적인 콧소리를 감지했다. 멀리서 들리는 5월의 꿀벌 소리 같았는데, 아마도 그들이 생각하는 소리일 것이다. 그들은 헛된 생각을 가지지 않았으며, 외부인은 아무도 그들이 작업하는 것을 볼 수 없었으니, 그들의 근면은 혹과 군살이 전혀 없었기 때문이다.

그러나 나는 그 옛 가족을 기억하기가 어렵다는 것을 발견한다. 지금 내가 말하면서 그들을 상기하려고 노력하는 동안에도, 그들은 내 마음에서 돌이킬 수 없이 사라진다. 내 최고의 생각들을 회상하려고 오래 그리고 진지하게 노력한 후에, 나는 겨우 그들이 나와 동거한다는 사실을 재인식하게 된다. 이와 같은 가족이 없다면, 나는 콩코드를 떠나야 한다고 생각한다.

우리는 뉴잉글랜드를 찾아오는 비둘기 숫자가 매년 점점 준다고 일상적으로 말한다. 우리의 숲이 그들에게 먹이를 제공하지 않기 때문이다. 그러므로 성장하는 각각의 사람을 찾아오는 생각의 숫자도 해가 갈수록 줄어드는 듯하다. 우리 마음속의 작은 숲도 불필요한 야심의 정열에 팔렸거나, 제재소로 보내져서 생각들이 앉을 나뭇가지가 거의 남지 않을 정도로, 황폐했기 때문이다. 생각들은 더 이상 우리와 함께 둥지를 틀거나 새끼를 낳지 않는다. 더 쾌적한 계절, 즉 봄이나 가을에 이동할 때가 되면, 아마도 어떤 생각의 '날개들'이 던지는 희미한 그림자가 마음의 풍경을 휙 지나갈 것이지만, 올려다보면 생각 자체의 실체를 감지할 수 없다. 날개 단 우리의 생각들이 새 아닌 가금家禽으로 변했기 때문이다. 그것들은 더 이상 하늘로 비상하지 못하고, 겨우 상하이 및 코친-차이나[49]의 장엄莊嚴에 다다를 뿐이다. 우리가 듣는 것은 예의 동양의 '위대한 사상,' 예의 '위대한 사람들' 아닌가!

우리는 지구를 꼭 껴안는다. 우리는 얼마나 드물게 지구를 오르는가! 나는 우리 자신을 조금 더 높이 올릴 수 있다고 생각한다. 우리는 적어도 나무에 오를 수 있다. 나는 나무를 오르면서 나의 수지收支를 맞춰본 적이 있다. 내가 오른 것은 언덕 꼭대기의 키 큰 백송이었다. 송진이 덕지덕지했지만, 나는 충분한 보상을 받았다. 전에 본 적이 없는 새로운 산들을 지평선에서 발견했기 때문이다. 지구와 하늘을 훨씬 더 많이 발견한 것이다. 나무의 발치 주변을 40여 년 걸었겠지만, 분명 이제껏 본 적이 없는 백송들이었다. 그러나, 무엇보다, 나는 내 주변에

---

49 Cochin-China. 프랑스령 인도차이나에서 베트남 남부의 사이공을 중심으로 한 남부지역을 지칭한다.

서—때는 6월 말 무렵이었다—겨우 꼭대기 가지 끝에서, 몇 개의 작고 우아한 원뿔 모양의 꽃, 즉 하늘을 쳐다보는 백송의 수정된 꽃을 발견한 것이었다. 나는 나무 꼭대기의 원뿔 꽃을 곧장 마을로 가져가서, 거리를 걷는 낯선—그때가 재판 주간이었다—배심원과 농부와 목재상과 벌목꾼과 사냥꾼에게 보여주었는데, 전에 그런 것을 본 사람은 아무도 없었다. 그들은 떨어진 별을 보듯이 신기해했다. 원주圓柱의 더 낮고 눈에 더 잘 보이는 부분에서와 똑같이 원주 꼭대기 작업을 완전하게 마무리하는 고대 건축가들의 이야기를 들려줘라! 대자연은 처음부터 숲의 작은 꽃을 오로지 하늘을 향해서, 인간들의 머리 위로 보이지 않게 부풀렸다. 우리는 풀밭에서 발밑의 꽃만 본다. 소나무들은 오랫동안 매년 여름 자연의 흰 자녀들은 물론 붉은 자녀들의 머리 위에서, 즉 숲의 맨 꼭대기 가지에서, 우아한 꽃들을 피웠다. 그러나 아직 그 땅의 어느 농부나 사냥꾼도 그런 꽃을 본 적이 거의 없다.

무엇보다, 우리는 현재에 살지 않을 수 있는 여유가 없다. 지나는 인생의 한순간도 과거를 기억하느라 잃지 않는 사람은 누구보다 축복받은 사람이다. 그러니 우리의 철학이 지평선 내의 모든 헛간의 앞마당에서 우는 수탉의 소리를 듣지 않는다면, 그것은 시대에 뒤진 철학이다. 그 소리는 일반적으로 우리가 직업과 생각의 습관에서 점점 녹슬고 시대에 뒤지고 있다는 사실을 상기시킨다. 수탉의 철학은 우리의 철학보다 더 최근까지 내려온다. 수탉의 철학은 최신의 신약新約인 '무엇'을 암시하나니, 이 순간에 일치하는 복음이다. 수탉은 후진하지 않았다. 그는 일찍 일어났고, 깨어있고, 때맞춰 제 자리에 있기 위해서, 시간의 맨 앞줄에 있다. 그것은 자연의 건강과 건전의 표현이자, 모든 세계를 대신한 자랑이다. 그것은 활짝 핀 봄과 같은 왕성한 기운이자, 시신들

Muses의 새로운 분수로서, 시간의 이 마지막 순간을 찬양한다. 수탉이 사는 곳에서는 도망노예법이 통과되지 않는다. 수탉의 저 울음소리를 마지막 들은 이후 누가 자기의 주인을 여러 번 배신하지 않았겠는가?

수탉의 노래가 가진 장점은 온갖 애수로부터의 해방에 있다. 가수는 우리를 울게 할 수도 있고 웃게 할 수도 있으나, 아침의 순수한 기쁨을 우리에게 일깨우는 가수는 어디에 있는가? 어느 일요일에, 또는 어쩌면 상갓집을 지키면서, 슬픈 우울 속에서, 포장된 보도의 끔찍한 고요를 깨고, 멀리서 또는 가까이서 들려오는 수탉의 울음소리를 듣고, 나는 "어쨌든, 저기 우리 가운데 건강한 자가 하나 있구나,"라고 혼자 생각하고는, 복받치듯 갑자기 정신을 가다듬는다.

우리는 지난 11월 어느 날 놀랄만한 해넘이를 경험했다. 나는 초원을 걷고 있었다. 작은 시냇물의 발원지였다. 춥고 우중충한 하루가 지나고, 마침내 해넘이 직전이었고, 태양은 지평선의 맑은 층에 당도했다. 아주 부드럽고 밝은 희망의 햇살이 마른풀과 맞은편 지평선의 나무줄기와 언덕배기의 관목 참나무 잎에 쏟아졌다. 우리가 햇살 속의 티끌에 불과한 듯, 우리의 그림자가 동쪽 초원 위로 길게 뻗었다. 잠시 전에는 상상할 수도 없었던 빛이었다. 공기 또한 아주 따뜻하고 잔잔해서 초원을 천국으로 만드는데 부족한 게 전혀 없었다. 우리는 이것은 다시 일어나지 않을, 단 하나의 현상이 아니라, 영원히 계속해서 수없이 많은 저녁에 발생할 것이고, 그곳을 걷는 마지막 아이를 기쁘게 하고 기운을 돋우리라는 생각에 미치자, 그 빛은 더욱 영광스러웠다.

해는 집이 보이지 않는, 어느 한적한 초원에 진다. 도시들에 헛되이 쏟는 후광과 광채가 여기서는 눈에 보인다. 어쩌면 전에 진 적이 없는 곳에서 지는 셈이다. 습지의 외로운 매 한 마리가 햇빛에 날개를 도금하거나, 겨우 사향뒤쥐 한 마리가 오두막을 내다보는 곳이다. 늪 한복판에서 방금 굽이져 흐르기 시작한 검은 핏줄의 작은 시냇물이 썩어가는 그루터기를 감돌아 구불구불 느릿하게 흐른다. 우리는 매우 맑고 밝은 빛 속에서 걸었다. 시든 풀과 잎을 너무나 부드럽고도 평온하게 금빛으로 물들이고 있었다. 잔물결이나 졸졸거리는 소리도 없이 금빛만이 넘쳐흐르는 물속에서 목욕한 적은 없었다는 생각이 들었다. 모든 숲의 서쪽 가장자리와 지평선에 떠오르는 땅이 극락의 경계선처럼 빛났고, 등 뒤의 태양은 저녁에 우리를 집으로 조용히 인도하는 목자처럼 보였다.

그렇게 성지를 향하여 거닐다 보면, 어느 날 해가 전에 없이 밝게 빛날 터이고, 그 빛이 우리의 마음과 가슴에 스며들어서, 가을의 강기슭에 쏟아지는 햇살처럼 따뜻하고 평온하고 황금빛으로, 우리의 잠을 활짝 깨우고, 우리의 모든 삶을 밝게 비출 터이다.

II

인간과 사회

1. 시민 불복종
Civil Disobedience

옮긴이의 말

「시민 불복종」은 소로의 『월든』 *Walden*에 내재하는 민주 사상을 구체화한 글이지만 반세기 이상 큰 주목을 받지 못했다. 소로는 정부가 편의주의나 다수의 압력에 호응하여 개인의 양심을 억압하거나 위축시킨다면, 그런 불의에 비폭력적이거나 평화적으로 저항할 의무가 있다고 믿고, 이를 행동으로 실증했다. 1846년 여름, 그는 '인두세' poll tax 납부를 거부했다는 이유로 감옥에서 하룻밤을 보낸 적이 있었다. 1849년, 이 경험을 주제로 『미학』 *Aesthetic Papers*이라는 잡지에 「시민 정부에 대한 저항」 Resistance to Civil Government이라는 제목의 에세이를 게재했다. 이 에세이는 소로 사망 4년 후인 1866년 『캐나다의 양키』 *A Yankee in Canada*라는 소로의 문집에서부터 「시민 불복종」 Civil Disobedience이라는 제목으로 통용되었다. 그러나 소로가 이 제목을 사용한 적이 있는지는 불확실하다.

소로는 이 에세이에서 노예제도에 반대하는 강한 정치적 견해를 견지하면서, 노예제도의 확산을 획책한다고 믿어지는 '멕시코-미국 전쟁'

Mexican-American War(1846~1848)에 반대하였다. 그는 인두세가 노예제도 유지에 쓰인다고 믿었기에, 몇 년째 납부를 거부한 것이었다. 그는 법과 정부의 정책을 맹목적으로 따르지 말고 개인적 양심에 따라 행동할 것을 강력히 주장했다. 그의 이런 생각은 점점 늘어나는 인구와 산업화의 압력으로 민주적 개인주의의 보존이 위태로운 지구촌의 모든 곳에서 점점 더 많은 주목을 받게 되었다. 특히 인도의 마하트마 간디Mahatma Gandhi와 미국의 마틴 루터 킹 주니어Martin Luther King Jr.에게 큰 영향을 주면서, 이후 수많은 비폭력 저항운동의 사상적 동인動因이 되었다.

나는 "최소로 통치하는 정부가 최선의 정부"[1]라는 모토를 진심으로 환영한다. 그리고 이런 모토가 하루빨리 더 체계적으로 실현되기를 진정으로 고대한다. 이것이 실행되면, "통치를 전혀 하지 않는 정부가 최선의 정부"라는 최종 모토에 다다를 터이다. 내가 믿는 것도 바로 이런 정부이다. 그리고 국민이 이를 위한 준비가 되었을 때, 그들은 비로소 최선의 정부를 갖게 될 것이다. 정부는 기껏 하나의 방편에 불과한 것이다. 그러나 대부분의 정부가 대개 불편하고, 모든 정부가 때때로 그러하다. 정부가 상비군을 두는 데 대한 반론은 많고도 엄중하며, 의당 파급력이 있기에, 결국 집권 정부에 대해서도 그런 반론을 제기할 수 있을 터이다. 상비군은 집권 정부의 한쪽 팔에 불과하다.

---

1 존 록크John Locke의 '사회계약론'은 미국 민주주의의 기초라 할 수 있다. 토머스 페인Thomas Paine(1737~1809)은 정부는 사회적 계약일 뿐이라는 신조로 미국 독립혁명의 깃발을 높이 들었고, 토머스 제퍼슨Thomas Jefferson(1743~1826)도 같은 신조로 미국 「독립 선언문」에서 정부는 모든 사람의 생명과 자유와 행복 추구의 권리를 확보하려고 약정한 조직이며, 정부가 계약을 위반하는 경우 언제든지 개혁하거나 폐지할 수 있다고 선언했다. 소로의 모토도 이들의 신조를 반영한 것이다.

정부란 것은 국민이 자신들의 뜻을 실현하기 위해 선택한 방식에 불과하므로, 국민이 정부를 통해 행동할 수 있기도 전에, 정부 자체가 남용되고 부패하기도 똑같이 쉽다. 현재의 멕시코 전쟁[2]을 보라. 이는 비교적 소수의 개인이 집권 정부를 자신들의 도구로 이용하는 짓이라 할 수 있는데,[3] 국민이라면 애초에 그런 조치에 동의하지 않았을 것이기 때문이다.

비록 최근의 전통이지만, 오늘의 미국 정부는 그것을 후손에게 고스란히 물려주려고 노력하는 하나의 전통이 아니고 무엇이겠는가? 그러나 순간순간 그 진정성을 조금씩 잃고 있지 않은가. 단 한 사람이 자기의 뜻대로 정부를 굴복시킬 수도 있으니, 이 정부는 살아 있는 단 한 사람의 활력과 힘도 없지 않은가 말이다. 국민이 보기에 집권 정부는 일종의 나무총이다. 그러나 이런 이유로 정부가 그만큼 덜 필요하다는 것은 아니다. 왜냐하면 국민은 그들이 가지는 정부의 개념을 충족시키기 위하여, 이런저런 복잡한 기계를 소유할 뿐만 아니라, 그 기계의 소음까지도 듣지 않으면 안 되기 때문이다. 이처럼 역대 정부들은, 그들 나름의 이익을 위해서, 국민에게 정부의 권위를 매우 성공적으로 세울 수 있고, 심지어 그들 자신에게도 그 권위를 세울 수 있다는 사실을 증명한다. 그 전통이야말로 뛰어나다고, 우리 모두 인정해야 한다. 하지만, 이 정부는 자기 스스로 하등의 사업도 진척시킨 적이 없고, 아주 약삭빠르게 비켜섰을 뿐이다. 이 나라의 자유를 유지하는 것은

---

2   1846년부터 1848년까지 미국과 멕시코가 벌인 영토 싸움. 그 결과 미국은 서부의 영토를 확장하는 데 성공함으로써 현재의 영토를 거의 확보했다.

3   소로 등 북부의 개혁자들은 남부의 일부 정치가들과 북부의 목화 상인들이 노예주의 영역을 넓혀서 자신들의 이익을 취하려는 이기심에서 멕시코 전쟁을 일으켰다고 생각했다.

'정부'가 아니다. 서부를 개척하는 것도 '정부'가 아니다. 교육하는 것도 '정부'가 아니다. 미국 국민의 천부적 기질이 이제까지의 모든 것을 성취했고, 정부가 이따금 방해하지만 않았다면, 더 많은 것을 성취했을 것이다. 정부는 국민이 기꺼이 서로 간섭하지 않도록 도와주는 방편일 뿐이며, 앞서 말한 것처럼, 정부가 최고의 방편일 때, 피통치자는 정부의 간섭을 최소로 받기 때문이다. 무역과 상업은, 그것들이 탄성고무로 만들어지지 않은 이상, 입법자들이 길목에 끊임없이 놓아두는 장애물을 쉽사리 뛰어넘지 못할 것이다. 그러니 입법자들의 의도를 얼마간 고려하지 않고, 순전히 그 행위의 결과로만 판단한다면, 입법자들은 철도 위에 장애물을 가져다 놓는 악의적인 자들로 분류하여 처벌해야 마땅할 터이다.

하지만, 시민의 한 사람으로서 현실적으로 말한다면, 자칭 무정부주의자라는 사람들과는 달리 나는 무정부가 아니라, '당장' 더 좋은 정부를 주창하는 바이다. 각자 어떤 유형의 정부가 자신의 존경을 받을지 밝히도록 할 것이며, 그것이 그런 정부를 향한 한 걸음 전진이 될 것이다.

결국, 일단 권력이 국민의 수중에 들어올 때, 다수결의 지배가 허용되고, 오랜 기간 지속되는 실질적인 이유는 다수가 가장 올바를 것 같기 때문이 아니고, 이것이 소수에게 가장 공정해 보이기 때문도 아니며, 단지 다수가 물리적으로 가장 힘세기 때문이다. 그러나 다수결이 모든 사안을 지배하는 정부는, 인간이 이해하는 한, 정의에 근거한 정부라 할 수 없다. 다수결이 아니라 양심에 따라 옳고 그름을 사실상 판단하는 정부[4], 즉 다수결은 편의주의 법칙이 적용될 수 있는 문제만

---

4 미국 헌법제정의회의 주요 논쟁을 상기시킨다. 알렉산더 해밀턴Alexander

결정하는 정부는 존재할 수 없는 것인가? 국민이 단 한 순간이라도, 또는 털끝만큼이라도, 자신의 양심을 입법자에게 양도해야 하는가? 그렇다면, 왜 모든 인간이 양심을 가지고 있는가? 나는 우리가 먼저 인간이 되어야 하고, 그 후에 국민이 되어야 한다고 생각한다. 법에 대한 존중심보다는 권리에 대한 존중심을 함양하는 것이 바람직하다. 내가 떠맡을 권리가 있는 유일한 의무는, 어느 때든 내가 옳다고 생각하는 바를 행하는 것이다. 집단에 양심이 없다는 것은 굳이 말할 필요가 없지만, 양심적인 사람들의 집단이라면 양심을 '가진' 집단이다. 법 때문에 사람들이 조금이라도 더 정의로워진 적은 없다. 오히려, 법에 대한 존중심으로 인해, 선량한 사람들이 매일 불의의 앞잡이가 된다. 법에 대한 지나친 존경심으로 인한 일반적이고 당연한 결과는 대령, 대위, 하사, 사병, 화약 운반 소년병 등 늘어선 병사들이, 그들의 의지에 반해서, 불의의 앞잡이가 된다. 그들은 그들의 상식과 양심에 반해서 감탄할 정도로 질서 정연하게 언덕과 골짜기를 넘어 전쟁터로 행군하지만, 그것이 실로 힘겨운 행군이기에 그들의 심장이 마구 뛰는 꼴을 볼 수가 있다. 그들은 자신이 관여하는 것이 가증스러운 사업임을 조금도 의심하지 않는다. 그들은 모두 평화를 사랑하는 사람들이다. 그렇다면, 지금의 그들은 과연 무엇인가? 정말 인간들인가? 아니면 부도덕한 어떤 권력자를 섬기는 소규모의 이동식 요새이자 탄약고인가? 해군 공창工廠을 방문해서, 어느 해병을 보라. 그는 바로 미국 정부가 만들 수 있는 사람, 아니 미국 정부가 요술을 부려 만들 수 있는 사람, 즉 인류의 단순한 그림자이자 추억, 산 채로 관에 넣어 세워놓은

Hamilton(1755?~1804)과 존 애덤스John Adams(1735~1826)로 대표되는 보수파의 소수는 다수결 원칙에 호의적인 공화파인 토머스 제퍼슨Thomas Jefferson(1743~1826) 지지자들에게 밀렸다.

사람, 부장품과 함께 이미 무기 밑에 매장된 사람이라고 말할 수 있겠지만, 실상은 다음과 같을 것이다.

"서둘러 그의 시신을 성벽으로 옮길 때
북소리도, 장송곡도 들리지 않았다.
우리의 영웅을 매장한 무덤 저편으로
작별의 예포를 쏘는 병사도 없었다."[5]

이처럼 대중은 주로 인간으로서가 아니라, 기계로서 국가에 몸 바쳐 봉사한다. 그들은 상비군, 시민군, 교도관, 경찰관, 민병대[6] 등등이다. 대부분 판단력이나 도의심을 발휘하는 데 아무런 자유가 없다. 그들은 자신들을 나무와 흙과 돌과 같은 수준에 놓는다. 아마도 같은 목적에 쓰일 목조 인간들을 만들 수도 있을 것이다. 이런 사람들은 허수아비나 흙덩이 이상의 존경을 요구하지도 않는다. 그들은 말이나 개 정도의 가치를 지닐 뿐이다. 그럼에도 오히려 이런 사람들이 흔히 훌륭한 시민으로 평가받는다. 다른 사람들은, 대개의 입법자, 정치가, 변호사, 성직자, 공무원처럼, 주로 그들의 머리로 국가에 봉사한다. 그리고 그들은 어떤 도덕적 개성도 거의 구별하지 않기 때문에, '의도하지 않고,' 악마를 신처럼 섬길 가능성이 있다. 영웅, 애국자, 순교자, 위대한 의미의 개혁자, 그리고 '대장부'처럼, 극소수만은 자신의 양심으로 봉사하기 때문에, 대부분 국가를 부득이 거부한다. 그리하여 그들은 국가에 의해

---

5 찰스 울프Charles Wolfe(1791~1823), 「코루나 전투 후 존 무어 경의 장례」The Burial of Sir John Moore after Corunna(1817) 중. 울프는 서른두 살의 나이에 요절한 아일랜드 성직자로서, 이 시로 수십 년간 기억되었다.
6 치안유지, 범인 체포, 법의 집행 등을 위해 열다섯 살 이상의 남자를 군郡 보안관이 소집하여 결성한 부대를 말한다.

흔히 적으로 취급받는다. 현명한 사람은 오직 인간으로서 유용하기를 바라며, 굴복해서 "진흙"이 되어 "바람이 들어오지 않도록 구멍을 막으려"[7]고 하지는 않으리니, 좌우간 그런 임무는 자신의 유해에 남기고 죽을 것이다.

> "나는 너무 지체 높게 태어났기에
> 누구의 소유물로 제2인자가 된다거나,
> 전 세계의 어느 왕국에서
> 유용한 하인 또는 도구가 될 수는 없다."[8]

동포들을 위해 자신을 전적으로 내주는 사람은 쓸모없고 이기적인 자로 보이지만, 그들에게 자신을 부분적으로 내주는 사람은 은인이나 자선가로 인정받는 세상이다.

오늘날 우리 미국 정부에 대해 어떻게 행동하는 것이 인간으로서 합당한가? 내가 답하거니와, 인간이라면 수치심 없이 이런 정부와 관계를 맺을 수가 없다.[9] 나는 '노예의' 정부이기도 한 정치 조직을 '나의' 정부로 한순간도 인정할 수 없다.

혁명의 권리, 즉 정부의 폭정이나 무능이 심각하여 참을 수 없으면, 그 정부에 충성하기를 거부하고 저항할 수 있는 권리를 모든 사람이 인정한다. 그러나 거의 모든 사람이 지금은 그런 상황이 아니라고 말한다. 하지만 그들이 생각하기에는, 1775년 혁명[10]은 바로 그런 상황이었

---

7 윌리엄 셰익스피어, 『햄릿』 5막 1장 중: Imperious Caesar, dead and turned to clay,/ Might stop a hole to keep the wind away.
8 윌리엄 셰익스피어, 『존 왕』 5막 2장 중.
9 많은 사람이 포크James Knox Polk(1795~1849) 행정부(1845~1849)가 도망노예법과 멕시코 전쟁을 통해 노예제를 강화했다고 비난하였다.

다. 누군가가 항구에 반입되는 특정 외국 상품에 관세를 부과한다는 이유로 우리 정부가 나쁜 정부라고 말한다고 하더라도, 나는 십중팔구 그 문제로 법석을 떨지는 않을 것이다. 그런 물건들은 없이도 지낼 수 있기 때문이다. 모든 기계는 마찰을 일으킨다. 어쩌면 이런 마찰은 악과 균형을 맞추기에 충분히 좋은 몫을 감당한다. 어쨌든, 그런 마찰을 두고 소란을 피우는 것은 매우 못된 짓이다. 그러나 그 마찰이 기계를 소유하여, 억압과 강탈이 조직화 된다면, 더 이상 그런 기계를 소유하면 결단코 안 될 것이다. 바꾸어 말해, 자유의 피난처로 건국된 나라의 인구 6분의 1이 노예이고, 나라 전체가 외국 군대에 의해 부당하게 짓밟히고 정복당해서 군법에 종속된다면, 정직한 사람이라면 앞을 다투어 저항하고 혁명을 일으켜야 한다고 생각한다. 이런 의무가 더욱 절실한 이유는 그렇게 짓밟힌 나라[11]가 우리나라가 아니라, 우리나라가 되레 침략군이라는 사실 때문이다.

페일리Paley는 다수가 공인하는 도덕 문제의 권위자로, 그의 「시민 정부에 대한 복종의 의무」[12]에서 시민의 모든 의무를 편의주의로 풀어낸다. 이어서 그는 "사회 전체의 이해관계가 요구하는 한, 다시 말해, 국민의 불편을 초래하지 않고는 기존 정부를 반대하거나 바꿀 수 없다면, 기존 정부에 복종하는 것이 신의 뜻이니, 재론의 여지가 없다 ···. 이런 원칙을 인정한다면, 특정 저항 사건이 정당한지의 문제는 한편으

---

10   미국 독립 혁명을 말한다. 1775년 4월 19일 새벽, 약 70명의 매사추세츠 민병대가 영국 전위 부대와 렉싱턴에서 대결했다. 명령하지 않은 한 발의 총성이 미국독립혁명의 신호탄이 되었다.
11   멕시코를 말한다.
12   윌리엄 페일리William Paley(1743~1805)는 잉글랜드 성공회 신부이자 공리주의 철학자이다. 인용한 「시민 정부에 대한 복종의 의무」Duty of Submission to Civil Government는 그의 『도덕과 정치철학의 원리들』The Principles of Moral and Political Philosophy(1785)의 일부이다.

로는 그 위험 및 불만의 양을 계산하고, 다른 한편으로는 그것을 바로 잡을 가능성과 비용을 계산하는 것으로 축소된다."라고 말한다. 그는 이에 대해서는 각자가 판단해야 한다고 말한다. 그러나 페일리는 편의주의 원칙이 적용되지 않는 문제들, 즉 개인은 물론 국민이 어떤 대가를 치르더라도 시정하지 않으면 안 되는 문제들을 고민한 적은 없는 듯하다. 내가 물에 빠진 사람의 널빤지를 부당하게 빼앗았다면, 나 자신이 익사할지언정 그것을 그에게 되돌려주어야 한다. 페일리의 말에 따르면, 이것은 불편할 것이다. 그러나 이런 경우에, 자신의 목숨을 구하려는 자는 목숨을 잃고 말 것이다.[13] 그러니 미국 국민은 국민으로서 더 이상 존재하지 않게 되더라도, 노예제를 폐지하고, 멕시코 전쟁을 중단해야 한다.

실제에 있어서는, 많은 주州가 페일리의 생각에 동의한다. 그러나 누구라도 매사추세츠주가 현재의 위기 상황에서 정확히 옳은 일을 한다고 생각하는가?

> "품위 있는 창녀, 은실 옷을 걸친 매춘부가
> 치맛자락 올리니, 그녀의 정신은 진흙에 질질 끌린다."[14]

사실대로 말하면, 매사추세츠주에서 개혁에 반대하는 이들은 남부의 수많은 정치인이 아니라, 이곳의 수많은 상인과 농부이다. 그들은 인간애보다는 상업과 농업에 더 큰 관심이 있기에, '어떤 대가를 치르

---

13 『루가의 복음서』 9:24. "제 목숨을 살리려고 하는 사람은 잃을 것이요, 나를 위하여 제 목숨을 잃는 사람은 살 것이다."
14 영국 극작가이자 시인 토머스 미들턴Thomas Middleton(1580~1627)의 『복수자의 비극』 *The Revenger's Tragedy*(1607) 중.

더라도,' 노예와 멕시코를 위해 정의롭게 행동할 준비가 되어 있지 않다. 나는 멀리 있는 적들이 아니라, 지척에 있으면서도 멀리 있는 자들의 뜻에 협력하여 행동하는 자들과 다투는 것이다. 그들이 없으면 멀리 있는 적은 무해일 것이다. 우리는 흔히 대중은 아직 준비되지 않았다고 말한다. 그러나 개선이 더딘 것은 소수도 다수보다 실질적으로 더 현명하거나 더 낫지 않기 때문이다. 다수가 당연히 당신만큼 선해야 한다는 것은 어딘가에 어떤 절대 선이 있는 것만큼 중요하지는 않다. 절대 선은 덩어리 전체를 발효시킬 것이기 때문이다.[15] 노예제와 전쟁에 반대하는 '의견'을 가지고 있으면서도, 실제로는 그것들을 종식하기 위해 아무런 행동도 하지 않는 사람이 너무 많다. 그들은 워싱턴과 프랭클린의 후손이라고 자처하면서도, 두 손을 호주머니에 넣고 앉아서, 무엇을 해야 할지 모르겠다고 말하고, 아무 일도 안 한다. 심지어 자유의 문제보다도 자유 무역의 문제를 앞세우고, 저녁을 먹고 나면, 멕시코에서 전하는 최신 정보와 함께 오늘의 시세를 조용히 읽다가, 아마도 그 두 가지 기사에 엎드려 잠이 들 것이다. 오늘 정직한 사람과 애국자의 시세는 어떠한가? 그들 또한 망설이고 후회하고, 때로는 탄원하지만, 진지하고 유효한 일은 전혀 하지 않는다. 그들은 다른 사람들이 악을 퇴치해 주기를 느긋한 기분으로 기다리며, 그 문제로 더 이상 뉘우치지 않게 되기를 바랄 것이다. 기껏해야, 그들은 정의가 지나갈 때 그것에 값싼 한 표를 던지거나, 미약한 지지를 보내거나, 성공을 기원할 뿐이다. 덕을 행하는 사람 한 명에 덕을 후원하는 사람은 999명이다. 그러나 어떤 것의 임시 후견인보다는 그것의 진짜 주인과 상대하는 편이 더

---

15 『고린토인들에게 보낸 첫째 편지』 5:6. "여러분이 잘난 체하는 것은 옳지 않습니다. 적은 누룩이 온 반죽을 부풀게 한다는 것을 여러분은 알지 못합니까?"

쉽다.

모든 투표는, 서양장기나 주사위 놀이처럼, 약간의 도덕적 색채가 가미된 일종의 게임, 즉 도덕적 현안들을 놓고 옳고 그름을 겨루는 경기이다. 그리고 그 게임에는 자연히 내기가 수반된다. 투표자의 인격이 걸려 있지는 않다. 아마도 나는 옳다고 생각하는 쪽에 투표를 던질 것이지만, 그 옳음이 승리하도록 필사의 노력을 기울이지는 않는다. 나는 기꺼이 다수결에 맡길 것이다. 그러므로 그 의무는 결코 편의주의의 의무를 벗어나지 않는다. '정의를 지지하는' 투표 행위조차 정의를 위해 '행한 것'은 아무것도 없다. 투표 행위는 정의가 이겨야 한다는 당신의 소망을 사람들에게 미약하게 표현한 것에 불과하다. 현명한 사람은 정의를 운수에 맡기지 않을 것이며, 정의가 다수결의 힘으로 이기기를 바라지도 않을 것이다. 다중의 행동에는 덕이 별로 없다. 다수가 마침내 노예제 폐지에 표를 던진다면, 그것은 그들이 노예제에 무관심하기 때문이거나, 그들의 투표로 폐기할 노예제가 별로 남아 있지 않기 때문일 것이다. 그때는 '그들'이 유일한 노예들로 남을 것이다. 자신의 자유를 자신의 투표로 주장하는 '사람의' 투표만이 노예제 폐지를 촉진할 수 있다.

볼티모어인가 어딘가에서 대통령 후보를 선출하기 위한 전당 대회[16]가 열린다고 한다. 주로 신문 편집인과 직업 정치가들로 구성된 대회이다. 그러나 내가 생각하기에는, 그들이 무슨 결정을 내린들 그것이 자주적이고, 지적이며, 존경할 만한 사람에게 하등의 의미가 있을까? 그럼에도, 우리는 존경할 만한 분의 지혜와 정직을 가능한 한 이용해야

---

16 1848년 5월, 볼티모어에서 열린 민주당 전당 대회는 정강을 채택하고 대통령 후보로 '남부의 원칙을 가진 북쪽 사람' 루이스 캐스Lewis Cass(1782~1866)를 선출했다.

할 것 아닌가? 우리는 어떤 자주적 투표를 기대할 수 없을까? 이 나라에는 전당 대회에 참가하지 않는 개인들이 많지 않은가? 그러나 아니다. 내가 보기에, 이른바 존경할 만한 사람은, 국가가 그에게 절망할 이유가 더 많은 시기에, 그의 지위에서 즉시 표류하여, 국가에 절망한다. 그러고는 곧바로 전당 대회에서 선출된 후보 가운데 한 명을 '쓸 만한' 유일한 후보로 골라잡는다. 그는 이런 방식으로 자신이 선동 정치가의 어떤 목적에도 '쓸 만한' 사실을 증명한다. 그의 투표는 원칙 없는 외국인이나 돈에 매수된 원주민의 표와 마찬가지로 가치가 없다. 아, '인간다운' 인간, 즉 내 이웃이 말하듯, 돌주먹을 한 방 먹여도 끄떡없는 뼈대 있는 인간이 한 명이라도 있었으면! 우리의 통계가 혼란스러운 것이, 인구 과밀이란다. 이 나라에는 1천 제곱 마일의 땅에 얼마나 많은 '인간'이 있는가? 거의 한 사람도 없다. 미국은 인간들이 이곳에 정착하도록 유인하는 매력을 전혀 제공하지 않는 것인가? 미국은 하나의 '비밀공제조합 회원'Odd Fellow[17]으로 전락했으니, 사교社交의 촉은 크게 발달했지만, 지성과 즐거운 자립은 턱없이 부족한 것으로 알려졌다. 세상에 태어나는 순간, 그의 첫 번째 주요 관심사는 구빈원Almshouses이 잘 수리되었는지 알아보는 것과, 남성 복장을 합법적으로 착용하기 전부터,[18] 혹시 모를 과부나 고아 부양을 위한 자금을 모으는 것이다. 요컨대, 그는 번듯한 장례葬禮를 약속한 '상호보험'Mutual Insurance의 도움을 받아야 겨우 살 용기를 낸다.

아주 큰 악까지 포함해서, 모든 악을 근절하는 데 헌신하는 것은

---

17 18세기 영국에서 창립된 Independent Order of Odd Fellows라는 비밀공제조합의 회원.
18 로마 소년은 14세가 되면 남성이 입던 헐렁한 겉옷인 '토가'toga의 착용이 허용되었다.

당연히 어떤 개인의 의무가 아니다. 그에게는 당연히 종사해야 할 다른 관심사가 늘 있을 것이다. 그러나 적어도 악에서 벗어나 손을 씻고, 더 이상 악을 생각하지 않음으로써, 실제로 그것을 지지하지 않을 의무는 있다. 내가 헌신적으로 다른 것을 추구하고 계획하고 있다면, 우선 최소한 다른 사람의 어깨에 올라타고서 악을 추구하지는 않는지 살펴야 한다. 내가 먼저 그의 어깨에서 내려와야, 그 사람 역시 자기 계획을 추구할 수 있을 것이다. 얼마나 터무니없는 모순이 용인되고 있는지 살펴보라. 우리 마을의 어떤 주민들이 이렇게 말하는 소리를 들은 적이 있다. "나는 노예들의 봉기를 진압하라거나, 멕시코로 진격하라는 명령이 내게 내려지면 좋겠다. 그러면, 내가 가겠는가?" 그러나 이런 사람들은 각자, 직접적으로는 충성심으로, 간접적으로는 적어도 돈을 내서, 대리인을 공급해 왔다. 부당한 전쟁에 참전하기를 거부하는 병사는 전쟁을 일으키는 부당한 정부가 유지되는 것을 거부하지 않는 자들의 박수갈채를 받는다. 그 병사는 그들의 행위와 권위를 존중하지 않고 깔보는데도, 그들은 병사를 칭송하는 것이다. 마치 주州는 죄를 지으면서도 사람을 고용해서 정부를 채찍질하는 정도까지는 뉘우치고 있지만, 죄짓기를 잠시라도 그만두는 정도까지는 회개하지는 않는 듯하다. 이처럼, '질서'Order와 '시민 정부'Civil Government의 이름으로, 우리는 마침내 우리 자신의 비열함에 경의를 표하고 지지하는 꼴이 된다. 죄를 짓고 처음 얼굴을 붉히고 나면, 그다음에는 무감각이 온다. 말하자면, '부도덕'은 '무도덕'이 되고, 우리가 살아온 삶에 전혀 불필요한 것이 아니게 된다.

가장 광범위하고 가장 지배적인 오류를 떠받치려면 가장 사심 없는 미덕이 필요하다. 애국심이라는 미덕이 흔히 받기 쉬운 사소한 비난을 초래하기 가장 쉬운 것은 귀족들이다. 정부의 특성과 조치에 찬성하지 않으면서도 충성과 지지를 보내는 사람들은 정부의 가장 성실한 지지자들이 틀림없기에, 아주 빈번하게 개혁에 가장 심각한 걸림돌이 된다. 일부 귀족은 주 정부가 합중국을 해체하고, 대통령의 요구를 무시하라고 탄원하고 있다. 그들은 왜 그들 자신과 주 사이의 연합을 직접 해체하고, 주 금고로 들어갈 분담금 납부를 거부하지 않는가? 그들과 주 정부와의 관계는 주 정부와 합중국의 관계와 같지 않은가? 그리고 그들이 주 정부에 저항하지 못하는 똑같은 이유로, 주 정부도 합중국에 저항하지 못하는 것 아닌가?

어떻게 인간이 어떤 의견을 그저 마음에 품고, '그것'을 즐기는 것으로 만족할 수 있겠는가? 자신이 고통받고 있다는 것이 그의 의견이라면, 그것을 어떻게 즐거워할 수 있겠는가? 만일 이웃에게 속아서 단 1달러라도 빼앗겼다면, 속았다는 사실을 아는 것으로, 또는 속았다고 말하는 것으로, 또는 그 돈을 갚아 달라고 소청이라도 하는 것으로는 만족할 수 없다. 당신은 즉시 전액을 받아내려고 효과적인 조치들을 취하고, 다시는 속지 않도록 조심할 것이다. 원칙에 따른 행동, 옳음을 지각하고 실행하는 것이 문물 및 관계들을 변화시킨다. 이런 변화는 본질적으로 혁명적이며, 기존의 어떤 것과도 완전히 양립하지 않는다. 그것은 주州와 교회를 갈라놓고, 가정을 갈라놓는다. 아니, '개인'을 갈라놓아서, 그에게 내재하는 마성魔性을 신성神性에서 분리한다.

부당한 법이 존재한다. 우리는 그 법을 지키는 것으로 만족할 것인가, 아니면 그것을 고치려 노력하되, 성공할 때까지는 지킬 것인가, 아니면 당장 그것을 어길 것인가? 사람들은 대체로 지금과 같은 정부 아래서는 다수를 설득하여 법을 바꿀 때까지는 기다려야 한다고 생각한다. 만약 저항하면, 그 해결책이 악보다 더 나쁘리라고 생각하기 때문이다. 그러나 악보다 '더 나쁜' 해결책이 나오는 것은 바로 정부의 잘못이다. '정부가' 사태를 악화시킨다. 왜 정부가 솔선해서 예측하고 개혁을 준비하지 않는가? 왜 정부는 나라의 현명한 소수를 소중히 여기지 않는가? 왜 정부는 상처를 받기도 전에 소리치며 저항하는가? 왜 정부는 국민이 눈을 부릅뜨고 정부의 잘못을 지적하도록 격려하는 동시에, 국민이 지적하는 것 이상으로 더 잘 '하지' 않는가? 왜 정부는 언제나 그리스도를 십자가에 못 박고, 코페르니쿠스와 루터를 추방하고, 워싱턴과 프랭클린을 반역자라고 선언하는가?

어떤 사람은 정부의 권위를 고의적이고 실질적으로 부정하는 것이야말로 정부가 예상한 적이 없는 유일한 범죄라고 생각할 것이다. 그렇지 않다면, 왜 정부가 그런 범죄를 처벌할 명확하고, 적절하고, 온당한 규정을 정해놓지 않았겠는가? 만약 재산이 없는 사람이 9실링을 벌어서 정부에 바치기를 단 한 번 거부하면, 그는 내가 아는 어떤 법률의 제한도 받지 않고, 그를 투옥한 자들의 재량만으로 결정되는 기간에 감옥에 갇힌다. 그러나 만약 주 정부로부터 9실링의 90배를 훔친다면, 그는 곧 풀려나서 자유롭게 다닐 것이다.

만약 불의가 정부라는 기계의 불가피한 마찰의 일부라면, 못 본 듯이 눈감아 주자. 어쩌면 닳아서 매끄러워질 터이니, 분명히 그 기계는 닳아서 못 쓰게 될 것이다. 만약 불의 그 자체에 스프링이나 도르래나 밧줄이나 크랭크가 딸려 있다면, 아마도 그 해결책이 악보다 더 나쁘게 될지 어떨지 생각해 보는 것이 좋을 것이다. 그러나 만약 그 불의가 당신이 타인에게 불의를 행하는 하수인이 되기를 요구한다면, 그렇다면, 단연코, 그 법을 어겨라. 당신의 삶이 그 기계를 멈추게 하는 역逆마찰이 되도록 하라. 내가 해야 할 일은, 어쨌든, 내가 비난하는 악에 끼어들지 않도록 주의하는 것이다.

악을 해결하기 위해 주가 내놓은 방법들을 채택하는 문제에 대해 말하자면, 나는 그런 방법들을 전혀 모른다. 그런 방법들은 너무 오랜 시간이 걸려서, 한 사람의 일생이 지나가고 말 것이다. 나는 다른 일을 돌보아야 한다. 내가 이 세상에 온 목적은 주로 이곳을 살기 좋은 곳으로 만들기 위해서가 아니라, 좋든 나쁘든, 그 안에서 살기 위해서 온 것이다. 사람은 '모든 일'이 아니라, '어떤 일'을 하면 된다. '모든 일'을 할 수 없다고 해서, '무언가' 잘못된 일을 할 필요는 없다. 주 지사나 주 의회에 탄원하는 것이 내 일이 아니듯이 그들이 내게 탄원하는 것도 그들의 일이 아니다. 그리고 만약 그들이 내 탄원을 듣지 않는다면, 그다음 나는 무엇을 해야 하겠는가? 그러나 이런 경우에 주 정부는 하등의 길을 마련하지 않았으니, 주의 헌법 자체가 악이다. 이 말이 비정하고 완고하고 비타협적으로 들릴지 모르겠다. 그러나 그것은 헌법의 진가를 알아볼 수 있거나 향유享有할 자격이 있는 정신만을 가장 친절하고 사려 깊게 대우하자는 것이다. 개선을 위한 모든 변화도, 출생과 죽음처럼, 우리의 몸에 경련을 일으키는 법이다.

단언컨대, 자칭 노예제 폐지론자들은 매사추세츠주 정부에서 받는 신체상 지원과 재산상 지원을 즉시 효과적으로 물리쳐야 하고, 그들이 '한 사람의 다수'[19]를 구성하기까지 기다리지 말고, 정의가 그들의 온몸에 스미도록 해야 할 것이다. 신이 그들의 편에 있다면, 그것으로 충분하므로, 나는 앞서 말한 '한 사람의 다수'를 기다릴 필요는 없다고 생각한다. 더욱이, 이웃들보다 정의로운 사람은 누구나 이미 '한 사람의 다수'를 이룩한 것이다.

---

19 소로는 어떤 문제나 쟁점에서 올바른 편에 선 한 사람 또는 소수의 사람이 그른 편에 선 모든 사람보다 더 중요하다고 믿었다. 이를 '한 사람의 다수'라고 표현했다. "One on God's side is a majority,"(신의 편에 선 한 사람은 다수이다.)라는 속담 참고. 한 사람의 위인이 인류 역사를 바꾼다.

나는 이 미국 정부 또는 그 대리인인 주 정부를, 1년에 딱 한 번, 직접 대면한다. 세금 징수원이라는 사람과 대면한다는 말이다. 이것은 나 같은 처지에 있는 사람이 부득이 정부를 만나는 유일한 방식이다. 그때 정부는 '나를 인정하라,'고 분명히 말한다. 그런 정부를 내 책임으로 상대하는 가장 간단하고 효과적이며, 현 정세에서 가장 불가피한 방식, 즉 정부에 대한 만족과 애정을 적게나마 표현하는 방식은 지금의 정부를 인정하지 않는 것이다. 그런데 내가 상대해야 하는 사람은 바로 공손한 내 이웃인 세금 징수원이다. 내가 언쟁하는 대상은 양피지 문서가 아니라 결국 사람이고, 그는 정부의 대리인이 되기를 자발적으로 선택한 자이다. 그가 정부의 공무원으로서 또는 인간으로서 자신의 직분이 무엇이고 무엇을 하는지 어떻게 잘 알겠는가? 결국 그는 자신이 존중하는 이웃인 나를 이웃이며 마음씨 고운 사람으로 대할지, 아니면 미치광이이자 평화의 교란자로 대할지 숙고하지 않으면 안 된다. 그렇기에 그는 자기의 행동에 상응하는 더 무례하고 더 성급한 생각이나 말을 하지 않고 이웃 관계를 해치는 이런 장애를 극복할 수 있을지 살필 것이다. 내가 잘 알고 있거니와, 만약 이 매사추세츠주에서 천 명, 아니 백 명, 아니 내가 이름을 댈 수 있는 열 명, 정직한 사람 열 명[20], 아니, '정직한' 사람 단 '한 명'이라도, '노예 소유를 중단한다면,' 그리하여 이러한 공범자 관계에서 사실상 철수하고, 그 대신 카운티 감옥에 갇힌다면, 그것이 곧 미국 노예제의 폐지가 될 것이다. 시작이 아주 작아 보이는 것은 문제가 아니다. 한번 잘된 일은 영원히 그러하

20　『창세기』 18: 32. "야훼께서 대답하셨다. '소돔 성에 죄 없는 사람이 오십 명만 있으면, 그 죄 없는 사람을 보아서라도 다 용서해 줄 수 있다.' 아브라함이 다시 '주여, 노여워 마십시오. 한 번만 더 말씀드리겠습니다. 만일 열 사람밖에 안 되어도 되겠습니까?' 야훼께서 대답하셨다. '그 열 사람을 보아서라도 멸하지 않겠다.'"

기 때문이다. 그러나 우리는 노예제 폐지에 대해 갑론을박하기만 좋아하면서, 그것이 우리의 사명이라고 말한다. 현재 한 사람만이 아니라, 수십 종의 신문들이 개혁에 봉사한다. 주 의회Council Chamber에서 인권 문제 해결을 위해 날마다 헌신하는, 존경하는 내 이웃이자 매사추세츠주의 특사[21]가 현재 자매 주인 사우스캐롤라이나에서 투옥될 위기에 처해 있는데, 지금 매사추세츠주는 자매 주에게 노예제의 죄를 강제하고 싶어 안달이지만, 현재로서는 특사를 냉대하는 행위를 사우스캐롤라이나와의 분쟁의 근거로 제시할 수 있을 뿐이다. 예의 특사가 사우스캐롤라이나 법정이 아니라 매사추세츠주 법정에 형사 피고인으로 앉는다고 가정해 보자. 그러면 매사추세츠주 의회는 오는 겨울 회기에 그 문제를 전적으로 무시하지는 않을 것이다.

누구든 부당하게 감옥에 가두는 정부 밑에서는, 의로운 사람을 위한 진정한 장소 역시 감옥이다. 오늘날 매사추세츠주가 더 자유롭고 덜 낙담하는 사람들을 위해서 마련한 적당한 장소이자 유일한 장소도 감옥에 있다. 그들은 이미 그들의 원칙에 따라 그들 자신을 내쫓은 것이니, 주는 주 나름의 법령에 따라 그들을 주에서 몰아내고 자물쇠를 채울 것이다. 도망 노예, 가석방된 멕시코인 포로, 그리고 자기네 종족에게 가해지는 부당 행위를 항의하러 온 인디언이 그들을 만나게 될 곳도 바로 그곳이다. 그곳은 분리되어 있지만, 더 자유롭고 명예로운

---

21 콩코드 변호사이자 의원인 새뮤얼 호어Samuel Hoar(1778~1856)를 말한다. 그는 1844년 12월 사우스캐롤라이나주의 법에 이의를 제기하기 위해 매사추세츠주의 특사로 찰스턴에 갔다. 당시의 사우스캐롤라이나 법은 매사추세츠 선박에 승선한 흑인 선원(흔히 매사추세츠 주민)이 하선하면 체포하여 노예로 삼을 수 있었다. 호어는 이 문제를 해결하기 위해 특사로 파견되었지만, 찰스턴의 대중으로부터 폭력적 위협을 받은 데 이어, 결국 사우스캐롤라이나 법정에 의해 추방되었다. 그의 소식은 매사추세츠주의 반노예 운동을 고취하였다.

장소이다. 그곳은 주가 자신과 '함께하지 않고 반대하는' 사람들을 수용하는 곳이고, 노예주에서는 자유인이 명예롭게 머물 수 있는 유일한 집이다. 만약 자유인들의 영향력이 감옥에서는 실종될 것이고, 그들의 목소리가 더 이상 정부의 귀를 괴롭히지 않을 것이고, 그곳의 담장 안에서는 그들이 정부의 적이 되지 않으리라고 생각하는 사람이 있다면 누구이건, 그는 진리가 오류보다 얼마나 강한지 모르는 것이고, 불의를 조금이라도 몸소 체험한 사람이 얼마나 더 감동적이고 효율적으로 싸울 수 있는지 모르는 것이다. 온몸으로 투표하라. 단순한 종잇조각이 아니라 당신의 전 영향력을 던져라. 소수는 다수에 순응할 때 무기력하다. 그럴 때는 소수라고 할 수도 없다. 그러나 혼신으로 들러붙으면 아무도 물리칠 수 없다. 만약 정의로운 사람을 모조리 감옥에 집어넣을지, 전쟁과 노예제를 포기할지 양자택일해야 한다면, 정부는 머뭇거리지 않을 것이다. 천 명이 올해 납세를 거부한다면, 그것은 폭력적이고 피비린내 나는 수단이 아닐 것이다. 세금을 납부하는 것이야말로 정부로 하여금 폭력을 자행하고 무고한 피를 흘릴 수 있게 할 것이기 때문이다. 평화 혁명이 가능하다면, 사실 이것이 바로 평화 혁명의 정의이다. 실제로 세금 징수원이나 다른 공무원이 "하지만 저는 어찌하라고요?"라고 묻는다면, 나의 대답은 "당신이 진심으로 뭐든 하고 싶다면, 당신의 직을 그만두십시오."이다. 신하가 충성을 거부하고, 관리가 직을 그만둔다면, 그때는 혁명이 완성된다. 그러나 피를 흘려야 한다고 상정해 보자. 양심에 상처를 입을 때도 일종의 피를 흘리지 않는가? 이런 상처를 통해 어떤 사람의 진정한 인간다움과 불멸성이 흘러 나간다. 그리고 그는 양심의 피를 흘리다가 영원한 죽음에 이른다. 나는 지금 이런 피가 흐르는 것을 본다.

    나는 범법자의 재산 압류보다는 되레 그의 투옥을 숙고해보았다.

두 방법 모두 같은 목적에 쓰이긴 하지만, 가장 순수한 권리를 주장하여, 결과적으로 부패한 정부에 가장 위험한 사람들은 흔히 재산 축적에 많은 시간을 보내지 않기 때문이다. 정부는 그런 사람들에게 비교적 적은 혜택밖에 주지 않기에, 적은 액수의 세금[22]이라도 그들에게는 엄청난 부담으로 다가온다. 자기 손으로 어떤 노동을 하여 그 돈을 벌어야 하는 사람들의 경우에는 특히 그러하다. 돈을 전혀 쓰지 않고 사는 사람이 있다면, 정부도 납세 요구를 주저할 것이다. 그러나 부자는—비위에 거슬리는 비교를 하려는 게 아니다—그를 부자로 만들어 준 기관에 항상 영합한다. 단언컨대, 돈이 많으면 많을수록, 덕은 그만큼 줄어든다. 돈이 사람과 그의 목표들 사이에 끼어들고, 사람 대신 돈이 그의 목표들을 달성하기 때문이다. 그리고 돈을 획득하는 것은 분명히 위대한 미덕은 아니었다. 돈은 돈이 없으면 달리 해결이 어려운 여러 가지 문제들을 해결한다. 한편, 돈이 제기하는 새로운 문제는 돈을 어떻게 쓸 것인가 하는 어렵지만 불필요한 문제뿐이다. 이래서 부자의 도덕적 기반이 붕괴한다. 소위 '재력'이 증가하는데 비례해서 삶의 기회는 감소한다. 사람이 부자가 되었을 때 그의 교양을 기르기 위해 할 수 있는 최선의 행동은 가난한 시절 마음에 간직했던 계획을 실천하려고 노력하는 것이다. 그리스도는 헤롯당Herodians[23]에게 그들의 처지에 걸맞게 대답했다. 그는 "세금으로 바치는 돈을 내게 보여 달라,"고 말했다. 그러자 한 사람이 주머니에서 동전 하나를 꺼냈다. 만약 네가 카이사르의 모습이 새겨져 있고 그가 통용 가치가 있도록 만든 돈을 사용한다면,

---

22   모든 남성에게 부과된 교회세와 인두세를 두고 하는 말이다. 소로는 두 가지 세금에 반대했다.

23   로마 카이사르의 임명을 받은 유대의 통치자 헤롯의 지배하에서 로마법을 지지한 유대인들을 말한다. 예수를 반대하기 위해 바리새인과도 손잡았다.

다시 말해, '만약 네가 그 나라의 국민이라면,' 그리고 카이사르 정부의 혜택을 기꺼이 누린다면, 그때는 그가 요구하면 그의 것 중 일부를 그에게 되갚아라. "그러므로 카이사르의 것은 카이사르에게, 하느님의 것은 하느님께 바쳐라."[24] 그러나 헤롯당은 어느 것이 어느 것인지 전보다 더 잘 알지 못했으니, 알고 싶어 하지 않았기 때문이었다.

내가 가장 자유로운 이웃들과 대화할 때, 돈 문제의 중요성과 심각성, 그리고 공공의 평안 존중에 대해서 그들이 어떤 말을 하건, 문제의 시작과 끝은 결국 그들은 현존 정부의 보호 없이는 지낼 수 없으며, 정부에 불복종했을 때 그들의 재산과 가족에 미칠 영향을 두려워한다는 것을 알게 되었다. 나는 어떠냐 하면, 주의 보호에 의지한다는 것은 아예 생각하기도 싫다. 그러나 주州가 세금 고지서를 제시할 때, 내가 주의 권위를 부정한다면, 주는 곧 내 전 재산을 빼앗아 낭비할 것이고, 나와 내 아이들을 끝없이 괴롭힐 것이다. 이것은 괴로운 일이다. 이렇게 되면 어떤 사람도 정직하게 살면서, 동시에 외형상 편안하게 살기가 불가능하다. 재산을 모으는 보람이 없을 것이다. 악순환이 되풀이될 것이 틀림없기 때문이다. 당신은 어딘가에서 땅을 빌리거나 무단으로 점유하고, 소량의 작물만 재배하고, 그것을 곧 먹어 치워야 한다. 우리는 능력껏 살아야 하기에, 우리 자신에 의지하여 언제나 소매를 걷어붙이고 출발 준비를 갖춰야 하므로, 일거리가 많으면 안 된다. 어느 사람이 모든 면에서 터키 정부의 충실한 신하가 된다면, 터키에서도 부자가 될 수 있을 것이다. 공자는 말했다, "어느 나라가 도道에 의해 통치된다면, 가난과 불행이 부끄러운 일이지만, 어느 나라가 '도'에 의해 통치되지 않는다면, 부와 명예가 부끄러운 일이다."[25] 내 자유가 위협받는

---

24 『마태오의 복음서』 22:16~21 참조.

남부의 어느 먼 항구에서, 내가 매사추세츠주의 보호가 내게 미치기를 바라지 않는 한, 또는 고향에서 평화적인 사업으로 오로지 재산을 쌓는 데 몰두하지 않는 한, 나는 매사추세츠주에 대한 충성을 거부하고, 내 재산과 생명에 대한 주의 권리를 거부할 수 있다. 나로서는 정부에 복종하기보다, 불복종해서 받을 처벌이 모든 면에서 희생이 더 적다. 복종하는 경우, 나의 가치가 떨어진다고 느낄 것이다.

몇 년 전, 주 정부가 교회를 대신해 나를 만나러 와서는 어느 목사를 지원하기 위해 일정액을 내라고 명령했다. 아버지는 그 목사의 설교에 참석했으나, 나는 그런 적이 없었다. 주 정부는 말했다, "돈을 내시오. 아니면 수감 될 것입니다."[26] 나는 납세를 거절했다. 그러나 불행히도 다른 한 사람은 납부하는 것이 옳다고 생각했다.[27] 나는 왜 교사가 목사를 지원하기 위해 세금을 내야하고, 목사는 교사를 위해 그러지 않는지 이해할 수가 없었다. 나는 주에 속한 교사가 아니라서, 자발적인 후원금으로 생계를 유지했기 때문이다. 나는 왜 '문화회관'lyceum도 자체 세금 고지서를 제시하고, 교회와 마찬가지로 주州가 문화회관의 요구도 뒷받침하도록 하지 않는지 알 수 없었다. 그러나 행정위원들의 요청에 따라, 나는 글로서 아래와 같은 성명서를 썼다, "이 성명서로 모든 사람에게 밝힌다. 나 헨리 소로는 내가 참여하지 않은 어떤 단체의 일원으로도 간주 되기를 원치 않는다." 나는 이것을 마을 서기에게 주었고, 현재 그는 그것을 가지고 있다. 주는 내가 그 교회 일원으로 간주 되기를 원치 않는다는 사실을 이렇게 알았고, 이후 내게 그와 비슷한 요구를 한 적은 없지만, 주는 그때 주의 본래 추정을 고수할

---

25 『논어』, 「태백편」泰佰扁 중.
26 1838년, 소로는 의무적인 교회세에 대해 저항했지만 투옥되지는 않았다.
27 소로의 이웃이자 스승인 에머슨Emerson을 염두에 두고 한 말이다.

수밖에 없었다고 말했었다. 내가 가입한 것으로 추정된다는 단체들의 이름을 알았다면, 나는 내가 서명하고 가입한 적이 없는 모든 단체에서 일일이 서명하여 탈퇴했을 것이다. 그러나 나는 그런 단체들의 목록을 어디서 발견할지 알지 못했다.

나는 6년 동안 인두세를 납부하지 않았다. 이런 이유로 하룻밤 입감된 적이 있다.[28] 두께가 2피트 내지 3피트의 단단한 석벽, 1피트 두께의 목제 문과 철문, 빛이 스미는 쇠창살을 빤히 바라보며 서 있노라니, 나를 그저 가두어둘 살과 피와 뼈에 지나지 않은 듯 취급하는 그런 기관의 어리석음에 충격을 받지 않을 수 없었다. 주가 드디어 이것이 나를 써먹을 최선책이라는 결론을 내리면서도, 어떻게든 나의 봉사를 활용할 생각을 전혀 하지 않는 점이 의아했다. 내가 알게 된 것은 만약 석벽이 나와 주민들 사이를 가로막으면, 주민들은 훨씬 더 힘든 석벽을 기어오르거나 돌파해야 비로소 나만큼 자유로울 수 있다는 것이었다. 나는 한순간도 갇혀 있다고 느끼지 않았고, 벽들은 돌과 모르타르의 많은 낭비로 보였다. 나는 마을 주민 중에서 나 혼자 세금을 낸 듯한 기분이 들었다. 주는 분명 나를 다루는 방법을 모르고, 상스러운 사람들처럼 굴었다. 그들은 모든 협박과 모든 칭찬에서 큰 실수가 있었다. 그들은 저 석벽의 반대편에 서는 게 나의 가장 큰 소원이라고 생각했기 때문이었다. 그들이 내 명상을 가두려고 문을 열심히 잠그는 모습을 보고, 나는 웃음이 절로 나왔다. 내 명상은 허락이나 방해를 받지 않고 그들의 뒤를 따라 다시 외출했다. 정말로 위험한 것은 바로 '그들'이었

---

28 소로의 투옥은 1846년 7월 23일이나 24일에 있었던 것으로 추정된다. 소로의 친구 에이머스 브론슨 올컷Amos Bronson Alcott도 인두세 납부 거부로 1843년에 하룻밤 투옥되었다. 이들이 인두세 납부를 거부한 근본 이유는 모두 노예제도를 인정하는 주를 지원하는 데 대한 반감 때문이었다. 당시 매사추세츠주는 노예주를 계속 법률적으로 지원하고 있었다.

다. 그들은 나를 설득할 수 없어서, 내 육신을 처벌하기로 결심했으니 말이다. 이는 원한이 있는 사람을 공격할 수 없는 경우에 그 사람의 개를 학대하는 소년들을 빼닮았다. 나는 주가 아둔하고, 은수저를 상속받은 과부처럼 소심하며, 친구와 적을 구별하지 못한다는 것을 알았다. 따라서 나는 주에 대해 남아 있는 존경심마저 모두 잃고, 불쌍히 여겼다.

이렇게 주 정부는 지적이건 도덕적이건 한 사람의 분별력을 의도적으로 직시하지 않고, 그저 그의 육체와 오감만을 상대한다. 주는 탁월한 재치나 정직이 아니라, 우세한 물리적 힘으로 무장한다. 나는 강요받기 위해서 태어나지는 않았다. 나는 내 방식대로 숨을 쉴 것이다. 누가 가장 강한 자인지 두고 보자. 다중多衆은 어떤 힘을 가지고 있는가? 나보다 더 숭고한 이법理法에 복종하는 분들만이 내게 강요할 수 있다. 그런 분들은 그들 자신과 같은 사람이 될 것을 강요한다. 나는 다중이 '사람들에게' 이런저런 방식으로 살라고 '강요하는' 소리를 들어보지 못했다. 만약 그렇다면 삶이 어찌 되겠는가? 정부가 내게 "돈이 아니면 목숨을 바쳐라,"라고 요구하는 경우, 내가 왜 서둘러 돈을 주어야 하겠는가? 정부는 아마 매우 쪼들려서, 쩔쩔매고 있을지도 모른다. 그렇다고 내가 그런 정부를 도와줄 수는 없다. 정부도 나처럼 스스로 도와야 한다. 쪼들린다고 훌쩍거려보았자 소용없다. 사회라는 기계가 성공적으로 돌아가도록 하는 것은 내 책임이 아니다. 내가 기술자의 아들이 아니기 때문이다. 도토리와 밤이 나란히 땅에 떨어졌을 때, 한쪽이 다른 쪽에 맥없이 길을 비켜주지는 않는다. 둘 다 각자의 관례를 따르고, 최선을 다해 싹트고 자라고 번성한다. 아마도 마침내 한쪽이 다른 쪽을 그늘지게 하여 죽일 것이다. 식물은 자신의 본성에 따라 살지 못하면, 죽고 만다. 사람도 마찬가지이다.

감옥에서 지낸 밤은 매우 신기하고 흥미로웠다. 내가 들어갔을 때, 죄수들은 셔츠 바람으로 문간에 서서 잡담을 나누며 저녁 바람을 쐬고 있었다. 그러나 간수가 "이봐, 이제, 문을 잠글 시간이야."라고 말하자, 그들은 뿔뿔이 흩어졌고, 텅 빈 방으로 돌아가는 그들의 발소리가 들렸다. 간수는 내 룸메이트를 "일급 모범수이고 총명한 남자"라고 소개했다. 문이 잠기자, 그는 모자를 걸어 놓는 곳도 알려주고, 거기서 지내는 방법도 알려주었다. 감방은 한 달에 한 번씩 흰 도료를 칠하는데, 적어도 마을에서 가장 희고, 가장 소박한 가구를 갖췄으며, 가장 깔끔한 방일 것 같았다. 그는 당연히 내가 어디에서 왔으며, 왜 그곳에 들어왔는지 궁금해했다. 나는 그것에 대해 대답한 다음, 이번에는 내가 그에게 어쩌다 그곳에 왔는지 물었다. 물론 그가 정직한 사람이리라 추정하고 던진 질문이었다. 일반적으로 그렇듯이, 나는 그 또한 정직한 사람이라고 믿었다. 그가 말했다, "그게, 헛간에 불을 지른 혐의를 받았지요. 하지만 난 절대 그러지 않았어요." 내가 아는 한, 그는 아마도 술에 취해 자려고 헛간에 들어갔고, 그곳에서 담배를 피웠고, 그래서 불이 났을 것이다. 그는 총명한 남자라는 평판을 얻었고, 그곳에서 재판이 열리기를 석 달가량 기다려 왔는데, 앞으로도 그만큼의 기간을 더 기다려야 할 것이다. 그러나 그는 감옥 생활에 완전히 익숙하여 만족하고 있었다. 숙식이 무상으로 제공되는 데다, 대우도 후하게 받고 있다고 생각했기 때문이다.

창문 하나는 그가 차지했고, 나는 다른 하나를 차지했다. 나는 사람이 그곳에 오래 머무르면, 주로 하는 일이 창밖을 내다보는 것임을 깨달았다. 나는 곧 그곳에 있는 소책자들을 전부 읽어 치웠고, 이전 죄수들이 탈옥한 곳과 쇠창살이 톱으로 절단된 곳을 자세히 살펴보았으며, 그 방을 차지했던 다양한 사람의 역사를 들었기에, 결코 감옥 담장 너머로는 퍼져 나가지 않는 역사와 뒷공론이 이곳에도 있다는 사실을 발견했다. 아마 이곳은 마을에서 시詩가 창작되는 유일한 집일 게다. 이런 시는 나중에 회람용으로 인쇄되었지만, 출판된 적은 없었다. 탈옥을 시도하다 발각된 몇몇 젊은이가 지은 시의 아주 긴 목록을 보았다. 그들은 그런 시를 노래함으로써 복수한 것이었다.

나는 내 동료 죄수를 다시는 못 만날까 싶어서, 이런저런 질문을 끈질기게 했다. 그러나 이윽고 그는 어느 쪽이 내 침대인지 알려주고는 불을 끄고 자라고 했다.

그곳에서 누워 보낸 하룻밤은 직접 보게 될 줄은 상상도 못 했던 머나먼 타국으로 여행 온 것 같았다. 나는 마을 시계탑이 시각을 알리는 소리도 처음 듣고, 저녁 무렵 마을 사람들이 떠드는 소리 또한 들어본 적이 없는 것 같은 느낌이었다. 왜냐하면 우리는 창문을 열어두고 잤지만, 이곳의 창문은 쇠창살 안쪽에 있었기 때문이다. 그것은 내 고향 마을을 중세의 빛 속에서 보는 것이었으니, 우리의 콩코드 강이 라인강으로 바뀌고, 기사와 성의 환상들이 내 앞을 지나는 것을 보는 것이었다. 내 귀에 들리는 거리의 목소리는 옛 공민公民들의 목소리였다. 나는 본의 아니게 인근 마을 여인숙의 부엌에서 하는 일을 보고, 나누는 말을 듣는, 목격자이자 방청자가 되었으니, 내게는 그야말로 새롭고도 진기한 경험이었다. 그것은 내 고향 마을을 더 가까이서 보는 것이었다. 나는 마을 내부에 깊이 들어와 있었다. 전에는 마을의 공공기관들을 살펴본 적이 없었다. 우리 마을은 군청 소재지이니, 이 감옥은 마을의 독특한 공공기관 중 하나인 셈이었다. 나는 이 기관의 주민들이 무엇에 종사하는지 이해하기 시작했다.

아침이 되자, 문에 난 구멍으로 식사가 들어왔다. 구멍에 딱 맞게 만든, 직사각형의 작은 양철 그릇에 초콜릿 1파인트, 갈색 빵, 쇠숟가락 하나가 담겨 있었다. 간수들이 그릇을 다시 반납하라고 했을 때, 나는 풋내기답게 먹고 남은 빵까지 반납했다. 그러나 내 동료가 그것을 집더니, 점심이나 저녁용으로 보관하라고 말했다. 잠시 뒤 그는 근처 들판에서 하는 건초 작업에 나갔다. 매일 그곳으로 갔다가 정오에야 돌아왔다. 그는 내게 작별 인사를 하면서, 나를 다시 볼 수 있을지 모르겠다고 말했다.

누군가 개입해서 그 세금을 납부해서,[29] 내가 감옥에서 나왔을 때, 나는

---

29 그의 스승 에머슨이 납부했다는 설도 있지만 믿기 어렵다. 가족의 회고에 따르면 그의 숙모가 납부했다.

젊어서 감옥에 들어갔다가 비틀거리는 백발노인이 되어서 나온 사람이 목격한 것 같은 큰 변화가 동네에 일어나지는 않았다는 느낌을 받았다. 그러나 내 눈에는 마을과 주와 국가의 무대에 어떤 변화가 이미 온 듯했다. 그저 시간이 흘러 생길 수 있는 것보다는 훨씬 큰 변화였다. 내가 살고 있는 주가 더 분명히 보였다. 나는 함께 살아가는 사람들을 어느 정도까지 선량한 이웃과 친구로 신뢰할 수 있는지 깨달았다. 그들의 우정은 여름 날씨만을 위한 것이며, 그들은 옳은 일을 할 생각이 별로 없다는 사실을 알았다. 그들은 편견과 미신 때문에 나와는 중국인과 말레이시아인만큼이나 다른 인종이라는 것, 그들은 인류를 위한 희생에서, 심지어 그들의 재산을 위한 희생에서도, 하등의 위험을 무릅쓰지 않는다는 것, 그리고 결국 그들은 그리 고결하지 않기에 도둑이 그들을 대하듯이 도둑을 대한다는 것, 그들은 어떤 표면적인 율법과 몇 번의 기도를 통해, 그리고 때때로 곧지만 쓸모없는 특정한 길을 걸음으로써, 그들의 영혼을 구하기를 희망한다는 것을 알게 되었다. 나는 그들 중 많은 이가 마을에 감옥 같은 기관이 있다는 사실조차 모른다고 믿기에, 내가 이웃들을 너무 가혹하게 평가하는지도 모르겠다.

예전에 우리 마을에서는 가난한 채무자가 출소하면, 그의 지인들이 손가락을 교차하여 그 사이로 바라보면서, "안녕하신가?"하고 인사하는 풍습이 있었는데, 교차한 손가락은 감옥 창문의 쇠창살을 상징했다. 내 이웃들은 그렇게 내게 인사하지 않고, 우선 나를 쳐다보더니, 자기들끼리 서로 쳐다보았다. 마치 내가 긴 여행을 마치고 돌아오기라도 한 것처럼 말이다. 내가 구치소에 수감된 것은 수선을 맡긴 신발을 찾으러 구둣방에 가는 길이었다. 그다음 날 아침 출소했을 때, 나는 어제 하려던 일을 마쳤다. 수선된 신발을 찾아 신고는, 월귤을 따러 가는 무리와 합류했는데, 그들은 내게 안내자가 되어달라고 몹시 졸랐다. 곧 말이 준비된 덕분에, 반 시간도 안 되어 2마일 떨어진 월귤 벌판의 한복판에 이르렀다. 이 벌판은 인근에서 제일 높은 언덕 가운데 하나이다. 이제 정부는 어디에서도 보이지 않았다.

이것이 '나의 옥살이'[30]의 자초지종이다.

---

30   이탈리아 시인이자 극작가이며 애국자인 실비오 펠리코Silvio Pellico(1789~1854)

나는 도로세 납부를 거부한 적은 없다. 불량한 시민이 되고 싶은 것 못지않게 선량한 이웃이 되고 싶었기 때문이다. 그리고 학교 후원 문제로 말하면, 나는 현재 동포들을 가르치는 내 역할을 다하고 있다. 내가 납세를 거부하는 것은 세금 고지서의 특정 항목 때문이 아니다. 그저 주 정부에 대한 충성을 거부하고, 주 정부에서 물러나 실질적으로 초연하고 싶을 뿐이다. 내가 낸 세금이 총이나 총을 쏠 사람을 사는 데 쓰이지 않는 한, 나는 내 돈의 행방을 추적할 생각이 없다. 돈은 순진하기 때문이다. 그러나 내 충성심의 결과를 추적하는 데는 관심이 있다. 사실, 나는 내 방식대로 조용히 주 정부에 선전포고하고 있다. 그러나 이런 경우에 대개 그렇듯이, 나는 주 정부의 용도와 혜택을 가능한 한 이용하고 누릴 것이다.

만약 타인들이, 주 정부에 공감하여, 내게 부과된 세금을 대납한다면, 그들은 자신들이 세금을 낼 때 저지른 잘못을 다시 저지르는 것에 불과하다. 더 정확히 말하면, 그들은 주 정부가 요구하는 것보다 훨씬 더 크게 불의를 부추기는 셈이다. 만약 그들이 세금이 부과된 개인에게 그릇된 관심을 기울여서, 그의 재산을 보호하거나, 그의 옥살이를 막기 위해서 세금을 대납한다면, 그것은 그들의 사적 감정이 공적 이익을 얼마나 해치는지 현명하게 생각하지 않았기 때문이다.

이것이 바로 현재의 내 입장이다. 그러나 이런 경우에 누구든지 자기의 행동이 고집이나 여론에 대한 지나친 고려로 인해서 편향되지 않도록 아무리 주의해도 부족하다. 누구든지 자기 자신과 그 시각에

의 『나의 옥살이』(1832)에 빗댄 것이다.

속한 것만을 행한다는 사실을 직시하도록 하자.

　글쎄, 나는 가끔 이 사람들의 의도는 좋다는 생각이 든다. 그들은 무지할 뿐이다. 만약 그들이 어떻게 할지 안다면 더 잘할 것이다. 당신의 세금을 대납하는 이런 고통을 그럴 마음이 없는 이웃들에게 줄 이유가 있는가? 그러나 다시 생각하니, 이것은 내가 그들이 행하는 대로 행하거나, 다른 사람들이 딴 종류의 훨씬 더 큰 고통을 겪도록 허용할 이유는 아니다. 다른 한편, 나는 때로 이런 혼잣말을 한다, '수백만 명의 사람들이, 열 내지 않고, 악의도 없고, 하등의 개인적 감정도 없이, 당신에게 그저 몇 푼의 돈을 요구할 때, 더욱이 그것이 그들의 체질이어서, 그들의 현재 요구를 철회하거나 변경할 가능성도 없을 때, 그리고 당신 쪽에서는 다른 어떤 수백만 명에게 그런 호소를 할 가능성도 없는데, 왜 이런 엄청난 폭력을 허용하는 상황을 당신 스스로 일으키는가? 당신은 추위와 굶주림, 바람과 파도에 그토록 완강하게 저항하지 않고, 이와 비슷한 수많은 필요불가결한 것들에 조용히 복종한다. 불 속에 머리를 집어넣지는 않는다는 말이다. 그러나 나는 이런 불을 전적으로 폭력이 아니라 부분적으로는 인간다운 힘이라고 간주하는 것에 비례해서, 그리고 예의 수백만 명과 나와의 관계도 무수한 다른 사람과의 관계와 같은 것이기에 그저 폭력적이거나 비정한 관계들은 아니라고 여기는 것에 비례해서, 첫 번째로 그리고 즉각적으로, 그들로부터 그들의 창조주에게 하는 호소는 가능하며, 두 번째로는, 그들로부터 그들 자신에게 하는 호소도 가능하다는 생각이다. 그러나 내가 일부러 불 속에 머리를 집어넣는다면, 불이나 불의 창조주에게 호소하는 게 아니고, 오롯이 내가 책임을 져야 한다. 내가 만일 사람들의 현재 모습에 만족하고, 그들의 현재에 합당하게, 즉 어떤 점에서는, 그들과 내가 어떠어떠해야 한다는 내 요구나 기대에 따르지 않고, 그들을 대우할 어떤 권리가 나에게 있음을 스스로 이해할 수 있다면, 그다음에는, 훌륭한 이슬람교도나 운명론자처럼, 나는 지금 그대로의 현실에 만족하고, 그것이 신의 뜻이라고 말하도록 노력해야 할 터이다. 그리고 무엇보다 현실에 저항하는 것과 순전히 야수적이거나 자연적인 힘에 저항하는 것 사이에는 차이점이 있으니, 현실에 저항하는 것은 얼마쯤의 효과를 볼 수 있으나, 내가 오르페우스처럼[31] 돌과 나무와 짐승의 본성을 변화시키기를 기대할 수는 없는 것이다.

나는 어느 개인이나 국가와 다투고 싶지 않다. 사소한 것에 집착하거나, 시시콜콜 따지거나, 이웃들보다 잘났다고 뽐내고 싶지 않다. 오히려, 나는 국법에 순응할 구실을 찾고 있다고 말할 수 있을 것이다. 나는 언제든 기꺼이 법에 순응할 것이다. 정말이지, 모든 책임이 나에게 있다고 생각할 만한 이유가 있으니, 매년, 세금 징수원이 찾아올 무렵이면, 대중과 주 정부의 조치와 입장, 국민의 정신을 재검토하고픈 마음으로, 법에 순응할 구실을 찾고 싶은 나 자신을 발견한다.

> "우리나라를 부모처럼 받들어야 한다.
> 우리의 사랑이나 근면을 딴 데로 돌려
> 나라에 경의를 표하지 않거든 언제나,
> 그 결과를 참작하여 우리 영혼에게
> 지배나 이득의 욕망이 아니라,
> 양심과 종교의 문제를 가르쳐야 한다."[32]

---

31 그리스 신화에 나오는 음유시인이다. 리라 연주로 돌과 나무와 짐승을 감동시켰다고 한다.
32 영국의 극작가이자 시인 조지 필George Peele(1556~1596)의 『알카자르의 전투』 *The Battle of Alcazar*(1594) 중.

주는 머지않아 내가 이런 모든 노력에서 손을 떼게 할 수 있을 것이며, 그러면 나도 내 동포들과 다름없는 애국자가 될 것이다. 눈높이를 낮추어 보면, 헌법은 그 결함에도 불구하고 매우 훌륭하다. 법률과 법정은 매우 존경할 만하며, 이미 많은 사람이 언급했듯이, 이 주나 미국 정부도 여러 면에서 매우 존경스럽고 보기 드문 존재이기에, 감사해야 할 것이다. 그러나 눈높이를 조금 높여 보면, 그들은 내가 이제껏 언급한 수준의 정부일 뿐이다. 눈높이를 더 높여서, 최고로 높여 보면, 누가 감히 그들의 수준을 말할 것이며, 누가 그들이 조금이라도 주시하거나 관심을 둘만한 정부라고 말할 것인가?

그러나 나는 정부에 별 관심이 없으며, 가능한 한 정부를 생각하지 않을 것이다. 이 세계에서도, 내가 정부의 지배하에서 사는 순간은 그리 많지 않다. 누구나 자유롭게 생각하고, 자유롭게 공상하며, 자유롭게 상상할 수 있다면, '자유롭지 않은' 것은 결코 오랫동안 '자유롭게' 보이지 않을 것이니, 어리석은 통치자나 개혁론자가 그를 치명적으로 방해할 수는 없을 것이다.

나는 사람들이 대개 나와 다르게 생각한다는 것을 안다. 그러나 이런 문제나 이와 비슷한 주제를 연구하는 직업에 평생 헌신하는 사람들은 누구보다도 나를 만족시키지 못한다. 정치가와 입법자는, 완전히 제도권 내에 서 있기 때문에, 그것을 뚜렷하고 적나라하게 보지 못한다. 그들은 움직이는 사회를 말하지만, 그 사회를 떠나서는 안식처가 없다. 그들은 일정한 경험과 안목을 가진 자들일 것이고, 틀림없이 독창적이면서도 유용한 체재를 고안했을 것이므로, 우리는 그들을 진심으로 고맙게 여긴다. 그러나 그들의 지혜와 유용성은 그다지 넓지 않은 일정한 한계 안에 머문다. 그들은 세상이 정책과 편의주의만으로 다스려지지 않는다는 사실을 곧잘 망각한다. 웹스터[33]는 정부의 속셈까지는 결코 꿰뚫어 보지 못하기에, 정부에 대해 권위 있게 말하지 못한다. 그의 말들은 현 정부를 본질적으로 개혁할 생각이 없는 입법자들에게는 지혜이지만, 생각하는 사람들과 모든 시대를 위한 입법을 하는 사람들이 보기에는, 그는 그 주제를 한 번도 훑어보지 않았다. 이 주제에 대해 침착하고 현명하게 숙고하는 이들이 있는 것으로 아는데, 그들은 웹스터의 지성의 범위와 도량의 한계를 곧 드러낼 것이다. 하지만, 대다수 개혁론자의 값싼 공언과 일반 정치가들의 더 값싼 지혜와 열변에 비하면, 그의 말은 거의 유일하게 분별 있고 값지기에, 우리는 그를 주신 하느님께 감사한다. 상대적으로, 그는 언제나 강하고, 독창적이며, 무엇보다도 현실적이다. 하지만 그의 탁월함은 지혜가 아니라 신중이다. 변호사의 진실은 '진리'Truth가 아니라 일관성이나 일관된 편의주의이다. '진리'는 항상 그 자체와 조화를 이루기에, 주로 잘못된 행위와 양립할 수 있는 정의를 드러내는 데는 관심이 없다. 그는 이제껏 헌법 수호자라고 불려 왔는데, 그렇게 불릴 만한 자격이 충분하다. 그가 가하는 강타는 실로 방어적인 것밖에 없다. 그는 지도자가 아니라 추종자이다. 그의 지도자들은 1787년의 헌법 기초자들[34]이다. 그는 "나는 노력한 적도 없으며, 노력하자고 제안한 적도 없다. 나는 여러 주가 합중국이 되기 위해 본래 맺었던 협정을 깨트리려는 노력을 지지한 적도 없고, 결코 그런 노력을 지지할 뜻도 없다."라고 말한다. 그는 헌법이 노예제도를 인정한 것을 염두에 두며, "그것은 당초 협약의 일부이므로, 그것을 유지하자."라고 말한다. 그의 특별한 예지와 능력

---

33   미국 정치가 대니얼 웹스터Daniel Webster(1782~1852)는 거의 항상 정부 당국을 존중하여 '헌법 수호자'로 불렸다.
34   1787년 9월 17일, 미국의 새 헌법 초안이 필라델피아 연방 회의에서 완성된 후 벤자민 플랭크린Benjamin Franklin은 모든 주가 비준해 줄 것을 호소했다.

에도 불구하고, 그는 어떤 사실을 단순한 정치적 관계에서 분리하여, 현재의 그것을 지성에 의해 단호히 버려질 것으로 보지는 못한다. 예를 들어, 오늘날 이곳 미국에서 노예제와 관련해서 무엇을 하는 것이 인간의 직분을 다하는 것인지에 대하여, 그는 아래와 같이 가망 없는 답변을 과감하게 또는 쫓기듯이 내놓는다. 그는 개인적 입장에서 단호히 말한다고 주장하지만, 그의 답변에서 사회적 의무와 관련한 어떤 새롭고도 독특한 규범을 추론할 수는 없지 않은가 말이다. 그는 이렇게 답변한다, "노예제가 존재하는 주 정부들이, 그들의 유권자들에 대한 책임하에서, 그리고 품위와 인간애와 정의와 신에 대한 책임하에서, 노예제를 규제하는 방식은 주 나름의 사정에 달려있다. 다른 주에서 인간애 또는 다른 어떤 명분을 바탕으로 조직된 단체들은 그것과는 아무런 관계가 없다. 나는 그런 단체에 하등의 격려를 보낸 적이 없으며, 앞으로도 그럴 것이다."

진리의 더 순수한 원천을 모르는 이들, 진리의 강물을 더 높이 거슬러 올라가지 않은 사람들은 『성경』과 헌법 옆에 서서, 그것도 슬기롭게 서서, 경건하고 겸손한 마음으로, 거기에 고인 물을 마신다. 그러나 진리가 이 호수로 혹은 저 연못으로 졸졸 흘러드는 곳이 보이는 사람들은 다시 한번 허리를 졸라매고, 진리의 수원을 향하여 순례를 계속한다.

입법에 천부적인 재능을 가진 사람이 미국에 한 명도 나타나지 않았다. 그런 인물은 세계사에서도 드물다. 웅변가, 정치가, 달변가는 수두룩하다. 그러나 오늘날 골치 아픈 문제를 해결할 수 있는 연설가는 아직 입을 열지 않았다. 우리는 웅변을 그 자체로 좋아할 뿐, 그것이 표명할지도 모르는 진리나 그것이 고취할지도 모르는 영웅적 행위에는 전혀 관심이 없다. 우리의 입법자들은 자유 무역, 자유, 연합, 청렴이 국가에 주는 상대적 가치를 아직 깨닫지 못했다. 그들은 상대적으로 하찮은 과세와 금융, 상업과 제조업과 농업의 문제에도 천부적 소질이나 재능이 없다. 우리가 의회에서 떠드는 입법자들의 말재주만 길잡이로 삼고, 국민의 시의적절한 경험과 효과적인 불만 표시로 잘못을 바로잡지 않으면, 미국은 머지않아 지금과 같은 국가들 사이에서 그 위상을 잃고 말 것이다. 내가 이런 말을 할 자격이 없겠지만, 신약성경은 1,800년 동안 쓰였다. 그러나 입법이라는 과학에 신약성경이 비추는 빛을 활용할 만한 지혜와 실용적 재능을 가진 입법자는 어디에 있는가?

정부의 권위는, 내가 기꺼이 복종하고 싶은 그런 권위일지라도, 아직은 불순하다. 나는 나보다 더 잘 알고 더 잘 행동할 수 있는 사람들에게 즐겁게 복종할 것이며, 많은 면에서 그렇게 잘 알지도 행동하지도 못하는 사람들에게도 그럴 것이다. 엄정하게 말해서, 정부의 권위는 피지배자의 재가와 동의를 받아야 한다. 정부는 내가 정부에 허락한 것 외에는 내 신체와 재산에 순수한 권리를 행사할 수 없다. 절대군주제에서 입헌군주제로, 입헌군주제에서 민주주의로 진보해 온 것은 개인에 대한 진정한 존중을 지향하는 진보이다. 중국의 철학자조차 개인을 제국의 기초로 여길 만큼 현명했다. 우리가 알고 있는 그런 민주주의가 발전이 가능한 최후의 정부인가? 민주주의가 인간의 권리를 인정하고 체계화하는 쪽으로 한 걸음 더 발전할 수는 없을까? 정부가 개인을 더 높고 독립적인 힘으로 인정하고, 정부의 모든 힘과 권위가 개인으로부터 나오기에, 이에 합당하게 개인을 대우하기 전에는 결코 진실로 자유롭고 개화된 정부는 존재하지 않을 것이다. 나는 모든 사람에게 의로울 수 있고, 개인을 이웃으로 존중할 수 있는 정부를 즐겁게 상상해 본다. 이런 정부는 이웃과 동포로서의 의무를 다한 소수가 정부와 거리를 두고 살고, 정부에 간섭하지도 않으며, 정부의 포용을 받지도 않는 것을 정부의 안녕과 일치하지 않는다고 생각하지 않을 것이다. 이런 종류의 열매를 맺고, 그것이 익는 즉시 땅에 떨어지게 하는 정부는 더욱더 완벽하고 영광스러운 정부의 길을 준비할 것이다. 나 또한 이런 정부를 상상했지만, 아직 어디에도 보이지 않는다.

2. 원칙 없는 삶
Life Without Principle

옮긴이의 말

「원칙 없는 삶」은 본래 우리가 어떻게 자유롭고 독립적인 생계를 유지해야 하는지에 대해 소로가 1854년 12월 6일 로드아일랜드주 프로비던스Providence의 레일로드 홀Railroad Hall에서 가졌던 첫 연설을 시작으로 몇 년간 최소 6회 이상 "What Shall It Profit?" 또는 "Getting a Living" 등의 타이틀로 강연한 것이며, 그의 사후인 1863년 The Atlantic Monthly 지에 오늘의 "Life without Principle"로 활자화된 것이다.

이 에세이의 서두에서 보듯이, 소로의 이 글은 그가 참석한 어느 강연회가 직접적인 동기가 되었다. 어느 연사가 자신의 강연 주제에 대해서는 잘 알지도 못하면서 강연료에만 관심이 있는 것이 분명했다. 돈을 위해서만 일한다면, 그가 노예와 다를 바가 무엇이겠는가? 자유인이라면, 무엇인가를 좋아해야 하고, 그것으로 생활비를 버는 것이 자존, 독립, 그리고 자급의 원칙이 아니겠는가! 그러나 세계는 비즈니스 중심적이어서, 어느 개인이나 집단은 아랑곳없이 전진을 계속한다. 비즈니스가 어느 남자나 여자를 위해서 멈추는 일은 없다.

소로는 이 에세이에서 말한다, "노동자의 목적은 생활비를 버는 것, 즉 '좋은 직업'을 얻는 것이 아니라, 어떤 일을 잘 수행하는 것이라야 한다." 그리고 고용주는 "돈을 위해서 당신의 일을 하는 사람을 고용하지 말고, 좋아하기에 그 일을 하는 사람을 고용하라." 그러나 사람들은 대부분 바쁜 일, 하찮은 뉴스와 잡담, 그리고 인습에의 순응 필요성에 얽매여, 존재의 표면에서 생각 없이 살아간다. 캘리포니아로 쇄도하는 '골드 러시'gold rush 같은 현상에서 보듯이, 횡재를 탐하는 사람들은 대부분 자신이 금맥인지도 모르고 자존, 자립, 자기실현이 턱없이 부족하다. "그런 인간들의 철학과 시와 종교는 먼지버섯의 먼지만큼의 가치도 없다."

얼마 전, 어느 문화 강좌에서, 연사가 자신이 잘 알지도 못하는 주제를 선택했고, 따라서 나는 그의 역량만큼 내게 흥미를 주지 못한다고 느꼈다. 그는 자신의 마음속이나 가까이에 있는 것들이 아니라, 마음과는 거리가 멀고 피상적인 것들을 언급했다. 이런 의미에서 그의 강좌에는 진정으로 중점적이거나 집중적인 사고思考가 없었다. 시인이 그러하듯이, 그가 최고로 개인적인 경험을 이야기했으면 싶었다. 내가 이제껏 받은 최고의 찬사는 어떤 사람이 '내 생각'이 무엇인지 묻고, 내 대답에 귀를 기울이는 것이었다. 이런 일이 생기면 나는 깜짝 놀라면서도 기쁘다. 좋은 연장을 잘 알아본다는 듯, 그가 나를 희귀한 연장으로 쓰겠다는 뜻이기 때문이다. 사람들이 내게 무엇인가를 바란다면, 내가 측량사이므로,[1] 흔히 그들의 땅을 몇 에이커로 측량하는지, 또는 기껏해야

---

1 소로는 자활의 수단으로 측량을 배워서 생계비의 대부분을 벌었다.

내가 어떤 시시한 뉴스에 괴로워하는지 알고자 하는 것뿐이다. 그들은 어느 분쟁을 해결하기 위해 나의 알맹이를 청하지는 않을 것이다. 그들은 나의 껍데기를 더 좋아한다. 언젠가 어떤 사람이 꽤 먼 거리를 달려와서, 노예제에 대한 강연을 내게 부탁했다. 그러나 그와 대화하는 중에, 그와 그의 일당이 강연의 8분의 7을 담당하고, 내게는 겨우 8분의 1을 맡길 예정이라는 사실을 알았다. 그래서 나는 거절했다. 나는 강연에 다소의 경험이 있었기에, 어디든 강연 초청을 받으면, 내가 전국 최고의 바보일지라도, '내가' 어떤 주제에 대해 어떻게 '생각하는지' 듣고자 하는 요구가 있으며, 그저 듣기 좋은 말 또는 청중이 동의할 말만 하면 안 되고, 따라서 나는 그들에게 쓴 약을 제공하는 것을 당연하다고 생각한다. 그들은 나를 연사로 초대했고, 강연료를 지급하기로 약속했기에, 그들을 전례 없이 지루하게 하더라도, 나는 내 모든 생각을 바치기로 결심한다.

이제 내 독자들에게 비슷하게 지루한 이야기를 하고자 한다. '당신들'은 나의 독자이고, 나는 여행을 많이 한 사람이 아니므로, 1,000마일이나 떨어진 사람들의 이야기가 아니라 되도록 내 집 가까이 있는 사람들의 이야기를 할 것이다. 시간이 짧기에, 듣기 좋은 말은 모두 빼고 듣기 싫은 말은 하나도 빼지 않을 것이다.

자, 우리가 어떻게 인생을 보내는지 생각해 보자.

이 세계는 하나의 사업장이다. 얼마나 끝없는 소란이 이어지는가! 나는 거의 매일 밤 헐떡이는 기관차 소리에 잠이 깬다. 그것은 나의 꿈을 방해한다. 도무지 안식일이 없다. 한 번이라도 여유롭게 인간을 바라보면 영광스러울 것이다. 그러나 일, 일, 그저 일뿐이다. 공책들은 통상 달러와 센트를 적어넣도록 줄이 쳐져 있으니, 생각들을 적어넣기에 마땅한 공책도 쉽게 살 수 없다. 내가 들판에서 뭔가 메모하는 모습을 보고, 어떤 아일랜드 사람은 당연히 내가 내 품삯을 계산하고 있다고 생각했다. 어떤 사람이 유아였을 때 창밖으로 내던져져서 절름발이가 되거나, 인디언에 놀라서 정신이상자가 되었다면, 사람들은 주로 그가 일할 능력을 잃었기에 유감이라고 생각하는데, 그야말로 비즈니스가 판을 치는 것이다! 내가 생각하기에는 시, 철학, 인생 자체에 이런 끊임없는 비즈니스보다 더 적대적인 것은 없으니, 심지어 어느 범죄보다도 더 그러하다.

우리 마을 교외에 야비하고 시끄러운 돈벌레가 있다. 그는 지금 자기의 목초지 가장자리를 따라 둔덕 아래에 방벽을 치려고 한다. 피해를 예방하기 위한 방벽을 칠 생각을 그에게 주입한 장본인은 바로 당국자들이다. 그는 내가 그와 함께 3주 동안 땅을 파기를 원한다. 그 결과로 그는 아마 약간의 돈을 더 축적하여, 상속자들이 바보스럽게 쓰도록 남기고 떠나게 될 터이다. 내가 그와 함께 땅을 판다면, 거의 모두 내가 근면하고 열심히 일하는 사람이라고 칭찬할 것이다. 그러나 내가 돈은 별로 안 되지만, 진짜 수익을 더 많이 내는 모종의 노동에 헌신하기로 선택한다면, 그들은 나를 게으름뱅이로 간주하기 쉬울 것이다.[2] 그럼에도, 나는 그런 무의미한 노동을 권장하는 공권력의 통제를 받을 필요가 없고, 우리 정부나 외국 정부의 수많은 사업에서처럼, 이 돈벌레의 사업에서도 정말로 칭찬할 만한 점이 전혀 보이지 않으므로, 그 일이 그나 그들에게 아무리 즐거운 일이라 하더라도, 나는 내 교육을 다른 학교[3]에서 마치는 편이 더 낫다고 생각한다.

어떤 사람이 숲을 사랑해서 하루의 절반을 숲에서 걷는다면, 그는

2　소로가 2년 2개월간 월든 숲에서 자연의 일부로 살고 있을 때, 많은 사람이 그를 '게으름뱅이'로 간주했다.
3　월든 숲과 호수는 소로가 말하는 그의 "다른 학교"이었다.

게으름뱅이로 간주 될 위험성이 있다. 그러나 그가 다 크지도 않은 나무를 벌목해서 민둥산을 만드는 투기업자로서 온종일을 보낸다면, 근면하고 진취적인 시민으로 존경받는다. 마을이 나무를 베어버리는 일 말고는 숲에 전혀 관심이 없어 보이지 않는 것인가!

단순히 품삯을 벌 목적으로, 담 너머로 돌멩이들을 던지고 나서 제자리로 되던지는 일에 고용되리라는 제안을 받는다면, 사람들은 대부분 모욕감을 느낄 것이다. 그러나 지금 이보다 더 값진 일에 고용되는 사람이 그리 많지 않다. 예컨대, 어느 여름 아침 해가 뜬 직후에, 한 이웃이 소달구지 옆에서 걸어가는 모습이 보였다. 그는 토막 낸 무거운 돌 하나를 굴대 밑에 매달고, 근면의 분위기에 에워싸여, 달구지를 천천히 끌고 있었다. 그의 일과가 시작된 터였고, 그의 이마에는 땀이 흐르기 시작했다. 그의 모습은 모든 게으름뱅이와 빈둥거리는 사람들에 대한 질책 자체였다. 그가 황소들의 어깨와 나란히 잠시 멈추고, 몸을 반쯤 돌려서 자비의 채찍을 휘두르니, 황소들은 자기들의 키만큼이나 그보다 앞서서 나갔다. 그걸 보고 나는 생각했다, '저런 것이 미국 의회가 보호하기 위해 존재하는 노동이다. 성실하고 사내다운 일, 하루가 긴 만큼이나 정직한 노고이다. 빵을 맛있게 하고, 사회를 맛있게 유지하며, 모든 사람이 존경하고 신성시하는 노동이다. 저런 팀이야말로 필요하되 진력이 나는 고역을 수행하는 성스러운 집단의 하나 아닌가.' 나는, 실로, 다소 수치심을 느꼈으니, 창문으로 그들을 구경만 했지, 집 밖으로 나가서 그와 비슷한 일에 종사하지 않았기 때문이다. 그날이 지나고 저녁때, 나는 다른 이웃의 마당을 지나갔다. 그는 많은 하인을 두고 있고, 많은 돈을 어리석게 쓰면서도, 공동 기금에는 조금도 보태지 않는 사람이다. 그런데 거기서 그날 아침에 내가 봤던 그 돌이 바로 그 티모시 덱스터 경[4]의 가옥을 장식하기 위해 설치한 기발한 구조물 옆에 놓여있는 모습이 보였다. 그날 아침 수레를 끌던 이웃의 존엄성이 내 눈앞에서 싹 사라지는 순간이었다. 나의 의견으로는, 태양은 이것보다는 더 값진 노동을 비추도록 만들어졌다. 내가 덧붙여 말할 수 있기는, 그의 고용주는 그 후 마을 사람 대부분에게 빚을 지고서 줄행랑을 쳤고, 형평법 재판소의 판결을 거쳐, 다른 어딘가에서 정착했으며, 거기서 또 한 번 예술의 후견자가 될 것이다.

돈을 벌 수 있는 방법들은 거의 예외 없이 타락으로 인도한다. '단순히' 돈만 버는 어떤 일을 했다면, 당신은 진짜 게으름뱅이거나 더 나쁜 사람이었다. 노동자가 고용주가 지급하는 품삯 이상으로 얻는 것이 없다면, 그는 속은 것이며, 자신을 속이는 것이다. 만약 당신이 작가나 강사로서 돈을 벌고자 하면, 인기가 있어야 하는데, 그것은 곧 수직으로 추락하는 것이다. 사회가 기꺼이 돈을 지급할 서비스는 사실 제공하기가 아주 불쾌한 것이다. 당신이 사람 이하의 존재가 되는 데에 지급하는 대가이기 때문이다. 국가는 통상 천재에게도 이보다 더 현명하게 보답하지 않는다. 계관시인[5]도 세습적 왕권을 찬양할 필요가 없기를 바랄 것이다. 그러니 왕실은 그를 한 통의 포도주로 매수해야 할 것이다. 어쩌면 또 다른 시인이 예의 술통을 계측하도록 호출을 받고는 시신詩神의 곁을 떠날 것이다. 나 자신의 비즈니스로 말하면, 고용주들은 내가 가장 만족스럽게 할 수 있는 종류의 측량조차 원하지 않는다. 슬프다, 그들은 내가 일을 대충 하기를, 너무 잘하지 않기를 바랄 것이다. 내가 여러 가지 측량법이 있다고 말하면, 고용주는 흔히 어느 방법이 가장 정확한지가 아니라, 어느 방법으로 측량해야 그에게 가장 많은

---

4   Timothy Dexter(1747~1806). 매사추세츠주의 사업가.
5   17세기부터 영국 왕실에서 국가적으로 뛰어난 시인을 가리키던 명예로운 칭호

땅을 줄지 묻는다. 언젠가 나는 장작의 용적을 측정하는 모종의 공식을 고안하고, 그것을 보스턴에 소개하려고 노력했다. 그러나 보스턴의 측정자는 판매자들이 장작의 용적을 정확하게 측정하기를 원하지 않는다, 즉 그의 측정이 그들에게는 이미 너무 정확하기에, 그들은 흔히 다리를 건너기 전에 찰스타운Charlestown[6]에서 장작을 적당히 계측한다고 말했다.

노동자의 목적은 생활비를 버는 것, 즉 '좋은 직업'을 얻는 것이 아니라, 어떤 일을 잘 수행하는 것이라야 한다. 금전적 의미에서도, 어느 마을이 노동자들에게 임금을 아주 후하게 지급하여, 그들이 저급한 목적을 위해서, 예컨대 생계만을 위해서가 아니라, 과학적 목적이나 도덕적 목적을 위해서 일하고 있다는 느낌을 받게 하는 편이 도리어 경제적일 것이다. 돈을 위해서 당신의 일을 하는 사람을 고용하지 말고, 좋아하기에 그 일을 하는 사람을 고용하라.

놀라운 점은 노동자들의 마음에 쏙 들게, 아주 잘 고용된 자는 별로 없다. 그러기에 그들은 보통 약간의 돈과 명예에 팔려서 현재의 직업을 그만두고 떠난다. 마치 젊은이의 자본은 '활동력'이 전부인 듯이, '활동적인' 청년을 구하는 광고들이 보인다. 그러나 나는 어떤 사람이 모종의 사업에 착수하면서 성년인 나에게 동업하자고 거리낌 없이 제안했을 때 많이 놀랐다. 내 삶이 이제까지 완전한 실패였으니, 내가 할 일이 전혀 없으리라는 것 아닌가! 내가 이렇게 황망하기 짝이 없는 찬사를 받다니! 마치 맞바람이 휘몰아치는 망망대해에서 갈팡질팡하는 나를 만났으니, 자기와 동행하자고 제안하는 것 같지 않은가! 내가

6　미국 매사추세츠주 동부의 옛 도시. 보스턴과 다리 하나 사이로 이웃하고 있다. 소로는 그의 이웃들이 정확한 새 측정법 대신 여전히 부정확한 찰스타운의 측정법을 선호하는 세태를 비판한다.

그와 동행하면, 당신은 내 보증인들이 뭐라고 말하리라 생각하는가? 안 돼! 안 돼! 나는 여행의 이 단계에서 할 일이 없는 게 아니었다. 사실대로 말하면, 소년 시절에 고향의 항구에서 빈둥거리다가, 나는 숙련 갑판원 모집 광고를 보았고, 성년이 되자마자 배를 탔다.

사회는 현명한 사람을 유혹할 미끼가 없다. 산에 터널을 파기에 충분한 돈은 갹출할 수 있겠지만, '독자적인' 비즈니스에 매진하는 사람을 고용할 정도로 충분한 돈을 갹출할 수는 없기 때문이다. 사회가 대가를 지급하거나 말거나, 유능하고 유용한 사람은 자신이 할 수 있는 일을 한다. 무능한 사람들은 그들의 무능을 가장 높은 입찰자에게 제공하면, 영원히 그 직무에 투입되리라고 기대한다. 이런 사람들이 낙심하는 일은 별로 없으리라.

나는 아마도 내 자유에 관해 보통 이상으로 질투심이 많다. 나는 사회와의 관계와 사회에 대한 의무는 아주 경미하고 일시적이라고 느낀다. 나에게 생활비를 제공하는 예의 가벼운 노동들, 즉 내가 동시대 사람들에게 어느 정도 쓸모 있다고 인정받는 노동들은 일반적으로 내게 아직 즐거운 일이다. 그래서 나는 그런 노동들이 '필수'라고 되뇌는 경우는 흔치 않다. 이제까지 나는 성공적이다. 그러나 나의 욕구가 커지면, 그것을 공급하는 데 필요한 노동은 노역이 되리라 예견한다. 만약 오전과 오후를 모두 사회에 판다면, 나에게는 살아갈 가치가 있는 게 아무것도 남지 않으리라 확신하지만, 사람들은 대개 그렇게 하는 듯하다. 그러므로 나는 결코 한 그릇의 죽을 위해 장자의 권리를 팔지는 않을 것이라고[7] 믿는다. 사람은 매우 근면하지만, 시간을 잘 쓰지 못할 수 있다는 말씀을 드리고 싶다. 생활비를 버는 데 인생의 대부분

---

[7] 『창세기』 25:29~34.

을 소비하는 사람보다 더 치명적인 얼간이는 없다. 모든 위대한 경영은 자활하는 것이다. 예컨대, 목재소가 자신의 톱밥으로 보일러에 연료를 공급하듯이, 시인은 자신의 시로 육체를 지탱해야 한다. 당신은 사랑함으로써 당신의 생활비를 벌어야 한다. 그러나 일백 명의 상인 중 아흔일곱 명은 실패한다는 말이 있듯이, 이런 기준으로 심판한다면, 사람들의 삶은 일반적으로 실패이고 분명 파산이 예측될 것이다.

단순히 재산의 상속자로 세상에 오는 것은 출생하는 게 아니라, 뭐랄까, 사산死産이나 다름이 없다. 친구들의 자선이나 정부의 연금에 의지하여, 그저 숨쉬기를 계속하는 것은, 이런 관계를 어떤 멋진 동의어로 표현하건 간에, 결국 요양원에 입소하는 것이다. 일요일에 예의 가난한 채무자는 교회에 가서 수입과 지출을 확인한다. 물론, 그는 지출이 수입보다 많다는 사실을 발견한다. 가톨릭교회에서는, 특히 교구 사무국에 가서, 정직한 고해를 하고, 모든 것을 포기하고, 재출발을 생각한다. 이처럼 사람들은 인간의 타락을 논하고는, 드러누워 잔다. 그러곤 결코 일어나려는 노력을 하지 않는다.

삶에 대한 인간의 상대적 요구로 말하면, 양쪽 사이에 중요한 차이가 있다. 한쪽은 수평적 성공에 만족하여 직사直射로 그의 과녁을 모두 맞힐 수 있지만, 다른 한쪽은, 그의 삶이 아무리 낮고 성공적이지 못하더라도, 그의 과녁을 부단히 높인다. 수평과 아주 작은 각도에서 그칠지라도 그런다는 말이다. 나는 훨씬 더 후자에 속하지만 동양 사람들이 말하듯, "영원히 내려다보는 자에게는 위대함이 접근하지 않으며, 위를 바라보는 자들은 모두 점점 가난해진다."

생활비 버는 주제主題에 대해 쓴 글 중에서 기억할 만한 것이 별로 없거나 하나도 없다는 사실은 놀라운 일이다. 생활비를 버는 방법은 가장 신성하고 명예로울 뿐만 아니라 아주 매력적이고 영광스러운 것이다. 생활비를 '버는 것'이 그렇지 않다면, 사는 일 또한 그렇지 않기 때문이다. 문헌을 살펴보면, 이 문제가 고독한 개인의 묵상을 어지럽힌 적이 없다는 생각이 들 것이다. 이 문제가 묵상의 대상이 되지 않은 것은 사람들이 자신들의 경험에 넌더리가 난 나머지 언급조차 하기 싫어서인가? 우리는 돈이 가르치는 가치의 학습, 즉 '조물주'가 우리에게 가르치려고 그토록 애쓴 가치의 학습을 송두리째 건너뛰기 쉽다. 생계 수단으로 말하면, 그것을 상속받거나, 벌거나, 훔치거나 간에, 각계각층의 사람들, 소위 개혁자들까지도, 그것에 대해 이상하리만큼 매우 무관심하다. 이 점에서 사회는 우리를 위해 아무 일도 하지 않았거나, 적어도 자신이 한 일을 되돌리지 않았다고 생각한다. 내 천성에는 사람들이 추위와 배고픔을 격퇴하기 위해서 채택하고 권고하는 예의 방법들보다 추위와 배고픔이 되레 더 마음에 드는 듯하다.

'현명한'이라는 칭호는 대부분 잘못 적용되고 있다. 사는 방법을 다른 이들보다 더 잘 모른다면, 즉 그저 더 약삭빠르고 지능적으로 음흉하다면, 그런 자가 어떻게 '현명한' 사람이 될 수 있는가? 쳇바퀴 같은 삶에서 '지혜'가 작동하는가? 아니면 지혜는 '자신의 본보기'로 성공하는 법을 가르치는가? 삶에 적용되지 않는 지혜 같은 것이라도 있는가? 지혜란 것은 가장 고운 논리를 가는 방앗간 주인에 불과한 것인가? 플라톤은 그의 동시대인보다 더 좋은 방법 또는 더 성공적으로 그의 '생활비'를 벌었는지, 아니면 다른 사람들처럼 삶의 어려움들에 굴복했는지 묻는 것은 타당하다. 그는 어려움의 일부를 그저 무관심으로 극복한 것으로 보이는가? 아니면 당당한 태도를 보임으로써 극복했는가? 아니면 그의 숙모가 유언장에서 그를 기억했기에, 살기에 더 쉬운 길을 발견한 것으로 보이는가? 대개의 사람이 생활비를 버는 방법, 다시 말해 그들이 살아가는 방법은 하나의 미봉책, 즉 인생이라는 진정한 과업의 회피에 지나지 않는다. 그들이 잘 모르는 것이 주요 이유이지만, 더 잘할 뜻이 없다는 것이 부분적인 이유이다.

예컨대, 캘리포니아의 골드러시, 그리고 이와 관련하여, 상인은 물론이고 소위 철학자와 예언자들이 보이는 태도는 인류 최대의 불명예를 반영한다. 수많은 사람이 행운으로 살아가면서, 사회에는 하등의 가치도 제공하지 않고, 운이 적은 다른 사람들을 마구 부리는 수단을 얻으려고 덤비지 않는가! 그리고 그것이 소위 기업이라니! 나는 직업의 부도덕성과 생계를 꾸리는 일반적 행태의 부도덕성이 골드러시보다 더 놀랍게 발달한 경우를 알지 못한다. 그런 인간들의 철학과 시와 종교는 먼지버섯의 먼지만큼의 가치도 없다. 코로 흙을 헤집으며, 땅을 파서 먹을 것을 찾는 돼지도 그런 족속을 부끄러워할 것이다. 손가락을 추켜올림으로써 세계의 모든 부귀를 장악할 수 있다고 해도, 나는 그것에 '그런' 부도덕의 대가를 지급하지는 않을 것이다. 마호메트조차도 신이 이 세상을 농담으로 만들지 않았다는 사실을 알았다. 골드러시는 신을 한 줌의 동전을 뿌리고, 인간들이 서로 먼저 잡으려고 덤비는 꼴을 즐기는 '부자 신사'로 만드는 것이다. 세상이 제비뽑기란 말인가! 자연이란 영역에서의 생존이란 것이 제비뽑기의 대상인 것인가! 이것은 우리 제도에 대한 얼마나 충격적인 논평이며, 얼마나 수치스러운 풍자인가! 인류는 결국 스스로 나무에 목을 매게 되리라는 결론이 나올 것이다. 모든 성경의 모든 가르침이 인간에게 겨우 이것을 가르쳤는가? 인류 최후의 가장 감탄할 만한 발명이 겨우 개량된 쓰레기 갈퀴라는 것인가? 이것이 동양과 서양이 서로 만나는 마당인가? 신은 우리가 심은 적이 없는 곳을 파서 생계를 꾸리라고 지휘했는가? 그리고 신은 어쩌면 우리에게 황금 덩어리로 보상할 것인가?

신은 음식과 옷의 이용권을 올바른 인간에게 허락했다. 그러나 사악한 인간도 신의 궤에서 '복사판 이용권'을 발견하고, 그것을 도용하여, 올바른 인간처럼 음식과 옷을 획득했다. 그것은 이 세상이 경험한 가장 광범위한 위조 시스템 가운데 하나이다. 나는 인간이 금이 부족해서 고생한다는 것을 알지 못했다. 나는 약간의 금을 본 적이 있다. 금은 가단성可鍛性이 크지만, 위트만큼 크지는 않다. 한 알의 금은 넓은 표면에 금박을 입히지만, 한 알의 지혜만큼 그렇게 광대한 표면을 입히지는 못한다.

산의 협곡에서 금을 캐는 사람은 샌프란시스코 술집에 있는 그의 친구 못지않은 도박꾼이다. 흙을 흔들 건 주사위를 흔들 건, 그게 어떤 차이가 있는가? 당신이 이기면, 사회는 진다. 아무리 철저한 감독과 변상이 있을지라도, 금 캐는 사람은 정직한 노동자의 적이다. 금을 캐기 위해서 열심히 일했다고 말하는 것으로는 충분하지 않다. 악마도 그만큼 열심히 일한다. 범법자의 길은 여러 면에서 힘들지 모른다. 광산에 가본 아주 겸손한 관찰자는 금 캐기는 복권과 같은 특성이 있으며, 이렇게 얻은 금은 정직한 노동의 품삯과 같지는 않다고 말한다. 그러나 실제로는 그가 본 것은 원칙이 아니고 사실뿐이기 때문에, 그는 광산에서 본 사실을 망각하고, 광산에서의 거래에 가담한다. 이를 바꿔 말하면, 그는 사실이 매우 불확실한 곳에서, 흔히 또 다른 복권임이 입증되는 형태의 티켓을 사들이는 것이다.

어느 날 저녁, 오스트레일리아의 금 채굴에 관한 호윗[8]의 기사를 읽은 뒤에, 내 마음의 눈에 수많은 계곡이 밤새 어른거렸다. 시냇물 흐르는 계곡들을 온통 난도질하여 10에서 100피트 깊이에, 6피트 너비

---

8   알프레드 윌리엄 호잇Alfred William Howitt(1830~1908). 오스트레일리아 인류학자, 탐험가, 박물학자.

의 더러운 구덩이를 가능한 한 촘촘하게 파놓아, 얼마간 물이 고여 있었다. 어느 곳에서 착공鑿孔 해야 할지도 모르는 불확실한 상황에서, 사람들이 행운을 찾아서 미친 듯 몰려오는 현장이다. 그들은 다름 아닌 그들의 캠프 아래에 금이 있다는 사실도 모르고, 때로는 160피트까지 파야 비로소 금맥에 다다르거나, 1피트 차이로 금맥을 놓치기도 한다. 그들은 부에 대한 갈증에서, 그리고 다른 사람들의 권리를 무시하고서, 악마로 변신한다. 30마일에 걸친 모든 계곡이 갑자기 광부들의 구덩이로 인해 벌집이 된다. 그리하여 수백 명이 구덩이에 빠지고, 물속에 서서, 진흙과 찰흙을 뒤집어쓴 채, 밤낮 일하며, 노출에 따른 체온 저하와 질병으로 죽어간다. 이런 기사를 읽고 나서, 나는 그 일부는 잊은 채, 문득 다른 사람들이 행하는 대로 하는 나 자신의 불만족스러운 삶을 상상하고 있었다. 구덩이를 파는 예의 장면이 눈앞에 여전히 어른거리는 가운데, 어떤 금이 순금 미립자에 불과하더라도, '나는' 왜 매일 얼마간의 금을 씻고 있지 않은지 나 자신에게 물었다. '나는' 내 내부에 있는 금으로 수직 갱도를 파 내려가서, 그 금을 캐지 않을 이유가 있는가? '그곳에' 당신을 위한 밸러랫Ballarat과 벤디고Bendigo[9]가 있다. 그것이 '음침한 협곡'Sulky Gully인들 무슨 상관인가? 어쨌든, 아무리 길이 외롭고 좁고 꾸불꾸불해도, 나는 사랑과 존경으로 걸을 수 있는 모종의 길을 추구할 것이다. 어떤 사람이 군중과 떨어져서, 이런 기분으로 자신의 길을 갈 때면 언제나, 도로에 갈림길이 있다. 그러나 평범한 여행자들의 눈에는 울타리의 개구멍만 보일 것이다. 두 개의 길 중에서 땅을 가로지르는 그의 외로운 길이 '더 높은 길'임이 밝혀질 것이다.

---

9   두 곳 모두 오스트레일리아 빅토리아주에 있는 큰 도시로, 1850년대 골드러시로 유명했다.

사람들은 캘리포니아와 오스트레일리아로 쇄도한다. 그 방향에서 진짜 금을 발견할 수 있다는 듯이 말이다. 그러나 그것은 진정한 금이 있는 곳과는 정반대 방향이다. 그들은 진정한 광맥에서 점점 더 먼 곳을 시굴하러 가고 있으며, 자신들이 가장 성공적이라고 생각할 때 가장 불운한 것이다. 우리의 '타고난' 흙이 금을 산출하지 않는가? 황금의 산에서 발원한 시냇물이 우리의 타고난 계곡을 흘러내리지 않는가? 그리고 이것이 아득한 지질시대보다 더 오랫동안 빛나는 금 부스러기들을 끌어 내려서 금괴를 형성하지 않는가? 그런데도, 이상한 말이지만, 어떤 갱부가 몰래 사라져서, 우리 주변의 탐사되지 않은 고독으로 잠입하여, 이런 진정한 금을 시굴한다면, 누군가가 그의 걸음을 미행하여 그를 밀어내려고 노력할 위험성은 전혀 없을 것이다. 아무도 그의 권리에 이의를 제기하지 않을 터이기에, 그는 계곡의 개발된 부분과 미개발 부분까지 몽땅 차지하고, 평생 평화롭게, 그 밑에 갱도를 팔 수 있을 것이다. 사람들은 그의 선광장選鑛場이나 선광기選鑛機를 거들떠보지 않을 것이다. 그는 밸러랫에서처럼 12제곱피트의 소유권에 국한되지 않고, 어디서나 채굴할 수 있을 테고, 그의 선광기에서 전 세계를 씻을 것이다.

호윗은 오스트레일리아 벤디고 금광에서 28파운드 무게의 큰 금괴를 발견한 사람에 대하여 이렇게 말한다, "그는 곧 술을 마시기 시작했다. 말을 사서, 대개는 전속력으로, 사방을 달렸다. 그리고 사람들을 만나면, 자신이 누구인지 아느냐고 큰 소리로 묻고는, 친절하게도 자기가 '금괴를 발견한 아주 비참한 놈'이라고 알려주었다. 마침내 그는 전속력으로 달리다 나무에 부딪혔고, 뇌가 거의 박살이 났다." 그러나 그의 뇌가 이미 금괴에 부딪혀 박살 난 상태였기에, 나는 또다시 박살 날 위험은 없었다고 생각한다. 호윗은 덧붙인다, "그는 절망적으로 파

멸한 사람이다." 그러나 그는 그런 부류의 전형이다. 그런 사람들은 모두 재빠른 사람들이다. '얼간이 습지'Jackass Flat,[10] '양 대가리 협곡'Sheep's-Head Gully,[11] '살인자의 모래톱'Murderer's Bar[12] 등 그들이 채굴하는 몇 곳의 이름을 보자. 이러한 이름들에 풍자가 있지 않은가? 그들이 부정 수단으로 얻은 재산을 어디로든 마음대로 옮긴다고 하자. 나는 그들이 사는 곳은 계속해서 '살인자의 모래톱'이나 '얼간이 습지'가 되리라고 생각한다.

우리의 최근 에너지원은 다리엔 지협[13]의 묘지 도굴이었다. 그러나 아직은 걸음마 단계의 사업인 듯하다. 최근 기사에 의하면, 이런 종류의 채굴을 규정하는 법령이 뉴그라나다[14] 의회에서 제2 독회를 통과했다고 한다. 『트리뷴』의 한 통신원은 이렇게 썼다, "건기에는, 날씨가 그 나라의 적절한 시굴을 허용할 때라서, 다른 풍성한 '구아카스'*guacas*, 즉 무덤들이 틀림없이 발견될 것이다." 그는 이주민들에게 이렇게 말한다, "12월 이전에는 오지 마세요. 보카 델 토로[15] 경로보다는 차라리 파나마 지협 경로를 택하고요. 쓸모없는 수화물은 아무것도 가져오지 말고, 성가신 텐트도 휴대하지 마세요. 그러나 좋은 모포 한 벌은 필수이고, 곡괭이, 삽, 좋은 재질의 도끼를 준비하면, 필수품은 거의 다 갖춘 것입니다." 이것은 아마도 "버커[16]의 가이드"Burker's

---

10   오스트레일리아 벤디고 교외의 수평 광맥.
11   아일랜드 협곡.
12   캘리포니아 금광의 하나.
13   Isthmus of Darien. 일명 파나마 지협을 말한다. 카리브해와 태평양 사이의 남아메리카와 북아메리카를 잇는 좁은 땅.
14   New Granada. 파나마가 분리되기 이전의 콜롬비아의 옛 이름.
15   Boca del Toro. 파나마 북서부의 한 주.
16   버커는 19세기 프랑스 소설가 쥘 베른Jules Verne(1828~1905)의 연작소설집 『비범

Guide에서 옮긴 것일 것이다. 그리고 그는 다음과 같은 행으로 기사를 끝맺는다, "당신이 집에서 잘하고 있으면, '그곳에' 그냥 계세요." 이 말의 뜻을 다음과 같이 해석해도 좋을 것이다, "당신이 집에서 묘지 도굴로 생활비를 충분히 벌고 있으면, 그곳에 그냥 계세요."

그런데도 왜 정보의 원천을 찾아서 캘리포니아까지 가는가? 캘리포니아야말로 뉴잉글랜드의 자식이고, 뉴잉글랜드의 학교와 교회에서 양육되지 않았는가?

놀라운 것은 모든 설교자 가운데서 도덕 설교자가 거의 없다는 점이다. 예언자들은 사람들의 버릇을 변명하는 데 열심이다. 당대의 '선각자'들인 원로 목사들은, 열망도 아니고 전율도 아닌, 자비와 회고의 미소를 지으면서, 나에게 이런 것들에 대해서 너무 예민하게 굴지 말라고, 다시 말해서, 마뜩하지 않더라도 모든 것을 받아들이라고 말한다. 이러한 주제들에 관해 내가 들은 최고의 충고는 이처럼 비굴했다. 그 충고의 요지는, '이러한 특정 문제에서 세상을 개혁하고자 착수하는 것은 그럴만한 가치가 없다. 당신의 빵에 어떻게 버터가 발라지는지는 묻지 말라. 만약 물으면, 당신은 병이 날 것이다,' 따위이다. 빵을 얻는 과정에서 자신의 순진함을 상실하는 것보다는 즉시 굶어 죽는 편이 낫다. 순진하지 않은 사람의 내부에 순진한 인간이 하나도 없다면, 그는 곧 악마의 천사들 가운데 하나에 불과하다. 늙어가면서, 우리는 더 야비하게 살고, 규율에서 약간 느슨해지고, 가장 순수한 본능에 복종하기를 어느 정도 그만둔다. 하지만 우리는 우리 자신보다 더 한심스러운 사람들의 비웃음을 무시하고, 최고로 온전한 정신에 세심한 주의를

한 여행』 *Voyages Extraordinaires*에 당대의 골드러시 현장을 누비는 투기꾼으로 등장하는 뉴잉글랜드 태생의 양키다.

기울여야 할 것이다.

우리의 과학과 철학에서도, 대개 사실들에 대한 진실하고 완전무결한 기술記述은 존재하지 않는다. 별들[17] 사이에서도 종파와 편견의 정신이 널리 퍼졌다. 별들에 사람이 사는지 아닌지, 그것을 발견하기 위해서는 그 문제를 그저 토론하면 된다. 우리가 왜 지구는 물론 하늘에 서툰 그림을 그려야만 하겠는가? 케인 박사[18]가 프리메이슨[19] 회원이었고, 존 프랭클린 경[20]이 또 다른 회원이었다는 것은 불행한 발견이었다. 그러나 같은 프리메이슨이어서 케인 박사가 존 프랭클린 경을 찾으러 갔다는 생각은 더욱 잔인한 발상이었다. 이 나라에는 중요한 주제들에 대한 어린이의 생각을 아무런 논평 없이 인쇄하는 용기를 가진 대중 잡지가 없다. 이 나라 어린이의 생각은 신학 박사의 감수監修를 받아야 한다. 나는 어린이의 생각이 곧 '치커-디-디스,' 즉 박새의 노랫소리[21]이기 바란다.

17　명사나 영웅적 인물들을 뜻한다.
18　엘리샤 케인Elisha Kane(1820~1857). 미국 탐험가이자 해군 의무장교였다. 캐나다 북극 탐험 중 실종된 영국의 해군장교이자 탐험가인 존 플랭크린을 구출하기 위해 두 번에 걸쳐 북극 탐험대에 가담했지만 결국 실패했다. 프리메이슨 회원이었다.
19　18세기 초 영국에서 계몽주의 사조에 호응하여 세계시민주의적인 의식과 함께 자유주의·개인주의·합리주의적 입장을 취했다. 종교적으로는 관용을 중시하기 때문에 기존의 가톨릭교회와 정부의 탄압을 받게 되어 비밀결사적인 성격을 띠게 되었다. 중세의 석공mason 길드에서 비롯되었지만, 18세기 중엽에는 석공들만이 아닌 지식인·중산층 프로테스탄트들을 많이 포함한 조직이었다.
20　존 플랭크린John Franklin(1786~1847). 영국 해군 장교 및 북극 탐험가. 그는 마지막 캐나다 북극 탐험에서 실종했다. 플랭클린 또한 프리메이슨 회원이었다.
21　chicka-dee-dees. 이 소리는 소로와 친숙했던 검은 머리 박새의 울음소리다. 에머슨Emerson의 「박새」라는 시를 보자. "바로 옆에서 지저귀었다,/ 쾌활하고 공손히, 기운찬 노래,/ 건강한 심장과 명랑한 목구멍에서/ '치-커-디-디!' 쾌활한 가락 흐르니,/ '아저씨, 좋은 날이네요!/ 아주머니, 쾌청한 오후네요!/ 1월이 새 얼굴들 부르는/ 이런 곳에서 만나 행복해요,'라고 말하는 듯하다."

우리는 인간의 장례에 참석하고 돌아오면, 자연 현상에 유의한다. 작은 사고思考가 바로 모든 세계의 종지기sexton 아닌가.

'지성적인' 사람이라면 아주 관대하고, 진실로 관대하므로, 그런 사람 앞에서는 누구나 큰 소리로 생각할 수 있겠지만, 나는 그런 사람을 거의 모른다. 당신이 함께 이야기하고자 하는 사람들은 대부분 그들이 관심을 가진 것으로 보이는 어떤 제도, 다시 말해, 사물을 보는 보편적이지 않은 방법, 즉 모종의 특정한 방법에 강력히 저항하는 태도를 곧 취한다. 당신이 보고자 하는 것은 탁 트인 하늘인데도, 사람들은 당신과 하늘 사이에 채광창이 좁은 낮은 지붕을 부단히 들이밀어 방해한다. 그러니 거미줄 낀 길을 과감히 비켜서라. 당신의 창문을 닦아라, 단호히! 어느 문화 강좌에서 관계자가 종교에 관한 주제는 투표로서 제외하기로 했다고 내게 말한다. 그러나 그들의 종교가 무엇인지, 언제 그들의 종교와 내가 멀거나 가까운지 내가 어떻게 알겠는가? 나는 그런 강단으로 들어가 최선을 다해 내가 경험한 종교가 무엇인지 몽땅 털어놓았는바, 청중은 내가 종사하는 것에 결코 의구심을 갖지 않았다. 나의 강좌는 그들에게 달빛처럼 해害가 없었다. 반면, 만약 내가 역사상 가장 위대한 망나니의 전기를 읽어줬다면, 그들은 아마 내가 자기 교회 집사의 전기를 썼다고 생각했을 것이다. 통상적으로, '당신은 어디에서 왔는지, 또는 당신은 어디로 갈 것인지'와 같은 질문이 나온다. 나의 청중 가운데 한 사람이 서로에게 "저 사람의 강연 목적이 뭐야?"라고 묻는 소리가 내 귓전에 들렸는데, 그것이야말로 더 적절한 질문이었다. 그 소리를 듣고 나는 지극히 불안하고 두려웠다.

편견 없이 말하면, 내가 아는 최고의 사람들도 평온하지 않으며, 본질적으로 세인世人들이다. 대체로, 그들은 관례 안에서 살며, 다른 사람들보다 결과를 더 멋지게 비호하고 유의한다. 우리는 집과 창고의 지주支柱로 화강암을 선택하고, 돌로 담을 쌓는다. 그러나 우리 자신은 화강암처럼 단단한 진리의 지주에 의지하지 않는다. 진리가 가장 싸고 소박한 바위인데 말이다. 우리의 문지방은 썩었다. 우리의 사고에서 가장 순수하고 오묘한 진리와 더불어 살지 않는 사람은 어떤 재료로 만들어진 것인가? 나는 자주 가장 훌륭한 지인知人들도 꽹장히 경솔하다고 나무란다. 우리는 예절과 칭찬이 크게 부족한데도, 짐승들이 가르치는 정직과 성실, 바위들이 가르치는 꾸준함과 견고함을 서로 가르치지 않기 때문이다. 그러나 우리는 습관적으로 그 이상의 것을 서로에게 요구하지 않으므로, 잘못은 흔히 쌍방에 있다.

코슈트[22]에 대한 예의 흥분, 그게 매우 특징적이지만, 얼마나 피상적이었는지 생각해 보라! 그건 또 다른 종류의 정치나 춤에 지나지 못했다. 방방곡곡의 사람들이 그에게 의사를 전달했지만, 모두가 군중의 생각 또는 생각의 결핍만 전했다. 아무도 진리를 고수하지 않았다. 그들은 단지 단결하여, 평소처럼 서로 의지할 뿐, 아무것에도 다 함께 의존하지 않았다. 힌두교도들은 세계는 코끼리가 떠받치고, 코끼리는 거북이 떠받치고, 거북은 뱀이 떠받치도록 만들었지만, 뱀을 떠받칠 것은 아무것도 마련하지 않았다. 예의 코슈트 소동의 열매로 우리는 고작 '코슈트 모자'를 가지고 있다.

우리의 일상에서 이루어지는 대화도, 대부분, 똑같이 공허하고 헛되다. 피상皮相이 피상을 만난다. 우리의 삶이 내적이고 개인적이기를 그치면, 대화는 단순한 수다로 타락한다. 우리는 어떤 뉴스이건 신문에서 읽지 않았거나 이웃이 전하지 않은 것을 전달할 수 있는 사람을

---

22 코슈트 러요시Kossuth Lajos(1802~1894). 헝가리의 대표적인 민족주의자로 1848년 헝가리 혁명의 지도자였다. 러시아의 개입으로 헝가리 독립운동은 물거품이 되었다.

거의 만날 수 없다. 대부분 경우, 우리와 친구 사이의 유일한 차이는 그가 신문을 보았거나, 차를 마시러 외출했고, 우리는 그러지 않았다는 것이다. 내적 삶의 실패에 비례해서, 우리는 더욱 끊임없이, 더욱 필사적으로, 우체국에 간다. 광범한 서신 왕래를 뽐내며, 최고로 많은 수의 편지를 가지고 우체국을 나서는 딱한 친구는 분명 여태껏 자신의 소식은 전혀 듣지 않았다!

모르겠지만 일주일에 신문 하나를 읽는 것도 힘겨울 것이다. 나도 최근에 신문을 읽어봤는데, 고향을 떠난 지가 매우 오래인 것 같은 느낌이 든다. 태양, 구름, 눈, 나무들이 전하는 소식을 별로 듣지 못하니 말이다. 우리는 두 주인을 섬길 수는 없다. 하루의 부富를 알고 소유하기 위해서는 하루 이상의 헌신이 필요하다.

우리가 한창때 무엇을 읽거나 들었는지 말하기가 당연히 부끄러울 것이다. 우리의 꿈과 기대가 무엇인지 생각해 보건대, 내 뉴스가 왜 그리 시시한지, 왜 발전이 그리 보잘것없는지 모르겠다. 우리가 듣는 뉴스는 대부분 우리의 천성에 비하면 뉴스가 아니다. 그것은 진부하기 짝이 없는 반복이다. 증서등록 계원 호빈스Hobbins[23]를, 25년 후에, 보행로에서 다시 만나는 등, 이제껏 우리가 겪었던 특정의 경험이 왜 그렇게 강조되는지 묻고 싶은 충동을 자주 느낀다. 그때, 당신은 무덤덤하지 않았는가? 바로 이런 것이 매일의 뉴스다. 버섯의 포자처럼 하찮은 경험의 사실들이 대기 중에 떠돌다가, 어떤 방치된 '엽상체'thallus나 우리 마음의 표면에 충돌하면, 그게 그것들에 숙주宿主가 되고, 그 이후 그것들이 기생하여 성장하는 듯하다. 우리는 그런 뉴스

---

23 호빈스는 평범한 이름이고, '증서등록 계원'이란 누군가의 법률 문서를 보관하는 무미건조한 직업이다. 소로는 25년 후 그를 만나는 것과 같은 시시한 일이 뉴스가 되는 사회 현상을 조롱한 것이다.

를 깨끗이 청소해야 한다. 우리의 행성이 폭발한들, 그 폭발에 수반된 아무런 특징도 없다면, 그것이 뭐 그리 중요하겠는가? 우리가 건강하면 그런 사건들에 하등의 호기심도 갖지 않을 것이다. 우리는 한가한 오락을 위해 살지 않는다. 나는 지구가 폭발하는지 보려고 모험하지는 않을 것이다.

여름 내내, 어쩌면 늦가을까지, 당신은 무의식중에 신문과 뉴스에 따라 행동했다. 그리고 이제 당신은 그것이 당신의 아침과 저녁이 뉴스로 꽉 차 있기 때문이었음을 발견한다. 당신의 행동반경은 작은 사건들로 가득했다. 당신은 유럽의 사건들이 아니라 매사추세츠 들판에서의 당신 자신의 사건들에 촉각을 곤두세웠다. 만약 당신이 혹시라도 뉴스가 되는 사건들이 증발하는 예의 얇은 대기층, 즉 사건을 인쇄하는 종이보다도 더 얇은 대기층에서 살고, 움직이고, 존재감을 가진다면, 그때는 이러한 사건들이 당신의 세계를 꽉 채울 것이다. 그러나 그 수평면 위로 솟거나 아래로 뛰어내리면, 당신은 그런 것들을 기억할 수 없고, 깨닫지도 못할 것이다. 해가 뜨고 지는 것을 매일 실제로 보면, 그리하여 우리 자신을 보편적 사실과 결부하면, 우리는 영원히 온전한 정신을 유지할 것이다. 민족! 민족이란 무엇인가? 타타르인, 훈족, 중국인들인가! 그들은 곤충들처럼 떼를 짓는다. 역사가는 그들을 기억할 만한 사람들로 만들려고 노력하지만 헛되다. 그렇게 많은 사람이 있는 것은 한 사람이 부족하기 때문이다. 세계의 주민은 민족이 아니라 개인들이다. 생각하는 사람이라면 누구나 '로딘Lodin[24]의 정신'과 함께 이렇게 말할 것이다.

---

24 오시언Ossian(?~?)의 서사시에 등장하는 한 인물. 오시언은 고대 켈트족의 전설적인 시인이자 용사다. 그의 시는 우울하고도 낭만적인 정서를 담고 있으며, 18세기 후반 영국의 낭만파 시인들에게 큰 영향을 끼쳤다.

"나는 내 높이에서 민족들을 내려다본다.
그리고 그들은 내 앞에서 재가 된다.
구름 속 내 집은 고요하고,
나의 드넓은 휴식의 광장은 유쾌하다."[25]

제발, 에스키모Esquimaux식으로 개에 끌려서, 언덕과 골짜기를 온통 파헤치고, 서로의 귀를 물어뜯으며 살지는 말자.

그 위험에 적지 않게 전율하면서, 나는 시시한 사건의 세부細部들, 즉 거리의 뉴스들을 내 마음에 불러들이기 직전이라는 느낌이 자주 든다. 나는 사람들이 그들의 마음을 그런 쓰레기로 아주 기꺼이 메우는 것을 보고 깜짝 놀란다. 사고思考에 바쳐야 할 성스러운 토양에 가장 무의미한 종류의 헛된 소문과 사건들이 침범하는 것을 허락하는 것이다. 우리의 마음이 거리의 사건들과 다과회 수준의 수다가 주로 논의되는 대중적 무대가 될 것인가? 아니면 그것이 하늘 자체의 한 구역, 즉 푸른 하늘의 신전이 되어서, 신들의 전례典禮에 봉헌되어야 할 것인가? 나는 내게 의미 있는 몇 가지 사실을 폐기하기가 무척 어렵다는 것을 발견하고, 무의미한 것들에 주의를 기울이기를 망설이지만, 무엇이 무의미한지는 '신'divine mind만이 예시할 수 있다. 신문과 전문傳聞 형태의 뉴스는 대부분 무의미한 것들이다. 이런 점에서 마음의 순결을 보전하는 것이 중요하다. 형사 법정의 어느 단일 사건의 세부細部들을 우리의 생각에 들이고, 한 시간 동안, 아니, 몇 시간 동안 바로 그 세부

---

25   스코틀랜드의 시인이며 번역가인 J. 맥퍼슨James MacPherson이 1760년부터 3세기 켈트 시인의 작품이라 칭하며 소개한 『오시언의 시』The Poems of Ossian는 중세적인 환상과 켈트 혼魂의 표현으로서 충격을 주었다. 맥퍼슨 자신이 쓴 것이라는 설도 있으나, 맥퍼슨은 자신이 켈트어Celtic로 구전되던 서사시들을 직접 채록했으며, 구전 서사시를 영어로 번역한 것뿐이라고 주장했다.

들의 '지성소'sanctum sanctorum를 불경스럽게 활보한다고 생각해 보자! 마치 거리의 먼지가 아주 오랫동안 우리를 차지한 것처럼, 즉 갖가지 왕래, 소란, 오물이 넘치는 거리 자체가 우리 생각의 전당을 관통한 것처럼, 우리의 마음 맨 안쪽 방을 '바'bar-room로 만든다고 생각해 보자! 그것은 지성적·도덕적 자살이 되지 않을까? 내가 몇 시간 동안 꼼짝 못 하고 법정에 관중과 방청객으로 앉아 있을 때, 그리고 간혹 그럴 의무가 없는 나의 이웃들이 슬그머니 법정에 들어와서, 손과 얼굴을 깨끗이 씻은 모습으로, 발끝으로 조용히 걸어 다니는 모습을 봤을 때. 내 마음의 눈에는 그들이 모자를 벗으면, 소리를 듣기 위해 그들의 귀가 갑자기 거대한 통으로 확대되고, 그 통 사이에 그들의 좁은 머리들까지 꽉 찬 듯 보였다. 풍차의 바람개비처럼, 그들은 넓으나 얕은 소리의 흐름을 포착한다. 그러나 그 소리는 그들의 몽롱한 두뇌에서 간질간질한 회전을 몇 번 하고서, 다른 쪽으로 빠져나갔다. 그들이 집에 돌아가면, 전에 손과 얼굴을 깨끗이 씻은 것처럼, 귀도 정성스레 씻었는지 궁금했다. 그러한 경우에, 만약 내가 범인이 유죄가 입증되기 전에 벌써 유죄라고 추정한다면, 법정에 나온 방청인과 증인, 배심원단과 변호인, 판사와 범죄자 모두가 똑같이 범죄자일 테니, 내가 보기에는 벼락이 쳐서 그들을 모두 다 태워버릴 것 같았다.

갖가지 올가미와 경고판으로, 신법神法의 최고 형벌을 위협하면서, 당신에게 성스러울 수 있는 유일한 토지에서 그런 범법자들을 몰아내라. 기억할 가치가 있기는커녕 몹쓸 것을 잊기가 그토록 어려운가! 내가 만약 공도公道가 된다면, 그것이 읍내의 하수관이 아니라 산의 냇물, 즉 파르나소스 산[26]의 개울 같은 것이 되기를 바란다. 그곳에는 영감靈

---

26 Parnassus. 그리스 중부에 있는 산으로, 아폴로와 시신詩神 뮤즈의 영지靈地이다.

感이 존재하나니, 그것은 하늘의 법정에서 주의 깊은 마음의 귀에 들리는 예의 가십gossip이다. 술집과 즉결 재판정에는 더럽고 퀴퀴한 폭로가 존재한다. 같은 귀가 두 통신을 수신하기에 모두 적합하다. 청취자의 특성만이 어느 쪽에 귀를 열고, 어느 쪽에 닫을지 결정한다. 나는 마음이 습관적으로 무의미한 것들에 귀 기울이면 영원히 더러워져서, 우리의 모든 생각이 무의미로 착색되리라고 믿는다. 말하자면, 우리의 지성 자체가 머캐덤 공법[27]으로 포장될 것이니, 바탕을 조각조각 부수고 쇄석을 깐 다음 머캐덤 롤러가 오가며 다질 것이다. 석재, 목재, 아스팔트 포장을 능가하여 가장 오래 견디는 포장을 무엇으로 할지 알고 싶다면, 아주 오랫동안 이런 공법으로 처리된 우리의 마음 몇몇을 들여다보면 될 것이다.

우리가 이처럼 우리의 신성을 훼손했으면—누가 훼손하지 않았겠는가?—그 치료 약은 신중함과 헌신으로 신성을 회복하고, 다시 한번 마음의 신전을 짓는 것이다. 우리는 우리의 마음, 즉 우리 자신을 순수하고 천진난만한 어린이로 대우하면서, 스스로 자신의 보호자가 되어, 어떤 목적과 어떤 주제를 자신의 관심사로 둘지 신중해야 할 것이다. '시간'을 읽지 말고, '영원'을 읽어라. 인습은 결국 불순물처럼 나쁘다. 과학적 사실까지도 어떤 의미에서 매일 아침 씻어내지 않거나, 신선하고 살아있는 진리의 이슬로 비옥하게 만들지 않으면, 그 건조함으로 인해 마음에 먼지를 입힐 것이다. 지식은 우리에게 구체적으로 오지 않고, 하늘로부터 빛의 섬광으로 온다. 그렇다. 마음을 통과하는 모든 생각은 마음을 마모시키고, 바퀴자국을 깊게 하여, 폼페이의 거리에서

---

[27] 18세기 말 머캐덤Macadam이 제창한 포장 공법으로 부순 돌을 깔아 다져 서로 물려서 조이는 힘과 결합력에 의하여 단단하게 만드는 방법을 말한다.

처럼, 그것이 얼마나 많이 사용되었는지 증명한다. 우리가 관심을 가지고 알아야 좋을지 어떨지 숙고하는 게 더 좋을 것들이 얼마나 많은가! 그리고 그런 것들을 널리 전할 행상 마차들을 운행함으로써, 최고로 느린 총총걸음 또는 걷기로라도, 우리가 믿기에 가장 먼 시간의 가장자리로부터 가장 가까운 영원의 바닷가를 연결하는 영광의 경간徑間 다리를 넘어가는 게 더 좋지 않겠는가! 우리는 문화도 없고, 품위도 없고, 그저 상스럽게 살면서 악마를 섬기는 기술, 약간의 세속적인 부, 명예 또는 자유를 얻고, 그것으로 거짓된 쇼를 하는 기술밖에 없는가? 우리는 겉껍질과 껍데기일 뿐이고, 부드럽고 살아있는 알맹이는 없는 것 같지 않은가? 우리의 제도들은 쭉정이뿐인 밤송이 같은 것들로서 손가락을 찌르는 기술만 완벽할 것인가?

미국은 자유의 격전장이라고 한다. 그러나 그것의 의미는 분명 정치적 의미의 자유일 수만은 없다. 미국이 정치적 폭군에게서 해방되었다는 사실을 인정한다고 하더라도, 여전히 미국은 경제적·도덕적 폭군의 노예이다. '공화국'republic, 즉 '공적인 것'res-publica이 정착했으니, '개인적인 것'res-privata, 즉 개인의 상태를 보살필 때이다. 로마 원로원이 집정관들에게 "개인적 상태가 손상을 입지 않도록 하라"는 임무를 부여했듯이 말이다.

우리는 이 나라를 자유인의 땅이라고 부르지 않는가? 조지 왕에게서 해방되었지만, 여전히 '편견의 왕'의 노예인 것은 도대체 무엇인가? 자유인으로 태어났지만 자유롭게 살지 못하는 것은 도대체 무엇인가? 정치적 자유가 도덕적 자유의 수단이 아니라면, 그것의 가치는 도대체 무엇인가? 그것은 노예가 되는 자유인가? 아니면 자유인이 되는 자유인가? 우리가 자랑하는 것은 어느 쪽인가? 우리는 정치인들의 국가로서, 단지 자유의 가장 바깥쪽을 수비하는 데에만 관심이 있다. 정말로 자유로울 수 있는 이는 우리 자녀들의 자녀들일지 모른다. 우리는 부당한 세금을 자신에게 물린다. 우리의 일부는 대표가 없다. 그것은 대의代議 없는 과세課稅이다. 우리는 군대를 숙영시킨다. 우리는 바보들과 각종 가축을 우리 책임으로 숙영시킨다. 우리는 우리의 상스러운 육체를 우리의 영혼에 숙영시켜서, 마침내 전자가 후자의 모든 본질을 먹어버린다.

진정한 문화와 인간성에 관하여, 우리는 본질적으로 여전히 촌스럽고, 도시인답지 못하다. 우리는 그저 조너선[28]일 뿐이다. 우리는 여전히 촌스러우니, 우리는 우리의 기준들에 마음이 편하지 못하고, 우리는 진리가 아니라 진리의 그림자를 숭상하나니, 목적이 아닌 수단에 불과한 교역, 상업, 제조업, 그리고 농업 등등에 바치는 배타적 헌신으로 우리의 인간성이 비뚤어지고 좁아졌기 때문이다.

영국 의회도 촌스럽다. 예컨대, 아일랜드 문제—아니 사실은 영국 문제?—같은 더욱 중요한 문제가 발생하여 해결해야 할 때, 그들은 시골뜨기에 지나지 않는다는 것이 저절로 드러난다. 그들의 천성이 그들이 종사하는 일에 장악되는 것이다. 그들의 '훌륭한 교양'은 부차적인 목적만 존중한다. 숭고한 지성과 대조하면, 세상에서 가장 훌륭한 매너도 어줍고 아둔하다. 그런 매너들은 지나간 날의 예의범절, 가령 단순한 예의 바름, 즉 시대에 뒤진 무릎 바지와 무릎 버클로밖에 보이지 않는다. 천성에 의해 번번이 버림을 당하는 것은 우수한 매너가 아니라 사실 '악'vice이다. 그런 매너들은 벗어버린 옷이나 껍데기인데도, 살아 있는 피조물에 속했던 존경을 요구한다. 그것들은 당신에게 살 대신 껍데기를 제공한다. 일부 생선의 경우, 껍데기가 살보다 값지

---

28 Jonathan. 19세기의 전형적 미국인을 칭하는 이름.

다지만, 그것이 일반적인 변명이 되지는 않는다. 내게 자신의 매너들을 들이미는 사람은, 내가 그 사람 자체를 보고 싶은데도, 나를 그의 골동품 캐비닛으로 안내하려고 떼쓰는 듯하다. 시인 데커[29]가 그리스도를 "일찍이 숨을 쉰 최초의 진정한 신사"라고 부른 것은 이런 매너를 뜻하는 게 아니었다. 거듭 말하지만, 이런 의미에서는 기독교 국가에서 가장 빛나는 궁전[30]도 로마의 관내 사건들이 아니라 알프스 너머의[31] 이해관계만 협의하는 권한을 행사하기 때문에 촌스럽다. 영국 의회와 미국 국회의 관심을 빨아들이는 문제들이라면, 로마의 집정관이나 지방 총독 정도면 충분히 해결한다.

정부와 입법부! 나는 이것들이 존경할 만한 전문직이라고 생각했다. 우리는 세계 역사에서 천부의 재능을 타고난 누마,[32] 리쿠르고스,[33] 솔론[34] 같은 사람들 이야기를 들었다. 이들의 이름은 적어도 이상적인 입법자들을 대표한다. 그러나 노예의 양육이나 담배 수출을 규정하는 입법을 생각해 보라! 신성한 입법자들이 담배 수출이나 수입과 무슨 관계가 있는가? 노예를 양육하다니 얼마나 자비로운 입법자들인가? 이런 질문을 어느 신의 아들에게 제출한다고 가정하자—그런데 신은 19세기의 자녀들은 없는가? 그것은 사라져 없어진 가족인가?—어떤 조건에서 그 가족을 되찾을 것인가? 노예와 담배가 기본 주산물인 버지

---

29 토머스 데커Thomas Dekker(c. 1572~1632). 영국 엘리자베스 시대의 시인, 극작가.
30 이탈리아 로마에 있는 로마 가톨릭 교황청, 즉 바티칸 시국Vatican City를 칭하는 듯하다.
31 이탈리아 쪽에서 본 알프스 너머의 러시아 정교회 등 동방정교회를 지칭하는 듯하다.
32 누마 폼필리우스Numa Pompilius(B.C. 753~673). 로마의 위대한 입법자.
33 리쿠르고스Lycourgos(B.C. 800?~730). 스파르타의 입법자.
34 솔론Solon(B.C. 640?~560?). 아테네의 정치가, 시인. '솔론의 개혁'으로 유명하다.

니아 같은 주가 최후의 날에 자신을 위해 뭐라고 변호할 것인가? 그런 주에서는 애국심의 기반이 무엇일까? 나는 미국 스스로 공표한 통계표에서 이런 사실들을 끌어낼 것이다.

견과류와 건포도를 찾아 모든 바다를 누비고, 이 목적을 위해 선원들을 노예로 부리는 상업! 며칠 전, 배 한 척이 난파되어 많은 사람이 목숨을 잃은 것을 보았다. 그 배의 화물인 누더기, 향나무 열매, 쓴 아몬드 등이 해변을 따라 흩뿌려져 있었다. 향나무 열매와 쓴 아몬드를 운반하기 위해 리보르노[35]와 뉴욕 사이에 놓인 위험한 바다에 도전할 가치는 거의 없어 보였다. 미국이 쓴 비터스[36]와 교환하려고 구세계로 보내는 화물 아닌가! 인생의 쓴맛 단맛이 싹 사라질 만큼 쓰디쓴 것이 바닷물이고 난파 아닌가? 그런데도 우리가 자랑하는 상업은 대부분 무지막지하다. 그리고 진보와 문명이 정확히 이런 종류의 교환과 활동—큰 당밀 통 주변에 몰려드는 날벌레의 활동—에 달려있다고 생각할 만큼 눈이 먼 자칭 정치가와 철학자들이 있다. 누군가가 인간들이 바다에서 나는 굴이라면 아주 좋겠다는 소견을 말한다. 그러면 나는 인간들이 모기라면 아주 좋겠다고 대답한다.

우리 정부는 아마존을 탐험하기 위해 헌든 중위[37]를 보냈는데, 노예제의 영역을 확장하기 위해서라는 설도 있다. 그는 "삶을 편하게 하는 것들이 무엇인지 알고, 그 고장의 엄청난 자원을 뽑아낼 인위적인 욕구

---

35 Livorno. 이탈리아 북부 리구리아 해안에 있는 항구 도시. 영어로는 레그흔Leghorn이라 부른다.

36 bitters. 쓴맛을 내는 약(향료와 함께)을 배합한 술로 프랑스어로는 아메르amer라고 하며, 18세기 초부터 만들었다. 식사 전에 식욕을 돋우기 위해 마시는 술, 건위강장제, 칵테일 용 향미제 등으로 쓰인다.

37 윌리엄 루이스 헌든William Lewis Herndon(1813~1857). 미국 해군 중위로 1851년 아마존 계곡 탐험대를 이끌었고, 1854년 그 보고서를 출판했다.

들을 품은 근면하고 활동적인 인구가" 그곳에는 부족했다고 논평했다. 그러나 권장할 "인위적인 욕구들"이란 무엇인가? 그의 고향 버지니아의 담배와 노예 같은 사치품에 대한 사랑은 아니리라 믿고, 우리 고향 뉴잉글랜드의 얼음, 화강암, 그 외의 물질적 부도 아닐 터이다. 또한 "그 고장의 엄청난 자원"이란 게 이런 것들을 생산하는 기름지거나 메마른 흙도 아닐 것이다. 내가 가본 적이 있는 모든 주에서 부족한 것은 대체로 그곳 주민들의 높고 진지한 목적이었다. 이러한 목적만이 자연의 "엄청난 자원"을 발굴하고, 드디어 자연에 자연 자원資源 이상以上의 것을 청구할 것이다. 인간은 자연히 죽어서 자연을 떠나기 때문이다. 감자보다 교양을 더 원하고, 당과糖菓보다 개명開明을 더 원할 때, 우리는 세계의 엄청난 자원을 청구하고 찾아낸다. 이때의 성과나 주산물은 노예도 직공도 아니고, 인간들, 즉 이른바 영웅, 성인, 시인, 철학자, 구원자로 불리는 희귀한 열매들이다.

요컨대, 바람이 소강상태인 곳에서 눈 더미가 형성되듯이, '진리'truth가 소강상태인 곳에서 어떤 '관례'institution가 생겨난다고 말할 수 있을 것이다. 그런데도, 진리의 바람이 그 위에 휘몰아치면 관례는 마침내 쓰러지고 만다.

소위 정치는 상대적으로 매우 피상적이고 비인간적이기 때문에, 정치가 내게 중요하다고 인식된 적이 사실상 한 번도 없다. 내가 알기로, 신문은 칼럼 일부를 특별히 정치나 정부에 무료로 헌납한다. 이것만이 신문이 살길이라고 말하는 사람도 있을 것이다. 그러나 나는 문학을 사랑하고 진리도 어느 정도 사랑하기 때문에, 하여튼 그런 칼럼을 읽은 적이 없다. 내 정의감을 그토록 무디게 하고 싶지 않다. 나는 대통령의 특정 메시지를 읽었는지 대답할 의무가 없다. 제국, 왕국, 공화국이 어느 개인의 집으로 구걸하러 와서, 바로 그 개인 곁에서 자기들의 고충을 토로하다니, 오늘의 세계는 이상한 시대 아닌가! 신문을 집어 들면 으레 매우 궁핍하여 기진맥진하는 어떤 불쌍한 정부가 독자인 나에게 찬성투표를 애걸하는 기사가 발견된다. 그런 정부는 이탈리아 거지보다 더 귀찮게 지근거린다. 만약 내가 그것에 대한 증명서를 보고자 하면, 정부는 아마도 베수비오Vesuvius 산[38]이 폭발하거나 포Po 강[39]이 범람했다는 따위의 기사를 읽어보라고 할 것이다. 이런 천재지변이 해당 정부에 이런 상태를 초래했다는 뜻인데, 그런 정부는 영어를 한 단어도 말할 수 없기에, 아마도 사실이건 허위이건, 정부의 증명서는 어떤 자애로운 상인의 서기나 선장에 의해 작성되었을 것이다. 그러한 경우에, 나는 망설이지 않고 그 작성자에게 일을 하거나 구빈원에 갈 것을 제안한다. 아니면, '내가 통상 하는 것처럼, 그 자신의 성城을 조용히 지키지 않는 이유가 무엇인가?'라고 묻는다. 딱한 대통령은 인기를 유지하랴, 의무를 수행하랴, 완전히 갈피를 잡지 못한다. 신문들이 지배 세력이다. 다른 어느 정부도 인디펜던스 요새[40]에 선박 몇 척뿐인 신세가 되었다. 어느 사람이 『데일리 타임스』를 읽지 않으면, 정부가 그에게 무릎을 꿇을 것이다. 이것이 요즘의 유일한 반역이기 때문이다.

정치와 평범한 일상으로서 사람들의 관심을 가장 많이 끄는 것은 이제 실로 인간 사회의 필수적인 기능들이지만, 그에 상응하는 육체의 기능들처럼 그 기능들은 무의식적으로 실행되어야 한다. 그런 것은 인간 이하의 식물성 기능이기 때문이다. 병적인 상태에서 소화 과정을 약간 의식하다가 소위 소화 불량증에 시달리는 사람처럼, 나는 때때로

---

38 이탈리아 나폴리 동쪽에 있는 활화산.
39 이탈리아 북부에서 아드리아 바다로 흐르는 강.
40 Fort Independence. 보스턴의 캐슬 아일랜드Castle Island에 위치한 가장 오래된 군대 주둔지 중 하나다. 지금은 공원으로 쓰인다.

잠이 깨면 그런 사회적 기능들이 내 주변에서 작동하는 것을 반쯤 의식한다. 그것은 마치 사상가가 거대한 창조의 모래주머니에 의해 으깨지는 것을 감수하는 듯하다. 말하자면, 정치는 사회의 모래주머니로서 왕모래와 자갈이 가득하고, 두 개의 정당이 그 모래주머니를 절반씩 차지하고 대결한다. 때로는 그것이 네 쪽으로 분할되어 서로를 으깰 수도 있다. 개인뿐 아니라 국가도 이렇게 만성 소화 불량증에 시달리는데, 그런 소화 불량증이 어떤 종류의 능변으로 자신을 표현하는지 상상할 수 있겠는가? 이렇게 우리의 삶도 분명히 우리가 깨어 있는 시간에는 전혀 의식하지 말아야 할 것을 몽땅 잊지 못하고 슬프게도 대부분 기억한다. 우리가 늘 소화 불량 환자로 만나서 악몽을 이야기하지 않고, 때때로 소화가 정상正常인 자로 만나서 영원한 영광의 아침을 서로 축하하지 못할 이유라도 있는가? 분명, 나는 지금 지나친 요구를 하는 게 아니다.

3. 매사추세츠주에서의 노예제(抄)
Slavery in Massachusetts(Excerpts)[1]

옮긴이의 말

「매사추세츠주에서의 노예제」는 소로의 가장 중요한 에세이 가운데 하나이다. 소로는 열렬한 노예제 폐지론자로, 여러 강연과 유인물로 노예제에 강력히 반대했다. 노예제 유지를 간접 지원하는 세금이라는 이유로 인두세poll tax의 납부를 거부하고, 남부에서 북부 캐나다로 탈출하는 노예를 도와주던 비밀 조직인 '지하철도'Underground Railroad로 활약하는 한편, 급진적 노예 폐지 운동가 캡틴 존 브라운Captain John Brown을 옹호하기도 했다.

노예 앤서니 번스Anthony Burns는 새 인생을 출발하고자, 남부 버지니아Virginia의 리치몬드Richmond에서 배를 타고 보스턴으로 밀항하여, 옷가게 노동자로 일했지만, 그의 자유는 단명했다. 주인인 찰스 서틀Charles Suttle이 그가 있는 곳을 알고, 1850년의 '도망노예법'Fugitive Slave Act에

---

[1] 이 에세이는 본래 소로가 1854년 7월 4일 "앤서니 번스 사건"에 답하여 노예제도 반대 집회에서 행한 연설문이다.

따라 반환할 것을 요구했기 때문이다. 이 법은 남부에서 북부 자유주로 도망친 노예를 발견하면, 붙잡아서 남부의 주인에게 돌려줄 것을 법제화했다. 변호사들은 '도망노예법'이 위헌이라는 것을 증명하려고 최선을 다했지만, 그릴리Greely 판사는 번스를 주인에게 반환하라고 판결했다. 소로가 보기에 황당하기 짝이 없는 판결이었다. 노예 번스는 리치몬드로 돌아간 지 1년 후, 보스턴의 흑인 교회가 그의 몸값을 대납함으로써 자유를 얻었다.

소로는 노예제를 아주 싫어했다. 제 정신인 자라면 누가 좋아하겠는가? 판결 후 1달쯤 후인 1854년 7월 4일, 초월주의자 소로는 매사추세츠의 프레이밍햄Framingham에 모여든 노예제 폐지론자들 앞에서 강력한 연설을 했다. 이 연설문이 바로 「매사추세츠주에서의 노예제」란 타이틀의 에세이로 널리 읽히게 되었다. 진심 어린 이 연설에서, 소로는 매사추세츠는 노예 소유자와의 연대를 단절할 것이며, 주가 그 의무 이행을 지체하는 한, 매사추세츠의 모든 주민은 주와의 연대를 단절하라고 외친다.

비교적 잘 알려지지 않은 노예제의 한 단면을 다루고 있는 이 에세이는 문학적 가치뿐만 아니라 역사적 가치 또한 크다. 미국 노예제의 슬픈 역사, 그리고 보편적 인권에 관심을 가진 모든 이에게 필수적인 에세이로 평가할 만하다. 그 핵심적인 부분을 읽어보자.

[1] 나는 최근에 어느 콩코드 시민 모임에 참석했는데, 시민의 한 사람으로서 매사추세츠주에서의 노예 문제가 화제가 되리라 예상했

다. 그러나 시민을 불러 모은 것은 매사추세츠의 운명이 아니라 네브래스카의 운명[2]이었으며, 내가 꼭 말하고자 했던 사안은 아예 순서에도 없다는 사실을 발견하고는 놀라서 실망했다. 나는 정작 불타는 것은 먼 평원이 아니라 우리 주라고 생각했다. 매사추세츠의 시민 몇 명이 노예 한 사람을 마수魔手에서 구출하려고 시도한 혐의로 지금 감옥에 있는데도[3], 그 모임의 어떤 연사도 그 상황에 유감을 표명하지 않았으며, 아무도 그것을 언급도 하지 않았다. 그들의 관심은 1,000마일이나 떨어진 어느 황무지의 처분에만 쏠려 있는 것으로 보였다. 콩코드 주민들은 그들의 다리 중 하나[4]를 지킬 준비는 하지 않고, 옐로스톤강[5] 너머의 고지高地에 진지를 구축할 궁리만 한다. … 네브래스카에는 현재 한 명의 노예도 없다. 그러나 매사추세츠에는 아마도 100만 명의 노예가 있을 것이다.[6]

2 캔자스-네브래스카 법'Kansas-Nebraska Act을 말한다. 1854년 5월 30일 발효된 이 법은 미국이 캔자스와 네브래스카 자치주를 창설함으로써 새로운 형태의 영토를 개발한 법이다. 이 법은 자치주 개척자들이 주민 투표를 통해 노예제 인정 여부를 다수결로 결정할 수 있게 허용함으로써 노예제 폐지론자들의 강력한 반발을 촉발했다.

3 "앤서니 번스 사건"을 말한다. 1854년 5월 버지니아에서 보스턴으로 도망친 노예인 앤서니 번스Anthony Burns의 재판이 매사추세츠 법정에서 있었다. 보스턴 자경단은 구금된 번스를 구출하려고 구치소를 습격했으나 실패했다. 이 작전에서 법원 집행관 1명이 피살되고 자경단원 13명이 체포되어 기소되었다. 번스는 재판관의 판결로 결국 본래 소유주의 재산이 되었다.

4 콩코드의 노스 브리지North Bridge를 말한다. 1775년 4월 19일, 미국 독립 전쟁사의 첫 전투인 콩코드 전투에서 약 400명의 민병대가 이 다리에서 영국의 정규군 100명을 물리쳤다. 이 전투는 미국 독립 전쟁의 첫 승리로 기록되었다.

5 옐로스톤Yellowstone 강은 미국의 와이오밍주에서 발원하여 옐로스톤 국립공원을 관류하여 미주리강과 합류하는 강이다. 길이는 대략 1,114킬로미터다.

6 1850년 인구조사에 의하면 당시 매사추세츠 인구가 995,515명이었다. 그로부터 4년 후인 1854년의 인구는 "아마도 100만 명"일 것이다. 소로는 매사추세츠 주민 전체가 사실상 노예 상태에 있다고 생각했다.

[2] 정치 학교에서 양육된 사람들은 지금 그리고 언제나 사실을 직시하지 못한다. 그들의 조처는 반쪽 조처이고 미봉책에 지나지 않는다. 그들은 해결의 날을 무한히 연기하고, 그사이에 빚만 쌓인다. '도망노예법'[7]은 그 집회의 토론 주제가 아니었다. 그러나 나의 비겁한 시민들은, 정회 후 모임에서, 1820년의 타협안[8]이 한쪽 당사자에 의해 파기되었으니, "그로 인하여, … (1850년의) 도망노예법도 철회되어야 마땅하다."고 장황하게 결의했다고 한다. 그러나 이런 논리는 간악한 법이 철회되어야 하는 마땅한 이유가 아니다. 정치가가 직시하는 사실은 도둑들 사이에서는 지조와 의리가 생각보다 적다는 것뿐이고, 그들 자신이 도둑이라는 사실은 직시하지 않는다.

[3] 주州의 모든 군사력이 버지니아주의 노예 소유자 미스터 서틀[9]이 그의 재산이라고 부르는 사람을 잡을 수 있도록 봉사하고 있다. 그러나 매사추세츠의 한 시민이 납치되는 것을 막기 위해서는 한 명의 군인도 나서지 않으니 어인 일인가! 지난 79년 동안[10] 이 모든 군대와, 이 모든

---

7   이 법은 노예를 인정하는 남부 주들과 인정하지 않는 북부 주들 사이의 타협책으로 1850년 9월 18일 연방의회에서 통과되었다. 모든 도망 노예는 체포 즉시 소유주에게 돌려줘야 하며, 자유주 시민과 공무원은 이 법에 협조해야 한다고 규정했다. 노예 폐지론자들은 이 법을 도망 노예를 찾아내는 데 사용되는 개들을 위한 '블러드하운드 법'Bloodhound Law이란 별명을 붙이고 극렬하게 반대했다.

8   '미주리 타협안'Missouri Compromise을 말한다. 1820년 5월 8일 연방의회를 통과한 법이다. 미주리주를 노예주로 연방에 새로이 가입시키는 대신 북부 매사추세츠주의 일부인 메인Main 지방을 자유주로 분리했다. 그렇게 해서 노예주와 자유주의 숫자를 동수로 유지하고, 위도 36도 30분을 기준선으로 남쪽에 새로 생기는 주에서만 노예제를 허가하자는 등의 기준을 정했다. 남북 간의 분열을 막기 위한 미봉책이었다. 그러나 1854년의 '캔자스-네브래스카 법'의 제정과 미주리주 노예 찬성자들의 캔자스 주민 선거 개입으로 1820년의 '미주리 타협안'도 파기되었다.

9   찰스 서틀Charles F. Suttle(1815~1881). 노예 앤서니 번스를 소유했던 버지니아 상인.

10 소로의 이 연설은 1775년 미국 독립의 첫 신호탄인 '렉싱턴콩코드 전투' 이후 79년

'훈련'이 존재했던 이유가 바로 이것인가? 그들은 그저 멕시코를 빼앗고[11] 도망 노예들을 그들의 주인에게 반환하기 위해서 훈련을 받았다는 것인가?

[4] 내 동포들이 숙고하기를 바라기는, 인간의 법이 무엇이건 간에, 어떤 개인이나 국가도, 죗값을 치를 어떤 이유도 없이는, 아주 미천한 개인에게라도 정의롭지 못한 행동을 범할 수는 없다는 것이다. 불의를 일부러 법제화하고, 그것을 고집하는 정부는 마침내 세계의 웃음거리가 될 터이다.

[5] 미국의 노예제에 대해서는 많은 말이 있었지만, 우리는 노예제가 무엇인지조차 아직 깨닫지 못하고 있다고 생각한다. 만약 내가 의회에 인간을 소시지로 만들자고 진지하게 제안한다면, 의원들은 대개 내 제안에 실소失笑를 금치 못할 것이라 확신한다. 그리고 만약 어떤 의원이라도 내 제안이 진담이라고 믿으면, 그들은 내가 의회가 이제껏 한 일보다 훨씬 더 나쁜 어떤 것을 제안했다고 생각할 것이다. 그러나 그들 중 누구라도 사람을 소시지로 만드는 것이 그를 노예로 만드는 것, 즉 도망노예법을 제정하는 것보다 훨씬 더 나쁘다거나 조금이라도 더 나쁘다고 말하면, 나는 그가 어리석고, 지적으로 무능하며, 있지도 않은 구별을 한다고 질책할 것이다. 인간을 소시지로 만들자는 제안은 인간을 노예로 만들자는 법과 똑같은 의미가 있지 않은가 말이다.

[6] 도망노예법을 발밑에 깔고 뭉개자는 말이 많이 들린다. 천만에, 그렇게 하려고 비상한 노력을 할 필요가 없다. 이 법은 머리나 이성의 수준에 오르지 못했다. 그것의 타고난 서식지가 오물이다. 그것은 단지

이 지난 시점이다.
11 멕시코 전쟁(1846~1848)에서 미국은 뉴멕시코와 캘리포니아를 점령한 데 이어 멕시코시티까지 함락한 사실을 말한다.

먼지와 진창에서, 즉 발과 같은 높이에서 태어나고, 자라고, 생명을 유지했다. 자유롭게 걷는 사람이라면, 그리고 힌두Hindoo의 자비로 모든 맹독성 파충류를 짓밟기를 피하는 사람이 아니라면, 어쩔 수 없이 그 법을 짓밟게 될 테고, 따라서 그 법을, 그리고 그 법과 함께 그 제조자인 웹스터[12]를 똥파리와 똥파리 불알처럼 발밑에 깔고 뭉갤 것이다.

[7] 채택될 조치들 가운데서, 이미 교회를 공격하여 효과를 보았듯이, 신문을 본격적으로 그리고 힘차게 공격할 것을 제안하고 싶다. 교회는 몇 년 사이에 많이 개선되었으나, 신문은 거의 예외 없이 부패했다. 내가 믿기에, 이 나라에서는 신문이, 교회가 최고로 악랄하던 시기에 그랬던 것보다도, 훨씬 더 크고 훨씬 더 해로운 영향력을 발휘했다. 우리는 종교적인 국민이 아니라, 정치가들의 국민이다. 우리는 성경에는 관심이 없지만, 신문을 좋아한다. 어떤 정치가들의 모임에서, 예컨대 엊그제 저녁의 콩코드 집회에서, 성경을 인용한다면 얼마나 부적절하겠는가! 신문이나 헌법을 인용하는 것 또한 얼마나 부적절하겠는가! 신문은 우리가 서거나 앉아서나, 차를 타거나 걸어가거나, 매일 아침과 매일 오후에, 읽는 바이블이다. 신문은 모든 사람이 주머니에 휴대하고, 모든 테이블과 카운터에 놓이고, 우편과 수천 명의 전도사들이 부단히 뿌리는 바이블이다. 요컨대, 그것은 미국이 인쇄하고 미국이 읽는 유일한 책이다. 그 영향은 매우 넓다. 신문사 주간은 여러분이 자발적으로 지지하는 설교자이다. 여러분이 내는 세금은 보통 매일 1센트이고, 신자에게 제공되는 자리는 공짜이다. 그러나 설교자 중 얼마나 많

---

12   대니얼 웹스터Daniel Webster(1782~1852). 매사추세츠주 연방 상원 의원, 국무장관을 역임했다. 노예제를 반대하면서도 그 제도가 합법인 한 타협하고자 했다. 1850년의 사악한 '도망노예법'을 지지함으로써 그를 지지했던 북부 주민들의 지탄의 대상이 되었다.

은 사람이 진리를 설교하는가? 나 자신의 확신과 더불어 많은 지성적인 외국인의 증언을 되풀이하거니와, 소수의 고귀한 예외가 있긴 하지만, '이 나라'에서 간행되는 정기 신문의 주간들만큼이나 천박한 부류의 독재자들이 지배하는 나라는 하나도 없었다고 단언한다. 그리고 그들은 오로지 노예근성에 의해서, 즉 인간의 더 좋은 특성이 아니라 최악의 특성에 호소해서 살고 지배하기에, 그들의 신문을 읽는 국민은 자기가 게운 토사물吐瀉物을 되먹는 개나 다름없는 상태에 있는 것이다.

[8] 절대다수의 북부, 그리고 남부, 동부, 서부 사람들은 원칙이 있는 사람들이 아니다. 그들이 투표하면, 그들은 의원들에게 인도주의의 사명을 맡겨서 의회로 보내는 게 아니다. 그들의 형제와 자매들은 자유를 사랑하는 죄로 형벌을 받고 교수형을 당하는데도,—나는 여기서 노예제의 모든 현실과 함의含意를 끼워 넣고자 한다,—그들의 관심은 나무와 철과 돌과 금의 잘못된 처분이다. '오, 정부여, 내 아내와 자녀들, 내 어머니와 형제, 내 아버지와 자매를 당신 마음대로 처분하세요, 당신의 명령을 충실히 복종하겠나이다. 당신이 그들을 다치게 한다면, 당신이 그들을 노예 감독들에게 인도함으로써 사냥개들이 그들을 사냥하도록 하거나 매질로 죽게 한다면, 실로 내 마음을 아프게 하겠지요. 그러나 그럼에도 나는 이 아름다운 지구에서 내가 선택한 직업을 평화롭게 추구할 것입니다. 마침내, 어느 날, 내가 혹시 죽은 그들을 위해 상복喪服을 입었다면, 내 권유에 당신께서는 그들을 가엾이 여겼을 것입니다.' 매사추세츠의 태도가 이러하며, 매사추세츠의 언사가 이러하다.

[9] 차마 말하기가 죄송하지만, 신의 율법에 완전히 배치되는 법률 하에서 형을 선고할 수밖에 없을 때는 언제나, 그 직을 사직하고, 생계를 순수하게 유지할 각오를 가진 판사가 매사추세츠에 있는지 의심스럽다. 이런 점에 있어서, 그런 판사들은 총을 어떤 방향이건 명령받은

대로 발사하는 해병과 정확히 같은 수준에 그들 자신을 위치시키거나, 더 정확히 말하면, 그런 특성의 소유자로밖에 볼 수 없다. 그들은 그만큼 끔찍한 도구이고, 그만큼 하찮은 인간이다. 그들의 주인은 그들의 몸 대신 그들의 이해와 양심을 노예로 삼기 때문에, 그들은 분명 그 이상 존경받을 수 없다.

[10] 판사와 변호사들과,—그렇고 그런 판사와 변호사들 말이다,—편의주의적인 사람들은 모두 이 사건을 매우 낮고 부적당한 기준으로 심판한다. 그들은 '도망노예법'이 옳은지 그른지가 아니라, 그것이 소위 '헌법적인지' 아닌지를 고려한다. 덕이 헌법적인가? 아니면 악이 헌법적인가? 공평이 헌법적인가? 아니면 불공평이 헌법적인가? 이와 같은 도덕적이고 생사를 좌우하는 중요 문제들에서, 어떤 법이 이득이 있느냐 없느냐를 묻는 것과 마찬가지로, 그것이 헌법적이냐 아니냐를 묻는 것 또한 똑같이 부적절하다. 그들은 인류의 하인이 아니라, 인간 중에서도 가장 나쁜 자의 하인이 되기를 고집한다. 문제는 당신이나 당신의 할아버지가 70년 전에 악마에게 봉사하기로 협약을 체결했느냐, 그리고 지금 그 협약에 따라 봉사할 때가 당도했느냐 아니냐가 아니다. 과거에 당신 자신이나 당신의 조상이 비겁했다손 치더라도, 제퍼슨[13]이나 애덤스[14] 같은 사람이 아니라, 하느님이 당신의 존재 안에 써놓은, 예의 그 영원하고 유일한 '정의의 헌법'에 복종함으로써, 지금 여러분이, 마침내 이번 한 번은, 신에게 봉사할 의지가 있느냐 없느냐가 문제이다.

---

13 토머스Thomas Jefferson(1743~1826). 미국 3대 대통령(1801~1809)으로 미국 독립선언서를 기초했다.
14 존 애덤스John Adams(1735~1826). 미국 제2대 대통령(1797~1801)이며, 미국 건국의 주역 중 한 사람으로, 백악관에 처음으로 입주한 대통령이다.

[11] 정책이란 것은 도덕이 아니라는 것, 그것은 결코 어느 도덕적 권리도 보증하지 않고, 그저 편리한 것만 고려한다는 것을 인류는 결코 알지 못할 것인가? 예컨대, 당선이 가능한 후보, 즉 어김없이 악마 같은 후보를 선택하면, 그 후보의 선거구 주민들은 그 악마가 빛의 천사처럼 행동하지 않는다 한들, 놀랄 권리가 없다는 것을 결코 알지 못할 것인가? 부족한 것은 '정책적인' 인간들이 아니라, '정직한' 인간들, 즉 헌법 또는 다수결의 결정보다 상위인 '도덕률'을 알아보는 사람들이다. 나라의 운명은 투표소에서 당신이 어떻게 투표하느냐에 좌우되지 않는다. 그 게임에서는 최악의 인간이 최선의 인간 못지않게 강하다. 나라의 운명은 일 년에 한 번 당신이 어떤 종류의 종이를 투표함에 투입하느냐가 아니라, 당신이 매일 아침 어떤 종류의 인간으로 침실에서 거리로 나오느냐에 달려있다.

[12] 매사추세츠주가 관심을 쏟아야 하는 것은 '캔자스 네브래스카 법'도 아니고, '도망노예법'도 아니며, 주 자체의 노예 소유와 노예근성이다. 매사추세츠주는 노예 소유자와의 연대를 끊어야 한다. 주州는 몸을 비틀고 우물쭈물하면서, 헌법을 다시 한번 읽어보겠다며 양해를 구할지도 모르지만, 그런 연대의 존속을 일순간이라도 재가하는 존중할 만한 법이나 선례를 전혀 발견할 수 없지 않은가 말이다.

[13] 불명예를 뒤집어쓴 채, 주는 주를 대신해서 주의 의무를 다하려고 시도한 사람들의 생명과 자유를 심판하려고 태연히 재판정에 앉았다. 그리고 이것을 '정의'라고 한다! 특별히 잘 행동할 수 있다는 것을 증명한 사람들은 아마도 '그들의 선행'善行의 대가로 감옥에 수감 될 수도 있을 것이다. 발생한 사실로 인해 현재 그 책임을 인정할 수밖에 없는 사람들은 매사추세츠의 모든 주민 가운데서 월등하게 순진무구한 사람들이다. 지사, 시장, 그리고 미합중국의 수많은 공무원은 자유

롭지만, 반면에 자유의 투사들은 수감 되어 있다.

[14] 좋은 정부의 효용은 삶을 더 값지게 만드는 것이고, 나쁜 정부의 그것은 삶을 더 가치 없게 만드는 것이다. 우리는 철도와 물질에 지나지 않는 모든 자본이 그 가치를 일부 상실하는 것쯤은 감당할 수 있다. 그것은 더 간소하고 더 경제적으로 살기를 강요할 뿐이기 때문이다. 그러나 삶의 가치 자체가 감소 된다고 가정해 보자! 어떻게 인간과 자연에 대한 우리의 요구를 현재보다 더 줄일 수 있으며, 어떻게 덕德과 고귀한 모든 자질에 관해서 더 경제적으로 살 수 있겠는가? 나는 지난 달을 한량없이 큰 손해를 보았다는 느낌으로 살았다. 나는 '애국심'이라는 감정을 가질 수 있는 매사추세츠의 모든 사람은 틀림없이 비슷한 경험을 가졌으리라고 생각한다. 처음에는 무엇이 나를 괴롭히는지 몰랐다. 드디어 내가 잃은 것은 나라라는 생각이 불현듯 떠올랐다. 나는 내가 가까이에서 사는 그 정부를 존경한 적이 없었지만, 어리석게도 나의 사사로운 일이나 신경 쓰고, 그럭저럭 여기서 살면서, 정부는 잊을 수 있으리라고 생각했다. 나로서는, 내가 오래 추구한 가장 값진 일들이 말할 수 없을 정도로 그 매력을 크게 상실했다. 그리고 매사추세츠가 최근에 순진무구한 앤서니 번스를 일부러 노예로 돌려보낸 이후, 이곳에서 내 인생의 투자 가치가 많은 퍼센트 하락했다는 느낌이다. 아마도, 이전에 나는 나의 삶이 천당과 지옥 '중간쯤의' 어딘가를 통과한다는 환상에서 살았으나, 지금은 '완전히 지옥 안에서' 살지 않는다고 나 자신을 설득할 수가 없다. 내가 보기에 매사추세츠라고 불리는 저 정치적 기구의 현장은 도덕적으로 화산 찌꺼기와 재를 뒤집어쓰고 있다. 밀턴이 지옥의 구역에서 묘사한 바와 같은 오물들 말이다. 우리의 통치자들, 그리고 우리 피치자들보다 더 원칙 없는 지옥이 혹시 있다면, 그것을 당장 구경하고 싶다. 삶 자체가 가치가 떨어지면, 삶에 이바

지하는 모든 것들이 덩달아 가치가 떨어진다. 만약 당신이 벽은 그림으로 장식되고, 주변은 정원이 꾸며진 작은 서재를 가지고 있으면서, 과학적 및 문학적 연구 등등을 계획하고 있는데, 당신의 빌라가 모든 내용물과 함께 지옥에 위치하며, 평화의 재판관이 갈래 진 발굽[15]과 갈래 진 꼬리[16]를 가지고 있다는 사실을 갑자기 발견한다고 상상해 보자. 이런 것들의 가치가 당신의 눈에서 갑자기 사라지지 않겠는가?

[15] 사람들이 아무 일도 발생하지 않은 듯이 자기 볼일을 보는 것을 보면 놀랍다. 나는 혼잣말을 한다, '불쌍한 사람들이다! 소식을 듣지 못했구나. 나는 방금 만난 말 탄 사람이 새로이 구매한 소들이 달아나는 것을 따라잡으려고 아주 열심인 모습을 보고 놀란다. 재산이란 게 모두 불안전하지 않은가 말이다. 그러니 만약 그 소들이 다시 달아나지 않는다 한들, 그 소들을 잡아들이고 나면 아예 빼앗길지도 모른다. 바보로구나! 그는 자기의 옥수수 씨앗의 가치가 올해에 떨어진 것을, 즉 당신들이 지옥의 왕국에 근접함에 따라 모든 자비의 수확이 흉작인 것을 진정 모르는가? 신중한 사람이라면 이런 상황에서 돌집[17]을 짓거나, 성취하기에 오랜 시간이 필요한 평화로운 사업에 착수하지는 않을 것이다. 예술은 변함없이 길지만, 인생은 더욱 가로막혀서, 점점 인간 본연의 일에 쓸 수가 없다. 지금은 편안히 쉴 시대가 아니다. 우리는 상속받은 자유를 모두 소진했다. 우리 자신의 생명을 구하려면, 목숨을 걸고 싸워야 한다.

[16] 나는 우리의 어느 호수를 향하여 걸어간다. 그러나 인간들이

---

15 민속과 대중문화에서 갈래 진 발굽은 오랫동안 악마와 연관 되어 왔다.
16 독수리나 매 같은 맹금류의 새가 갈래 진 꼬리를 지녔다.
17 집을 내구성이 적은 흙과 나무로 짓던 시절에 '돌집'은 신혼부부의 꿈이었다.

비열한데 자연의 아름다움이 무슨 의미가 있는가? 우리는 호수에 비친 우리의 평온을 보려고 호수에 간다. 우리가 평온하지 않으면, 우리는 호수에 가지 않는다. 통치자와 피치자 모두 원칙이 없는 나라에서 누가 평온할 수 있는가? 내 나라에 대한 기억이 나의 산책을 망친다. 나의 생각들은 살기등등하여, 부지불식간에 매사추세츠주에 반기를 든다.

[17] 그러나 엊그제 나는 우연히 하얀 수련의 꽃냄새를 맡았다. 내가 기다렸던 계절이 이미 당도한 것이었다. 수련꽃은 순결의 상징이다. 수련은 시각視覺에는 아주 순수하고 아름답게, 그리고 후각嗅覺에는 아주 향기롭게 폭발하느니, 얼마나 뛰어난 순수와 향기가 땅의 오니汚泥와 쓰레기에 거주하고 있으며, 또 그곳에서 추출할 수 있는지를 증명하는 듯하다. 내가 취한 연꽃은 사방 1마일에서 최초로 핀 꽃이라고 생각한다. 이 꽃의 향기에 우리의 희망들이 생생히 확인되지 않는가! 노예제, 그리고 북부 사람들의 비겁과 원칙의 부재不在에도 불구하고, 나는 그 향기 때문에 세상에 아주 빨리 절망하지는 않을 것이다. 그것은 어떤 종류의 법이 가장 오래 그리고 가장 널리 보급되었으며, 여전히 보급되고 있는지, 그리고 인간의 행위가 연꽃과 똑같이 향기로운 때가 올 수 있다는 것을 암시하기 때문이다. 그 식물이 내뿜는 냄새가 바로 그런 것이다. 만약 대자연大自然이 여전히 해마다 이런 향기를 합성해 낼 수 있다면, 나는 그녀가 여전히 젊고 활기차며, 그녀의 성실성과 창조력이 손상되지 않았으며, 또한 그녀를 통찰하고 사랑하기에 적합한 인간에게도 또한 덕이 있다고 믿을 것이다. 그것은 대자연이 어떤 '미주리 타협'의 동반자도 아니었다는 것을 상기시킨다. 수련의 향기에는 타협의 냄새가 전혀 나지 않는다. 그것은 '더글라스 수련' *Nymphaea Douglassi*[18]

---

18 도망노예법의 기안자 스티븐 더글러스Stephen Douglas를 암시한 표현이다. 그는

이 아니다. 그 속에서는, 향기롭고, 순결하고, 순수한 것이 음란하고 악의적인 것과 완전히 분리되어 있다. 나는 이 속에서 매사추세츠 지사, 또는 보스턴 시장의 기회주의적 우유부단의 냄새를 맡지 못한다. 당신의 행동 냄새가 일반적 분위기의 향기를 높일 수 있도록, 우리가 꽃을 보거나 냄새 맡을 때, 그것이 당신의 행동과 얼마나 일치하지 않는지 상기하지 않도록 행동합시다. 모든 냄새는 도덕성에 대한 한 형태의 광고에 지나지 않는다. 만약 올바른 행동이 수행되지 않으면, 그 백합은 냄새가 향기롭지 않을 것이다. 더러운 오니는 인간의 나태와 악, 인류의 부패를 상징하는 반면, 오니에서 솟는 향기로운 꽃은 불멸의 순수와 용기를 상징한다.

[18] 노예제와 노예근성은 해마다 어떤 향기로운 꽃을 피워서, 사람들의 감각을 매료시킨 적이 없다. 진정한 생명이 없기 때문이다. 그것들은 쇠퇴이자 죽음일 뿐이어서, 건강한 콧구멍에 역겹기 그지없다. 우리가 한탄하기는 그런 것들이 '생존하고 있다'는 것이 아니라, '묻히지 않고 있다'는 것이다. 살아있는 우리가 그것들을 묻읍시다. 그것들도 똥거름으로는 좋습니다.

후에 대통령 선거에서 링컨에게 패배했다.

4. 캡틴 존 브라운을 위한 탄원서(抄)
A Plea for Captain John Brown(Excerpts)

옮긴이의 말

　급진적인 노예제 폐지론자 존 브라운 외 21명은 남부의 노예를 무장시켜 봉기할 계획을 세웠다. 이들은 약 10만 정의 소총을 탈취할 목적으로 하퍼즈페리Harpers Ferry의 연방정부 병기창을 습격했으나 실패했다. 브라운은 반역죄로 1859년 12월 2일 처형 되었다.

　「캡틴 존 브라운을 위한 탄원서」는 습격 사건 발생 2주 후인 1859년 10월 30일, 소로가 브라운 구명운동의 일환으로 매사추세츠주 콩코드에 모인 청중에게 맨 먼저 행한 데 이어, 브라운이 처형되기 전까지 여러 차례 반복한 연설에 기초한 것이다.

　이 에세이는 노예제 폐지를 위한 존 브라운의 투쟁을 지지한다. 소로는 브라운의 행동을 어리석고 미친 짓으로 규정하는 당대의 신문과 일반인의 여론에 반대해서, 그를 대의를 포용하는 유례없는 인물로 묘사했다. 브라운은 정의에 헌신하고 미국의 헌법을 준수하는 차원에서 어쩔 수 없이 국가가 지원하는 불의에 맞서 싸웠기에 지극히 도덕적이며 인도주의적이다. 그러기에 소로는 처형당하기 전의 브라운을 빌라도의 손에 의해 십자가에 못 박혀 죽는 그리스도와 비유하기도 했다.

소로는 존 브라운의 해동을 비판하며 조소하는 많은 미국인에게 분노하였고, 특히나 기도를 드리고 나서는 불의를 인식하면서도 아무것도 하지 않고 잠자리에 드는 당대의 기독교인들, 양심의 법이 아니라 인간의 법을 더 중시하는 당대의 정치인 및 언론을 비판했다. 소로는 생명을 헌신짝처럼 버리고 죽은 브라운을 바보라고 생각하는 사람들이야말로 바보들이며, 물질적 이득을 위해서가 아니라 정의를 위해 목숨을 바친 브라운이야말로 완전히 제정신이며, 다른 어느 인간보다 더 인도주의적이라고 외쳤다. 그 핵심적인 부분을 읽어보자.

[1] 존 브라운[1]은 혈통과 출생 모두 뉴잉글랜드 농부였다.[2] 그는 그런 계층답게 매우 상식적인 사람이었고, 열 배나 더 신중하고 현실적이었다. 그는 한때 콩코드 다리,[3] 렉싱턴 커먼,[4] 그리고 벙커힐[5]에 섰던 사람

---

1   1854년의 '캔자스 네브래스카 법'에 의해 캔자스가 노예제도 확장 지역으로 떠오르자, 도망노예의 도피를 도와오던 브라운은 1856년 캔자스에 잠입하여, 소위 '피의 캔자스'Bleeding Kansas 기간에 여러 전투에 참가했다. 일련의 전투는 노예제도 찬성 측과 반대 측 사이에 벌어진 게릴라전이었다. 이때 브라운은 자신을 노예제 반군叛軍의 "캡틴"으로 임명했다. 브라운은 네 아들 및 다른 두 동료와 함께 악명 높은 노예제도 지지자 다섯 명을 사살하는 전과를 올렸다. 그는 자기의 행동을 정의로운 신의 뜻에 복종하는 것으로 정당화하면서, 곧 북부의 노예제도 폐지론자들의 영웅이 되었고, 그의 명성을 재빨리 활용하여, 1858년 초, 세 아들을 포함하는 소규모의 '반란군' 모집에 성공했다. 노예들의 거점을 마련하고, 반란을 부추기는 것이 그 사명이었다.

2   브라운은 코네티컷주 토링턴Torrington에서 출생했고, 어린 시절을 오하이오Ohio에서 보내면서 일찍이 노예제도 반대자들과 어울렸고, 아버지 밑에서 무두질 공장 일을 익혔다. 결혼 후 펜실베이니아에서 무두질 공장을 개업하고, 목축업과 가죽 생산을 겸하는 사업으로 확장하기도 했으나, 결국 사업에 실패하고 측량으로 생계를 유지하는 등 파란만장한 삶을 살았다.

3   Concord Bridge. 매사추세츠주 콩코드의 다리. 지금은 'Old North Bridge'라 불린

들 가운데에서도 최고의 전사戰士 같았다. 다만, 그는 내가 우연히 들은 그곳의 어느 전사보다도 확고하고 숭고한 원칙을 가진 사람이었다. 그를 전향시킨 사람은 노예제 폐지 연사演士가 아니었다. 어떤 면에서 그와 비교될 수 있는 앨런6과 스타크7는 그의 전투보다 차원이 낮고 덜 중요한 싸움터의 특공 대원이었다. 그들은 나라의 적들을 용감하게 대항할 수 있었다. 그러나 그는 나라가 틀렸을 때, 나라 자체에 맞서는 용기가 있었다. 그가 수많은 위험을 모면한 것을 설명하면서, 서부의 어느 작가는, 그런 대초원의 땅에서는 영웅은 아주 당연히 시민의 옷만 입어야 한다는 듯이, 브라운은 "농사꾼의 외모" 밑에 자신을 숨겼다고 말한다.

[2] 그는 나의 옛 모교인 '하버드'라고 불리는 대학에 가지 않았다. 그는 그 대학에서 제공되는 죽을 먹고 살지 않았다. 그는 "나는 당신의 송아지를 모르는 것과 마찬가지로 문법도 모릅니다."라는 말로 표현했다. 그러나 그는 서부의 위대한 대학8에 갔다. 그곳에서 그는 그가 일찍이 사랑을 고백한 '자유'Liberty를 열심히 연구했다. 여러분이 모두 알듯이, 그는 많은 학위를 취득한 후에, 마침내 캔자스에서 '인문학'Humanity을 공공연히 실행하기 시작했다. '그의 인문학'은 그런 것들

다. 미국독립혁명의 중요한 첫 전투가 벌어졌던 곳이다.
4 Lexington Common. 매사추세츠주 렉싱턴의 공유지. 1775년 4월 19일 '렉싱턴-콩코드 전투'의 첫 총성이 울렸던 곳이다.
5 Bunker Hill. 매사추세츠주 찰스타운Charlstown의 한 언덕. 1775년 6월 17일, 이 근처에서 벌어진 독립혁명의 두 번째 전투가 벌어졌다. 이 전투를 '벙커힐의 전투'라고 불렀다.
6 Ethan Allen(1738~1789). 미국독립혁명 전사.
7 John Stark(1728~1822). 뉴햄프셔 출신의 미국독립혁명의 영웅. 1777년 '베닝턴 전투'에서의 공로로 "Hero of Bennington" 로 유명하다.
8 오하이오에서의 어린 시절을 말한다.

이었으며, 전혀 '문법' 공부가 아니었다. 그는 그리스어 악센트는 틀린 방향으로 기울어도 그대로 놔두고, 넘어지는 사람을 일으켜 세웠을 것이다.

[3] 그는 우리가 많이 듣고 있지만, 대부분 전혀 보지 못하는 그런 계층 중 한 사람, 즉 청교도이었다. 그를 살해하려고 해 봤자 헛될 것이다. 청교도는 최근의 크롬웰 시대[9]에 죽었지만, 청교도가 여기에 다시 나타났다.[10] 왜 그가 나타나서는 안 되겠는가? 청교도 혈통 일부가 뉴잉글랜드로 건너와 정착했다. 그들은 선조들의 시대를 찬양하고, 그 시대를 기억하여 볶은 옥수수를 먹는 것 이외에 무엇인가 중요한 일을 한 계층이었다. 그들은 민주당 당원도 아니고 공화당 당원도 아니며, 단순한 습관이 있는 사람들로서, 곧고, 기도하는 사람들이었다. 그들은 신을 두려워하지 않는 통치자들을 대수롭지 않게 여기고, 타협을 별로 하지 않으며, 또한 당선이 가능한 후보들을 찾지도 않는다.

[4] 그는 보기 드문 상식의 소유자이고, 행동과 마찬가지로 언어가 솔직했다. 그는 무엇보다 초월주의자로서, 사상과 원칙이 있는 사람이었다. 그것이 바로 그가 다른 사람과 다른 점이었다. 기분이나 일시적 충동에 굴복하지 않고, 삶의 목적을 실행하였다. 나는 그가 어느 것도 과장하지 않고, 금도 내에서 말한다는 것을 알았다. 나는 그가, 이곳의 연설에서, 그의 가족이 캔자스에서 어떻게 고통에 시달렸는지 언급하면서도, 가슴에 맺힌 원한을 조금도 드러내는 일이 없었다는 것을 특별히 기억한다. 그의 원한은 평범한 연통煙筒이 있는 화산이었다. 또한

---

9 크롬웰은 1642~1651년의 청교도 혁명에서 왕당파를 물리치고 공화국을 세우는 데 큰 공을 세웠으나, 1660년 왕정복고로 그는 부관참시剖棺斬屍 당하고, 청교도 또한 종교의 자유를 잃게 되었다.
10 뉴잉글랜드 이민은 종교적 자유를 찾아온 청교도가 주축이었다.

'보더 러피안들'[11]의 행동을 언급할 때, 그는 재빨리 자신의 언어를 가다듬으면서, 노련한 군인처럼 힘과 의미를 자제하고, 이렇게 말했다, "그들은 당연히 교수형을 받을 권리가 있었습니다." 그는 조금도 웅변가가 아니었고, 번콤[12] 이나 그의 선거구 유권자들에게 말하고 있지 않았으며, 단순한 진리를 말하고, 그 자신의 결의를 전달하는 것 말고는, 어느 것도 지어낼 필요가 없었다. 그러므로 그는 외관상 비교할 수 없이 강해 보였고, 나에게는 의회나 다른 곳의 웅변은 싸구려로 보였다. 그것은 평범한 왕의 연설에 비해 크롬웰의 연설 같았다.

[5] 그와 그의 거사擧事[13]에 대해서, 신문들은 본 연사처럼[14] 생각하

---

11 Border Ruffians. 이들은 노예주인 미주리주의 노예제도 지지자들로 결성된 무장투쟁 단체였다. 1854~1860년에 걸쳐 캔자스 자치주의 경계를 드나들며, 노예제 수용을 위해 폭력적인 활동을 전개했다. 그들의 이름은 캔자스에 사는 노예제 반대 주민들과 북부에서 온 노예제 폐지론자들이 붙인 것이다. 이들은 캔자스의 선거에 무장 개입했고, 노예제 폐지론자들을 습격하였다. 이들의 무장 폭력으로 캔자스는 '피의 캔자스'Bleeding Kansas가 되었다.
12 Buncombe. 노스캐롤라이나주의 카운티. F. Walker(1753~1828)는 노스캐롤라이나 출신의 하원의원으로 16대 의회(1819~1821)에서 연설하면서 자신의 선거구 번콤을 위해서 말할 수밖에 없다고 말했다. 이후 정치가가 순전히 선거구민의 환심을 사기 위해 하는 불성실한 연설을 의미하게 되었다.
13 브라운은 버지니아에 무장 개입하여 흑인 반란을 일으킴으로써 거점을 확보하고, 노예들이 그곳으로 피신하여 자유를 찾을 수 있도록 하고, 반란을 확대하려고 계획했다. 1859년 초, 버지니아주, 하퍼즈 페리 근처의 농가를 임대하여, 무기와 그의 "군대"를 모은 다음에, 10월 16일 21명의 대원과 함께 하퍼즈 페리에 소재한 조병창을 공격하여 점령했다. 로버트 E. 리 대령이 지휘하는 연방군이 즉시 이들을 포위하여, 반군 10명을 사살하였고, 브라운 자신은 부상을 입고, 체포되었다. 브라운은 반역죄로 사형선고를 받고, 1859년 12월 2일 교수형으로 사형이 집행되었다.
14 소로는 1859년 10월 2일 콩코드, 타운 홀Town Hall에서 브라운에 대한 그의 첫 연설을 했다. 소로의 이 연설은 개혁주의자 소로 철학의 점진적 변화에서 최종적이고, 어떤 면에서는 가장 극적인 단계를 기록한 것이다. 브라운의 습격이 실패로 끝난 후, 당시와 그 이후의 많은 분석가들은 그 무모성과 폭력성을 비판하기도 했지만, 남북전쟁 촉진에는 크게 공헌했다고 결론지었다. 소로는 신문들이 이런 역사적 사실들을 외면하는 것을 비판한다.

는 사람이 북부 전역을 통해 한 마을에 적어도 두세 사람 정도 있다는 사실을 무시하거나, 아니면 실로 모르고 있는 것 같다. 나는 그런 무리가 중요하고도 점증하고 있다고 서슴없이 말한다. 우리는 어리석고 비겁한 노예 이상의 어떤 인물이 되기를 열망하면서, 역사와 성경을 읽는 척하지만, 사실 우리는 숨 쉬는 신성한 모든 집과 모든 날을 훼손하고 있다. 초조한 정치가들은 어쩌면 최근 브라운의 거사에서 겨우 17명의 백인과 5명의 흑인이 관여했다는 것을 증명할 수 있겠지만, 이를 증명하려는 그들의 초조함 자체가 그게 전부가 아니라는 것을 그들 자신에게 암시할 것이다. 그들은 왜 진실을 외면하는가? 그들은 그 거사가 성공했으면 미합중국의 자유 시민 가운데서 적어도 백만 명이 기뻐했을 것이라는 사실에 대한 희미한 의식 때문에, 그렇게 초조하고 그 사실을 똑바로 직시하지 못하는 것이다. 그들은 기껏 그의 작전만을 비판한다.

[6] 새 가슴의 다른 사람들은, 그가 정부에 저항했기 때문에, "그는. 자신의 목숨을 내다 버렸다,"고 힐난조로 말했다. 도대체, 그런 사람들은 '그들의' 목숨을 어느 쪽으로 내다 버렸는가? 그들은 어느 사람이 평범한 도적들이나 살인자 무리를 혼자서 공격했다면, 칭찬할 사람들 아닌가 말이다. 또 다른 사람은, 양키답게도, "그는 그 거사로 무슨 소득을 볼 것인가?"라고 질문하는 소리가 들린다. 마치 존 브라운이 이 거사로 자기 주머니를 채울 것으로 기대했다는 소리 같지 않은가! 그런 사람은 이런 세속적인 의미 말고는 소득의 의미가 무엇인지 전혀 모르는 자이다. 만약 그것이 어떤 "깜짝" 파티에 이르지 않으면, 즉 그가 새로운 부츠나 감사感謝의 한 표를 얻지 못하면, 그 거사는 실패인 게 틀림없다는 게다. "하지만 브라운은 그것으로 아무것도 얻지 못할 것이다." 정말이다, 그는 아무것도 얻지 못할 것이다. 나는 그가 교수형

을 받는 대가로, 일 년 내내 하루에 4달러 6센트도 벌 수 없을 것으로 생각한다. 하지만 그는 자기의 영혼―얼마나 훌륭한 영혼인가!―의 상당 부분을 구하는 기회를, 당신은 갖지 못할 때, 갖는 것이다. 틀림없이 당신은 한 쿼트의 피보다는 한 쿼트의 우유로 시장에서 더 많은 돈을 얻을 수 있다. 그러나 영웅들이 그들의 피를 가지고 가는 것은 시장이 아니다.

[7] '발라클라바 전투'[15]에서의 일시적 돌격은, 졸렬한 명령에 복종하여, 군인이 얼마나 완벽한 기계인지 증명하였지만, 어느 계관시인에 의해, 아주 적절하게 찬양된 바 있다. 그러나 수년 동안, 무한히 숭고한 명령에 복종하여, 노예제를 지지하는 군단軍團에 맞서서, 이 사람이 감행한 꾸준하고도 대부분 성공적인 돌격은 발라클르바의 그것보다 훨씬 더 기억할 만하다. 지성적이고 양심적인 인간이 기계보다 우월하기 때문이다. 당신은 브라운의 돌격이 칭송稱頌을 받지 않을 것으로 생각하는가?

[8] "천벌을 받을 만했지."―"위험한 사람이야."―"그는 틀림없이 미쳤어." 이렇게 그들은 말짱한 정신에, 현명하고, 아주 감탄할 만한 삶을 계속해서 살면서, 자신들의 플루타르코스를 조금씩 읽지만[16], 주로 늑대 굴에 내려갔다는 퍼트넘의 위업[17]에서 잠시 멈춘다. 그리고 이와

---

15 The Battle of Balaklava. 발라클라바 전투는 크림 전쟁 당시 1854년 10월 25일 영국 연합군이 러시아군과 전투를 벌여 승리한 전투이지만, 책임 의식이 희박한 지휘관들의 명령으로 많은 병사들이 희생되는, 영국군 역사상, 가장 졸렬한 전투로 기록되기도 했다.
16 플루타르코스Plutarch(46?~120?)는 고대 그리스 시대의 철학자, 정치가 겸 작가이고, 중기 플라톤주의 철학자의 한 사람이다. 유명한 저작으로 『플루타르코스 영웅전』 이외에 『도덕론』이 있다. 여기서는 데이비드 크로켓David Crocket(1786~1836)과 다니엘 분Daniel Boone(1734~1820) 같은 미국의 전설적 영웅들의 이야기를 읽는다는 뜻이다.

같이 그들은 이런저런 때의 용감하고 애국적인 행위의 영양분을 섭취한다. '종교 서적 보급협회'[18]는 퍼트남의 늑대 굴 이야기를 출판할 여유가 있을 것이다. 그것을 읽는 것으로 지역 학교를 개교할 수 있을 것이니, 그 이야기에는 노예제나 교회에 대한 것이 아무것도 없기 때문이다. 그러나 독자에게는 어떤 목사들은 양의 옷을 입은 '늑대들'이라는 생각이 불현듯 떠오를 것이다. "미국 해외선교 위원회"[19]도 '그런' 늑대들에게는 감히 항의할 것이다. 나는 각종 위원회, 그것도 미국 위원회들의 이야기를 들었지만, 특별히 유망한 이 위원회에 대해서는 공교롭게도 최근까지 아무런 소식도 들은 적이 없다. 그러나 나는 북부의 남자, 여자, 그리고 어린이가 가족 단위로, 이와 같은 단체들의 '평생 회원권'을 사들인다고 들었다. 무덤의 평생 회원권 아닌가! 당신은 그보다 더 값싸게 묻힐 수도 있다.

[9] 현대의 기독교도는 모든 기도를 전례典禮에서 하기로 동의한 사람이다. 단, 기도 후에는 잠자리로 직행해서 조용히 잠을 자게 해주면 된다. 그의 모든 기도는 "이제 나는 누워서 잠을 잘 것입니다."로 시작되고, 그는 언제나 그의 '영면'永眠에 이를 시간을 학수고대한다. 그는, 또한, 구태의연한 어떤 자선을 유행 따라 이행하기로 동의했으나, 최신식 자선에 대해서는 어느 것도 듣고 싶지 않다. 그는 그 계약에 어느

---

17 퍼트넘Putnam(1718~1790)은 미국 독립 전쟁의 영웅으로 벙커힐 전투(1775) 등에서 크게 활약했으며 저돌적인 용기와 전투 정신으로 전설적 영웅이 되었다. 1742년 퍼트넘 농장의 양 70마리를 늑대가 죽이자, 발목에 밧줄을 달고, 늑대 굴로 내려가 사살한 늑대를 끌고 다시 올라왔다고 한다. 이 늑대는 코네티컷Connecticut의 마지막 늑대로 알려져 있고, 그 굴은 1985년 미국의 역사적 명소의 하나로 등록되었다.
18 Tract Society. 1825년 5월 11일 뉴욕에서 창립된 기독교 서적 출판 및 보급을 위한 협회이다.
19 The American Board of Commissions for Foreign Missions. 1812년에 창립된 미국의 첫 해외선교 협회다.

추가조항도 덧붙이기를, 즉 자선을 현대에 맞추기를 원치 않는다. 그는 안식일에 그의 눈의 흰자위를 보이고, 나머지 주일 내내 검은자위를 보인다. 악은 단순히 피가 정체停滯하는 것이 아니라, 정신이 정체하는 것이다. 많은 사람이, 틀림없이, 고운 마음씨이지만, 천성적으로 느리고, 습관적으로 느릿느릿하다. 그리고 그들은 그들보다 더 숭고한 동기로 행동하는 사람들을 상상도 할 수 없다. 따라서 그들은 이런 사람을 정신이상자로 선고한다. 그들은, 그들 자신이 변하지 않는 한, '자기들은' 결코 그처럼 행동할 수 없으리라는 것을 알기 때문이다.

[10] 나는 이 사건 후 일주일 이내의 신문을 구할 수 있는 것은 모두 읽었다. 그런데 이분들에 대한 동감의 표현은 단 하나도 읽은 기억이 없다. 지금까지 나는 어느 보스턴 신문에서 고상한 기사를 하나 보았지만, 사설社說은 아니었다. 어떤 두툼한 신문은 다른 기사를 빼고서 브라운의 최후 진술 전문을 싣지는 않겠다고 결정했다. 그것은 마치 발행자가 신약성서의 원고를 거부하고, 윌슨의 마지막 연설을 게재하겠다는 것과 다름이 없었다. 이 막중한 뉴스를 실은 예의 그 신문조차 병렬 칼럼들에서는 개최 중인 전당대회 기사들로 꽉 채워져 있었다. 그러나 그런 기사들로의 강하가 너무 급격했다. 브라운의 거사 뉴스는 이따위의 대조對照를 피해서 적어도 호외로 인쇄해야 했다. 성실한 사람들의 목소리와 행위를 외면하고, 갑자기 전당대회의 '꼬꼬댁 소리'로 관심을 돌리다니! 정직한 알은 하나도 낳지 못하고, 백악질의 알 하나를 가슴에 품는 엽관배들과 변사辯士들이 아니고 무엇인가! 그들의 위대한 게임은 '빨대놀이'straw game, 정확히 말하면 인디언들이 '됐어, 됐어!'hub, hub!를 외치는, 꽤 보편적이고 토착적인 '접시놀이'platter game이다. 이런 종교적이고 정치적 집회 기사는 빼고, 살아있는 한 사람의 뉴스를 게재하라.

[11] 그러나 나는 그들이 생략한 것보다는 그들이 끼워 넣은 기사에 반대한다. 『리버레이터』[20]까지도 브라운의 거사를 "오도되고, 무모하고, 분명히 제정신이 아닌 … 노력"이라고 불렀다. 수많은 신문과 잡지에 관해서라면, 내가 아는 전국의 편집자 중에서 구독자 수를 결국 그리고 영원히 감소시킬 것이 뻔한 어떤 기사를 일부러 게재할 편집자는 한 사람도 없을 것이다. 그들은 그것이 득이 될 것이라고 믿지 않는다. 그러니 어떻게 그들이 진리를 간행刊行할 수 있겠는가? 그들은 유쾌한 소식을 전하지 않으면, 아무도 경청하지 않을 것이라고 강변한다. 그래서 그들은 주변에 군중을 끌어들이려고 음란한 노래를 하는 떠돌이 경매인처럼 행동한다. 공화파 편집자들은 조간신문 용 기사를 준비해야 하고, 모든 것을 정치의 황혼빛으로 보는 습성이 있기에, 감탄은 물론 진정한 슬픔까지도 전혀 표명하지 않는다. 그리고 그들은 브라운 같은 사람들을 "미몽迷夢의 광신자들," "잘못 생각한 사람들," "미친," 또는 "발광한" 사람들이라고 부른다. 그것은 우리가 매우 '건전한' 편집자들의 복福은 받았지만, 소위 "잘못 생각한 사람들"의 복은 받지 못했다는 사실을 암시한다. '건전한' 편집자들이야말로 적어도 그들의 빵 어느 쪽에 버터가 발라져 있는지는 아주 잘 아는 무리가 아닌가!

[12] 노예선이 죽어가는 희생자들을 잔뜩 싣고 항해 중이다. 심해深海에서 새로운 화물이 추가된다. 작은 무리의 노예 소유자들이 큰 무리의 승객들이 묵인하는 가운데, 해치 아래의 4백만 명을 질식시키고 있지만, 정치꾼은 그들의 구원救援을 성취할 수 있는 유일하고 적절한 방법은 어떤 "폭동"도 없이 "인도주의 정서를 조용히 전파하는 것"이라

---

20 *The Liberator*. 1831년에 William Lloyd Garrison과 Isaac Knapp가 보스턴에서 창간한 신문으로 1865년까지 35년간 간행되었다. 노예제도 폐지론자 편에 섰다.

고 주장한다. 마치 인도주의 정서들은 언제나 행동이 수반된 적이 없으며, 그 정서들은 모두 주문에 따라 완성된 순정 품목이어서, 살수기로 물을 뿌려서 먼지를 잠재우는 것만큼 쉽게, 전파할 수 있는 듯이 말이다! 노예선 밖으로 무엇인가가 던져지는 소리가 들리는데, 그 소리가 과연 무엇인가? 구원을 발견한 망자들의 몸뚱이들이다. 그것이 지금 우리가 인도주의와 그에 수반되는 정서들을 "방산放散하는" 꼬락서니이다.

[13] 우리에게 달려오는 도망 노예들을 자기 주머니와 도량度量으로 모두 구하고, 우리의 유색 동포들을 보호하고, 다른 일은 이른바 정부에 맡기는 어떤 단체가 매사추세츠주에 있다고 상정해 보자. 그런 정부는 할 일을 급속히 잃고, 인류가 멸시할 만한 정부가 되고 있지 않은가? 사인私人들이 어쩔 수 없이 정부의 업무를 수행하고, 약자를 보호하고 정의를 분배한다면, 그러면 그 정부는 하찮거나 아무래도 좋은 서비스를 수행하는 고용인이나 서기가 되고 만다. 물론, 그것은 그림자 정부에 불과하기에 자경단[21]이 불가피한 존재이다. 동일 선상에서 자경단이 배후에서 은밀히 활동했던 동양의 카디[22]는 어떻게 평가해야 할 것인가? 하지만 미국 북부 주州들의 특성은 대체로 이러한 상태이기에, 각 주에는 자경단이 있지 않은가 말이다. 그리고 어느 정도, 이러한 미친 정부들은 이런 관계를 인정하고 감수하는 실정이다. 그들은 사실상 이렇게 말한다, "우리는 이러한 관계에서 당신들을 위해 기꺼이

---

21 Vigilant Committee. 북부의 자경단은 도망 노예들에게 음식, 옷, 은신처를 제공했고, 도망 노예 법을 인정하지 않는 캐나다로 가는 것을 도왔다.
22 Cadi. 이슬람의 종교적 율법에 따라 심판하는 판사로, 재판 이외에, 중재, 고아나 미성년자 보호, 공적 사업의 감독과 회계감사도 했다. "카디"라는 말은 "재판하다" 또는 "결정하다"란 뜻의 동사에서 왔다.

일할 것이니, 제발 그것에 관해 떠벌이지 마십시오." 이렇게 정부는, 월급이 보장되어 있으니, 헌법을 휴대하고는, 작업장으로 철수하여, 헌법의 수선에 대부분의 노력을 기울인다. 지나가다가, 때로 그 작업장 돌아가는 소리가 들리면, 나는 기껏해야 겨울에 통메장이 일을 직업으로 삼아서 작은 이득을 올리려고 꾀하는 농부들을 떠올린다. 북부의 주들이 만드는 통은 어떤 종류의 정신을 담을 것인가? 그들은 증권에 손을 대고, 산에 구멍을 뚫지만, 버젓한 도로 하나 설계할 능력조차 없다. 유일한 '무료' 도로인 '지하철도'[23]는 자경단이 소유하고 운영한다. '자경단'은 전 국토에 걸쳐 지하 터널을 구축했다. 이런 정부는 구멍 난 그릇에서 물이 없어지는 만큼 확실하게 그 힘과 체면을 상실하고 있으니, 그것을 주워 담을 수 있는 자에 의해서 유지되는 것이다.

[14] 이런 분들의 숫자가 매우 적었다는 이유로 많은 사람들이 이들을 규탄하는 소리가 들린다. 선한 사람들과 용감한 사람들이 다수였던 때가 언제 있었는가? 그런 시간이 올 때까지, 즉 당신과 내가 브라운에게로 넘어갈 때까지, 당신은 그가 기다리도록 할 것인가? 그가 어떤 오합지졸이나 삯꾼도 주변에 거느리지 않았다는 사실만으로 평범한 영웅들과 그와의 차이가 드러난다. 그의 동지는 실로 작았으니, 검열에 통과할 자격을 갖춘 사람이 워낙 소수였기 때문이다. 가난하고 핍박받는 자들을 위해 생명을 내려놓은 사람은 각자가 수백만은 아니라도 수천 명에서 추려진 정선된 사람이다. 분명히 원칙 있는 사람이고, 보기 드문 용기를 가진 사람이고, 인류애가 헌신적인 사람으로서, 동료 인간의 이익을 위해서는 언제든 생명을 희생할 각오가 있는 사람이다.

23　Underground Railroad. 도망 노예가 북부 자유주를 거쳐 캐나다로 탈출하는 것을 도와주던 비밀 조직과 루트

이러한 점들에서, 전국에 그들과 필적하는 사람들이 그들의 숫자만큼이라도—그와 함께한 숫자만을 말하는 것이다—더 있을지 의심스럽다. 그들의 지도자는, 틀림없이, 그의 병력을 늘릴 목적으로, 방방곡곡을 샅샅이 뒤졌지만 말이다. 이들만이 압박하는 자와 압박을 받는 자 사이에 낄 각오가 있었던 사람들이다. 분명히, 그들은 사생결단의 거사에 선발될 수 있는 최고의 사람들이었다. 그것은 이 나라가 그들에게 표할 수 있는 최고의 찬사였다. 그들은 교수대에 무르익어 있었다. 그들의 나라는 오랫동안 심판했고, 너무나 많은 사람을 처형했지만, 이제야 올바른 인물들을 발견한 것이었다.

[15] 인간은 노예를 구출하기 위해서 노예 소유주에 무력으로 간섭할 완전한 권리를 가진다는 것이 브라운의 특별한 신조였다. 나는 그에 동의한다. 노예제에 부단히 충격을 받는 사람들은 노예 소유주의 변사變死에 충격을 받을 어떤 권리가 있으나, 그 밖의 사람들은 그런 권리가 없다. 노예제에 반대하는 사람들은 노예 소유주의 죽음보다는 그의 삶에 더 충격을 받을 것이다. 나는 노예 해방에 가장 빨리 성공하는 방법에서 브라운이 틀렸다고는 감히 생각하지 않을 것이다. 내가 '나를 사살하지도 않고 해방하지도 않는 박애주의보다는 캡틴 브라운의 박애주의를 더 좋아한다,'고 말할 때, 나는 노예를 대변하는 것이다. 어쨌든, 나는 어느 사람이, 부단히 영감을 받지 않는 한, 이 문제에 대해서 의견을 말하거나 글을 쓰면서 평생을 보내는 것은 아주 건전하다고 생각하지 않으며, 나도 그렇게 하지 않았다. 사람이라면 다른 볼일들이 있을 게 아닌가. 나는 살인을 하거나 피살되고 싶지도 않으나, 나는 이 두 가지를 피할 수 없는 상황을 예견할 수 있다. 우리는 매일 작은 폭력행위에 의해서 우리 사회의 이른바 '평화'를 유지한다. 경찰관의 곤봉과 수갑을 보라! 감옥을 보라! 교수대를 보라! 군대의 군목軍牧을

보라! 우리는 '이런' 제2상비군의 변방에서 안전하게 살기만을 바란다. 그렇게 우리는 우리 자신과 우리 닭장들을 방어하고, 노예제를 유지한다. 내가 알기로 대부분의 내 동포들이 샤프스 소총과[24] 연발 권총을 이용할 수 있는 유일하게 옳은 방법이라고 생각하는 것은 다른 나라들이 우리를 모욕할 때 그들과 결투하거나, 인디언을 사냥하거나, 도망 노예를 사살하는 따위의 목적에 이용하는 것이다. 나는 샤프스 소총과 연발 권총들이 딱 한 번 옳게 쓰였다고 생각한다. 그 도구들이 그것들을 사용할 수 있는 분의 수중에 있었다는 말이다.

[16] 교회를 말끔히 청소했다는 바로 그 의분이 다시 교회를 맑게 하리라. 문제는 무기가 아니라, 그것을 사용하는 정신이다. 미국에서 자기의 동포를 그토록 사랑하고, 그토록 포근히 상대한 사람은 아직 아무도 나타나지 않았다. 그는 동포를 위해 살았다. 그는 동포를 위해 자신의 생명을 손에 쥐고 그것을 내려놓았다. 군인이 아니라 평화로운 시민들, 평신도보다는 복음의 성직자들, 투사들보다는 퀘이커교도들[25], 그것도 퀘이커 남성들보다는 퀘이커 여성들이 권하는 폭력은 어떤 종류의 폭력인가?

[17] 한 작가는 브라운의 독특한 편집증으로 인해 "미주리 주민들이 그를 불가사의한 인물로 두려워하게 되었다."고 말한다. 정말이지, 우리 겁쟁이들 사이에서 영웅은 항상 두려움의 대상이다. 그는 바로 그런

24　Sharps rifles. 1848년 크리스천 샤푸스Christian Sharps가 디자인하여 제조하기 시작한 일련의 대구경, 단발 소총으로 1881년 생산이 중단됐다.
25　1650년대에 영국의 조지 폭스가 제창한 명상 운동으로 시작된 교파이다. 하느님 앞에서 "떠는 사람"quaker이란 폭스의 말에서 유래했다. 영국 올리버 크롬웰의 종교적 관용 정책으로 크게 확산하였으나 왕정복고 이후 청교도들과 마찬가지로 정부의 탄압을 받았다. 1681년 윌리엄 펜이 왕으로부터 불하받은 미국의 펜실베이니아로 이민함으로써 종교의 자유를 찾았다.

인물이다. 그는 초자연적인 모습을 보인다. 그는 신성神性의 불꽃을 가지고 있다.

[18] 신문 편집자들은 그가 이 일을 하라는 신의 명령을 받았다고 생각하고, 잠시도 그 자신을 의심하지 않았다는 것은 그가 '정신이상'이라는 증거라고 주장하기도 한다. 그들은 마치 근래에는 무슨 일을 하든 어느 사람이 "신의 명령을 받을 수" 있는 것이 불가능한 것처럼 말한다. 그들은 어느 사람의 일상적 일과 관련된 맹세와 종교는 시대착오라는 듯이, 그리고 노예제를 폐지하는 수행자는 대통령이나 어느 정당이 임명한 사람이어야 되는 것처럼 말한다. 그들은 어떤 사람의 죽음은 실패이고, 그의 삶이 어떤 성격의 것이건, 그의 계속된 삶이야말로 성공인 것처럼 말한다.

[19] 이 사람이 어떤 대의大義에, 얼마나 종교적으로 헌신했는지 곱씹어볼 때, 그리고 그의 판사들 그리고 아주 화나서 그를 거침없이 규탄하는 모든 사람이 어떤 대의에 헌신하는지 곱씹어볼 때, 나는 그와 그들과는 하늘과 땅만큼이나 차이가 있다고 생각한다.

[20] 안전 때문에 캡틴 브라운을 교수형에 처할 수밖에 없다는데, 누구의 안전을 말하는 것인가? 그것이 어느 북부 사람에게 절대 필요한가? 이 사람 또한 미노타우로스[26]에게 던져 주는 것 말고 다른 수단은 전혀 없다는 것인가? 그러기를 원하지 않으면, 분명히 말하라. 이러한 것들이 벌어지는 동안, 미美는 베일에 가려있고, 음악音樂은 날카로운 거짓소리를 낸다. 그를 생각해 보라―그의 보기 드문 자질을 생각해 보라! 그런 사람은 만들기에 여러 시대가 걸리고, 이해하기에 여러 시

---

26   Minotaur. 그리스 신화 중 크레타섬에 살고 있다고 알려진 괴물로서, 인간의 몸에 거대한 수소의 머리를 지니고, 인간을 잡아먹는 나쁜 습관이 있었다.

대가 걸린다. 그는 가짜 영웅도 아니고, 어느 정당의 대표도 아니다. 태양과 같은 사람은 이 암흑의 땅에 다시 떠오르지 않을 것이다. 그의 제작에 가장 값비싼 재료, 최고 품질의 금강석이 쓰였다. 그는 감금된 자들의 구원자로 보내졌다. 그런데 그를 쓸 수 있는 유일한 용도가 그를 밧줄 끝에 매다는 것이라니! 십자가에 못 박힌 그리스도를 사랑하는 척하는 이들이여, 사백만의 구원자가 되기로 자신을 내놓은 그에게 당신들이 무엇을 하려는지 숙고하라.

[21] 누구나 자신의 행위가 의로운지 어떤지 알기에, 세계의 모든 현인도 그 점에서 그를 가르칠 수는 없다. 살인자도 언제나 자기가 정당한 벌을 받았다는 것을 안다. 그러나 정부가 양심의 동의 없이 어떤 사람의 목숨을 빼앗으면, 그것은 안하무인의 정부이고, 그 자체의 해체에 한 걸음 나가는 것이다. 개인이 옳고 정부가 틀린 것이 가능하지 않겠는가? 어떤 법률들이 '옳지 않다면', 그것들이 제정되었거나, 일정한 숫자의 사람들이 좋은 법이라고 선언했다는 이유만으로 시행되어야 하는가? 어느 인간의 덕성德性이 찬성하지 않는 행위를 수행하기 위해서 인간이 그 도구가 될 필요가 있기라도 한 것인가? '선한' 사람들을 언제라도 교수형에 처하는 것이 입법자들의 의도인가? 판사들은 법의 정신이 아니라, 글자 그대로 법을 해석해야 하는가? '당신은' 당신 내부의 빛에 반하여, 이렇게 또는 저렇게 '할 것이라고' 당신 자신과 계약할 무슨 권리를 가졌는가? 당신이 물리칠 수 없는 확신, 즉 당신의 오성을 초월하는 믿음을 받아들이지 않고, '당신'이 당신의 마음을 '정하고', 제멋대로 어떤 결심을 하는 것이 당신의 권리라는 것인가? 나는 법률가들을 믿지 않는다. 어떤 사람을 공격하거나 방어하는 그들의 방식을 믿지 않는다는 말이다. 왜냐하면 우리는 몸을 낮추고 판사에게 유리한 장소에서 판사를 만나기 때문이고, 최고로 중요한

사건들의 경우, 어떤 사람이 인간의 법을 어기거나 지키는 것은 전혀 중요하지 않기 때문이다. 법률가들에게는 사소한 사건의 판결만 맡깁시다. 사업가들은 자기들끼리 사소한 분쟁을 조정할 수 있으리라. 법률가들이 인간을 정의롭게 속박하는 '영원한' 법의 해석자들이라면, 또 다른 이야기가 될 터이다. 그들은 반절은 노예의 땅에, 그리고 반절은 자유의 땅에 서 있는, 가짜 법률 제조공장이 될 터이다! 그런 공장에서 자유인을 위한 어떤 종류의 법을 기대할 수 있겠는가?

[22] 나는 여러분에게 브라운의 대의大義를 간청하려고 여기에 왔습니다. 나는 그의 생명이 아니라, 그의 인격, 즉 그의 영생을 간청합니다. 그의 영생은 여러분의 대의에 어울리는 것이지, 조금도 그의 대의가 아닙니다. 약 천팔백 년 전 그리스도는 십자가에 못 박혔습니다. 오늘 아침, 아마도, 그들은 캡틴 브라운을 교수형에 처했을 것입니다. 이것들은 서로 연관이 없지 않은 한 사슬의 두 끝입니다. 그는 더 이상 우리의 브라운이 아닙니다. 그는 이제 '빛의 천사'Angel of Light 입니다.

소로 연보

소로 연보

1817	7월 12일 매사추세츠주 콩코드Concord 마을에서 출생.
1822	5살 때 가족과 함께 월든 호수Walden Pond를 처음 방문하다.
1823	소로 가족 콩코드에 정착하다.
1833	하버드 대학에 입학하다. 에머슨Ralph Waldo Emerson 콩코드에 소로의 이웃으로 정착하다.
1837	8월 30일, 하버드 대학을 졸업하다. '초월주의 그룹'Transcendental Club에 가담하다. 10월 22일, 평생 멘토인 에머슨의 격려로 일기를 쓰기 시작하여 1861년 11월까지 47권의 방대한 일기를 남겼다. 일종의 작가 노트로 발전하여 창작의 원천이 되었다.
1838~1841	형 존과 함께 '콩코드 아카데미'Concord Acdemy를 인수하여 가르치다.
1838	'콩코드 문화 회관'Concord Lyceum에서 첫 강연을 하다.
1839	8~9월, 형 존과 함께 콩코드강과 메리맥강으로 1주일간 직접 제작한 보트를 저어 강상 여행을 떠나다.
1840~1844	초월주의 잡지 『다이얼』The Dial이 간행되다. 이 잡지에

	7편의 에세이와 4편의 시를 기고하다.
1841	형 존의 건강 악화로 콩코드 아카데미를 폐교하고, 2년간 에머슨의 집에서 잡역부로 기식하다.
1842	1월 11일, 형 존이 파상풍으로 사망하면서 정신적 고통에 시달리다.
	7월 19~22일, 리처드 풀러Richard Fuller와 매사추세츠주에서 가장 높은 산인 와추세트산Mount Wachusett(611m)에 오르다.
	소설가 너새니얼 호손Nathaniel Hawthorne과 지인이 되다.
1843	5~12월, 에머슨의 집을 떠나 뉴욕, 스태튼섬Staten Island에서 에머슨의 형 윌리엄 에머슨의 자녀들을 가르치다.
	12월, 콩코드의 집으로 돌아오다.
1844	아버지 연필 공장에서 일하다.
	실수로 콩코드 숲에 불을 내어 300에이커를 태우다.
	7~8월, 뉴잉글랜드 서부 지역으로 도보여행을 하다.
1845	3월, '피츠버그 철도'Fitchburg Railroad가 완공되다.
	7월 4일, 월든 호숫가의 오두막으로 이사하다.
	『콩코드강과 메리맥강에서의 일주일』A Week on the Concord and Merrimack Rivers을 쓰기 시작하다.
1846	『월든』Walden을 쓰기 시작하다.
	인두세가 미국의 노예제 유지 및 확장에 쓰인다는 이유로 6년간 납부를 거부했고, 7월 하룻밤을 감옥에서 보내다.
	8~9월, 메인Maine 숲으로 첫 여행을 떠나다.
1847	9월 6일, 월든 호수의 집을 떠나, 에머슨이 유럽에서 순회강연하는 동안 에머슨 가족과 함께 살다.
1848	1월 26일, 콩코드 문화회관에서 「주와 개인의 관계」라는

	제목으로 강연하다.
	1월, 캘리포니아에서 금이 발견되어 골드러시Gold Rush가 시작되다.
	2월, 멕시코 전쟁 종결로, 멕시코는 50만 평방 마일의 영토를 미국에 양도하다.
	생계를 위해 측량을 공부하여 측량사가 되다.
1849	5월, 『콩코드강과 메리맥강에서의 일주일』과 「시민 불복종」Civil Disobedience이 출판되다.
	7월, 누나 헬렌Helen이 사망하다.
	10월, 시인 채닝Channing과 케이프 코드Cape Cod로 첫 여행을 떠나다.
1850	6월, 케이프 코드를 두 번째로 여행하다.
	9월, '도망노예법'Fugitive Slave Law 통과에 격분하다.
	9월, 시인 채닝과 캐나다로 기차여행을 하다.
1851	북부나 캐나다로 도망치는 도망 노예를 집에 숨겨주고, 갈 길을 도와주던 비밀조직 '언더그라운드 레일로드' Underground Railroad에서 활발히 활동하다.
1853	메인주로 두 번째 여행을 가다.
	「캐나다의 양키」A Yankee in Canada를 뉴욕의 『퍼트넘스 먼슬리』Putam's Monthly에 기고하다.
1854	5월 30일, '캔자스-네브래스카법'Kansas-Nebraska Act이 통과되다.
	7월 4일, 매사추세츠주 플레이밍햄Framingham시에서의 강연에서 「매사추세츠주에서의 노예 제도」를 강력히 비판하다.
	8월 9일, 『월든』이 출판되다.

	필라델피아 등에서 「원칙 없는 삶」Life without Principle을 순회 강연하다.
1855	7월, 시인 채닝과 함께 케이프 코드를 세 번째로 방문하다.
1856	9월 5~10일, 버몬트주와 뉴햄프셔주를 여행하다.
	10~11월, 뉴저지주와 뉴욕주를 여행하면서, 시인 월트 휘트먼Walt Whitman을 만나고, 휘트먼의 1856년 판 『풀잎』 *Leaves of Grass* 한 권을 선물로 받다.
1857	3월, 노예 폐지 운동가 존 브라운John Brown을 만나다.
	6~8월, 케이프 코드와 메인 숲을 마지막으로 여행하다.
1858	7월, 뉴햄프셔주의 화이트 산맥White Mountains을 방문하고, 최고봉인 워싱턴 산정Mount Washington에 오르다.
	편집인 제임스 러셀 로웰James Russell Lowell의 청탁을 받고 『애틀랜틱 먼슬리』*Atlantic Monthly*에 기고하다.
1859	2월 3일, 아버지 사망으로 연필 공장 인계 받다.
	10월 16일, 존 브라운이 버지니아주, 하퍼스 페리Harpers Ferry의 연방정부 조병창을 습격하여 무기 탈취를 시도하다가 체포되다.
	10~11월, 소로는 매사추세츠주 콩코드, 보스턴, 그리고 우스터Worcester에서 「캡틴 존 브라운을 위한 탄원서」A Plea for Captain John Brown를 읽으면서 브라운 구명운동에 나서다.
	12월 2일, 존 브라운 반역죄로 처형되다.
1860	8월 4~9일, 시인 채닝과 뉴햄프셔 남부의 모나드노크산 Mount Monadnock에 오르다.
	12월, 기관지염에 걸리다.
	12월, 링컨Lincoln이 미국 대통령에 당선되다.

1861~1865	1861년 4월 12일, 남북전쟁이 발발하다. 4년간의 전쟁에서 남부 연합군이 패하여 미국 전역에서 노예제가 폐지되는 중요한 계기가 되다.
1861	건강 회복을 위해 미네소타주로 전지요양하다. 건강 회복에 실패하고 콩코드로 돌아와 월든 호수를 고별 방문하다.
1862	5월 6일, 지병인 결핵으로 콩코드 집에서 45년의 짧은 생을 마감하다.
1863~1866	사후에 『여행』Excursions, 『메인숲』The Main Woods과 『케이프 코드』Cape Cod, 그리고 『캐나다의 양키』A Yankee in Canada 등이 잇따라 출판되다.